KB211796

현대
교류분석과
상담

Contemporary Transactional
Analysis and Counseling

최영일 저

TRANSACTIONAL ANALYSIS

학지사

들어가며

　교류분석(Transactional Analysis)은 정신의학자 에릭 번(Eric Berne)에 의해 개발된 인간 행동에 관한 이론체계이며 이에 의거한 심리치료법이다. 개인의 성장과 변화를 위한 체계적 심리치료법으로써 성격이론, 의사소통 이론, 아동발달 이론, 병리학 이론을 포함하고 있다. 초기 교류분석은 정신분석학적 경험과 기법 그리고 행동과학을 기반으로 출발하였다. 에릭 번 사후 교류분석은 다양한 심리학 이론이 접목되어 상담과 심리치료의 통합이론으로 발전되어 왔다. 앞으로도 교류분석은 세계 상담 전문가들의 관심 속에 상담, 교육, 조직 분야에 있어 지속적으로 발전해 나갈 것이라고 예측된다.

　우리나라 교류분석의 역사를 보면, 초기에는 미국, 일본 등의 교류분석 전문 서적들이 번역되어 소개되었다. 그 후 꾸준하게 저변 확대가 되면서 많은 교류분석 전문상담사를 배출하게 되었다. 저희 한국교류분석상담협회에서도 교류분석 전문상담사를 배출하는 과정에서 상담과 심리치료에 전문성을 더욱더 축적하는 계기가 되었다. 우리나라에 교류분석 이론이 소개된 초기에는 주로 이론 중심적인 교육의 흐름이다 보니 상담 현장의 임상 적용을 위한 수련 활동이 미미하였음을 부인할 수 없었다. 한국교류분석상담협회에서는 상담과 심리치료의 실제에 중점을 두고 프로그램의 연구 개발과 상담 사례 발표, 수련, 출판 등을 해 왔다. 또한 임상 중심의 전문가 양성을 통해 한국 교류분석 상담과 심리치료 발전에 조금이나마 보탬이 되었다고 자부한다. 특히, CKEO, CKDP, CKFR 심리검사지 개발은 교류분석 전문상담사들이 임상 장면에서 효과적으로 활용하기 어려운 교류분석의 이론을 통합하여 교류분석 상담과 심리치료를 임상 장면에서 더 수월하게 활용하는 계기가 되었다.

　저자는 20여 년 동안 교류분석 강의와 임상 장면에서 그리고 37년 동안 교직에서 제자들을 양성해 왔다. 그동안 임상 장면에서 느끼고, 시행착오를 통해 터득한 내용을 교류분석 상담과 심리치료 임상 장면에 보완해 왔다. 이를 정리하여 후학들에게 도움이 되었으면 하는 마음으로 집필을 결심하게 되었다.

　이 책은 삶의 주체이면서 인생에 있어서 주도적인 역할을 하고 있는 자신의 근본적인 자기변혁에 초점을 맞추고 있다. 자기 스스로의 자기분석과 자기통합, 그리고 자기분화가 잘되어야 대상을 올바르게 이해하고 수용할 수 있으며, 나아가 관계가 바람직한 방향으로 이루어질 것이란 관점에서 출발했다. 삶의 현장에 적용한 교류분석 이론이 자신의 자율성을 증진시키기 위한 방법으로 자기분석의 적합한 도구라고 생각되어 '현대 교류분석과 상담'이란 제목으로 책을 발간하게 되었다.

　교류분석 인간관은, 첫째, 사람들은 긍정적인 존재로서 사람은 누구나 가치 있고 존엄한 존재로 본다. 자타긍정으로 행동이 아니라 인간 존재로서 본질에 대한 긍정성을 이야기하고 있다. 둘째, 사람은 누구나 뇌에 이상이 없는 한 합리적인 사고 능력을 가지고 있다. 즉, 합리성을 갖고 있다는 것이다. 셋째, 사람은 자신의 운명을 자신이 결정하고 그 결정을 바꿀 수 있다. 이것은 인간의 결정론에 반대하는 변화 가능성을 강조한다. 우리는 매 순간 최상의 선택을 하고 바꿀 수 있다는 것이다.

　교류분석의 궁극적인 목적은 자율적 인간이다. 자율적 인간은 자각성, 자발성, 친밀성인 세 가지 능력을 회복하고 발휘하는 인간이다. 자각성은 알아차림으로 남에게 배운 대로가 아니라 스스로 깨달은 것이다. 자발성은 억압받지 않는 상태에서 스스로 행동, 사고, 감정을 선택하고 표현하는 자유이다. 친밀성은 개방과 수용으로 진술하고 긍정적 감정에 의한 교류이고 교감하는 것이다. 이러한 교류분석의 목적을 달성하기 위해서는, 교류분석 원리를 통해 수련하고 삶 속에서 실천하며 지행합일이 되지 않으면 어려운 문제이다. 자신의 낡은 인생각본을 변화시키지 않으면 근본적으로 달라지기 어렵다. 인생각본이란 무의식적 인생계획을 말한다. 이러한 인생각본은 수많은 선입관들로 구성되어 있다. 선입관이란 내가 직접 체험하기 전에 이미 마음속에 형성된 고정관념이나 견해이다. 이러한 선입관에 가장 크게 영향을 미치는 것은 양육 과정이다. 양육자와 어떻게 대상관계를 통해 애착의 스트로크를 형성하였느냐에 따라 삶에 대한 태도가 달라진다. 이러한 인생태도는 조기 결단에 영향을 주어 인생각본을 형성한다. 사람들의 마음속에는 수많은 인생각본들이 있다. 이것들을 집약한 것이 아홉 가지 핵심 인생각본이다. 이러한 아홉 가지 핵심 인생각본은 누구나 사람들의 마음속에 내재되어 있다. 이것을 그 사람의 준거 틀이라고 하여 이것이 삶의 현실 여과기가 되어 그 사람의 정체성을 말해 주고 있다.

　그럼 왜? 나를 변화시켜야 하겠는가? 인생각본이 무의식중에 나를 통제하고 있다는 것 때문이다. 이러한 통제는 나의 삶에 있어서 부정적 관점을 형성하는 경우가 많고 이에 따른 많은 의식 무의식의 스트레스가 반복되고, 반복되는 스트레스는 정신적 병리상태를 만들고 정신적인 문제는 육체적 병을 낳게 한다. 우리가 어떤 병에 걸렸을 때는 그병이 하루아침에 발생하는 것이 아니다. 그것은 이미 오랜 역기능적인 삶의 과정 속에서 만들어진 결과물이다. 따라서 지금이라도 순기능적인 삶을 살고 싶거든, 나의 삶을 변화시키자는 것이다. 변화된 삶이되기 위해서는 나로부터 시작되어야 세상이 다르게 보인다. 세상을 바꿀 수 없다. 내가 변화하는 세상에 적응해 가면 된다. 따라서 나를 변화시키는 것은 새로운 결단이고 거듭나는 것이다. 이것은 행복이고 평화이고 사랑이다.

　지금까지 『현대 교류분석과 상담』이란 책을 발간하게 된 동기와 목적에 대해 피력했고, 이 책의 내용에 대해서 소개했다.

　끝으로, 『현대 교류분석과 상담』 책이 임상 현장에 있는 교류분석 전문상담사들의 임상 장면에서 효과적인 상담과 심리치료에 조금이나마 보탬이 되었으면 한다. 저희 한국교류분석상담협회의 수련감독급인 연구위원님들과 저는 교류분석 상담이론을 임상 장면에 수월하고 효과적으로 활용하기 위해 많은 노력을 해 왔으며, 그에 따른 교류분석 사례집을 함께 발간하기도 했다. 앞으로도 임상 현장의 전문성을 가지고 있는 한국교류분석상담협회 '티연모' 연구위원님들과 함께 지속적인 교류분석 상담과 심리치료의 연구 활동을 하겠다. 부족한 부분이 있다면 겸허하게 받아들이고 더욱더 보완해 나가겠다. 그동안 우리나라 교류분석 상담 발전에 함께 힘써 온 '티연모' 연구위원님께 감사하고 고마운 마음을 전한다. 그리고 이 책이 전문상담가들뿐만 아니라, 일반 여러 사람들에게도 활용되어 보다 많은 사람들이 자각성, 자발성, 친밀성을 높이고 잠재 능력을 최고도로 발휘할 수 있는 자율적인 인간으로 거듭나는 데 도움이 되었으면 한다.

　이 책이 출판되기까지 교정 작업에 도움을 주신 '티연모' 위원님들과 출판을 허락해 주신 학지사 사장님을 비롯한 관계자 여러분께 마음 깊이 감사드린다.

2025년 2월
최영일

차례

제5장
무의식적 인생계획
● **127**

제6장

심리적 쑹부 방식

● **227**

부록

● 311

Contemporary Transactional Analysis and Counseling

제**1**장

교류분석 개관

1. 교류분석의 정의 및 개념

1) 교류분석의 정의

교류분석(Transactional Analysis: TA) 이론은 자신의 내면에 세 가지 마음(P자아, A자아, C자아) 간 교류, 두 사람 간의 각각 세 가지 마음(P자아, A자아, C자아) 간 교류, 환경과 사이에서 이루어지는 교류, 자아와 순수의식과의 교류인 기도나 명상과 같은 신과의 교류를 포함할 수 있겠다. 이러한 언어적 · 비언어적 · 의식적 · 무의식적 교류를 분석하는 것이다. 여기서 교류란 자극과 반응이고 스트로크의 교환이며 사회적 교재의 기본 단위이다.

국제교류분석협회(ITAA)에서 제시한 교류분석에 대한 정의는 "교류분석 이론은 개인의 성장과 개인의 변화를 위한 체계적인 상담이론이며 심리치료법이다."라고도 정의하고 있다. 교류분석 이론은 심리학적 접근에 있어서 심오할 뿐만 아니라 다양한 응용적 효율성을 가지고 있다고 할 수 있다.

2) 교류분석의 개념

교류분석 이론은 미국의 정신의학자 에릭 번(Eric Berne, 1910~1970)에 의해 개발된 임상심리학에 기초를 둔 인간 행동에 관한 이론체계이며, 이에 의거한 상담과 심리치료법이다. 교류분석 이론은 개인의 성장과 변화를 위한 체계적 심리치료법으로 성격이론, 의사소통 이론, 아동발달 이론, 병리학 이론을 포함하고 있다(Stewart & Joines, 1987; 우재현, 2006a). 사람은 심리학적으로 마음이 어떻게 구조화되었고, 기능하는지를 다루는 성격이론과 인간관계에서 자아상태가 어떻게 교류하고 기능하는지를 다루는 의사소통 이론, 우리의 현재 생활패턴이 어린 시절로부터 어떻게 유래되었는지를 다루는 아동발달 이론, 인간의 삶 속에서 잘못된 생활각본으로 인한 자멸적이거나 고통스런 결과가 어떻게 만들어졌는지를 다루는 병리학 이론으로 이루어졌다.

이러한 교류분석 이론을 활용한 3대 영역은 임상, 교육, 그리고 조직(경영 및 행정)이다. 임상 영역은 상담과 심리치료의 영역으로 생활문제에서부터 심각한 정신장애까지 치료하는 데 활용 가능하다. 이러한 영역은 개인, 집단, 가족 내에서 사용되는 치료 방법을 제공하고 있다. 교육의 영역은 교육적이고 예방적인 교육 현장에서 상담과 코칭으로 활용된다. 예를 들자면, 부모교육이나 부부교육, 교사교육, 청소년과 노인교육 등에 활용할 수 있다. 조직(경영 및 행정)의 영역은 회사, 사회복지시설, 경찰, 보호관찰소, 교회 등에서 효과적인 공동체 환경을 만들기 위해 구성원의 스트레스를 줄이고, 창조성을 극대화시킬 수 있는 상담, 코칭, 컨설팅 등에 활용할 수 있다.

교류분석(Transactional Analysis: TA)은 '정신분석학의 구어판'이라고도 불린다. 이렇게 부르는 이유는 교류분석은 드러난 말이나 행동을 통하여 그 사람의 마음을 읽은 방법으로 자아상태(P자아, A자아, C자아)의 관찰 가능한 현상에 근거를 두기 때문이다. 또한 정신의학에서 사용하지 않는 일반인도 알기 쉬운 새로운 용어를 사용했기 때문이다. 즉, 비전문가와도 소통할 수 있는 일반적인 용어를 사용했다는 것이다.

최초의 이론체계는 에릭 번이 발표한 「교류분석: 새로운 효과적 집단치료법」(1958)이라는 논문이 그 발단이다. 초기의 교류분석은 정신분석의 이론의 창시자인 프로이트(S. Freud)의 심리성적 사고방식과 인간의 내적인 경험이나 무의식보다는 외부로부터 관찰 가능한 행동을 연구의 출발점으로 하고 있는 왓슨(G. B. Watson) 등의 행동주의를 기초로 하고 있다. 이러한 에릭 번의 새로운 방식이나 방법의 도입은 새로운 방향을 제시하고 있다.

에릭 번 사후 그 후계자들은 초기 교류분석 이론의 인지적 측면의 편향을 극복하기 위해 프리츠 펄스(Fritz Perls)의 게슈탈트 심리학(Gestalt Psychology)을 도입하고 그 후 다양한 상담이론을 접목시켰다. 오늘날 현대 교류분석 이론은 다양한 상담이론이 접목된 교류분석 통합이론을 완성하였다.

1971년에 교류분석 저널에서 교류분석 이론 및 실제에 뚜렷한 공적을 남긴 사람에게 수여하는 에릭 번 기념 과학상을 제정하였다. 이후 많은 에릭 번 기념 과학상을 수상한 이론들이 나와 현대 교류분석 이론의 근간을 이루고 있다.

2. 교류분석의 철학

교류분석 이론은 교류분석 이론의 기초를 이루는 핵심 사상들이 있으며, 이것은 교류분석을 다른 심리학적 체계와 구별하는 데 도움을 준다. 이러한 핵심 사상에 대해서 개괄적인 요약을 하겠다.

1) 인간관

교류분석 인간관은 결정론을 반대하는 철학적 가정에 따라 인간은 자율적인 존재라는 것이다. 스스로 깨닫고, 자유롭게 선택하고, 선택에 따른 책임을 지고, 진실한 교류를 하는 존재라는 것이다. 자율적인 인간으로 회복되고 발휘하는 것이 교류분석의 목적이다.

(1) 인간은 긍정적인 존재이다

인간은 누구나 가치 있고 존엄한 존재라는 것은 어떤 인간의 행동에 대한 긍정성이 아니라 인간 존재로서 본질에 대한 긍정성을 말한다. 이것은 다음과 같은 것을 의미한다. 모든 인간은 인간으로서의 가치, 유용한, 존엄성을 갖고 있다는 것이다. 나는 항상 상대를 있는 그대로 받아들인다. 상대의 행동이 아니라 인간 존재로서 상대의 본질은 나에게 긍정이라는 것이다.

(2) 인간은 누구나 합리적인 사고 능력을 가지고 있다

심각한 뇌 손상을 입은 경우를 제외하고 모든 사람들은 충분히 사고할 수 있는 능력을 가지고 있다. 따라서 사람들은 자신이 결정한 삶의 목표와 행동들에 대해 책임을 지고 자신이 설정한 목표에 도달하기 위한 삶을 산다.

(3) 인간은 자신의 운명을 자신이 결정하고 그 결정을 바꿀 수 있다

교류분석은 결정론에 반대하는 입장이다. 우리는 매 순간 최상의 선택을 하고 바꿀 수 있다. 따라서 과거의 결정에 대해 재검토하고 초기 결단이 타당하지 않다고 판단될 때 새로운 결단을 내려, 운명을 개척할 수 있다는 것이다.

2) 교류분석의 목적

교류분석의 목적은 자율적인 인간으로 자율성을 회복하고 발휘하는 데 있다. 자율성을 회복한다는 것은 각본으로부터 자유로써, 각본신념에 따라 반응하지 않고 지금 여기의 현실에 대한 반응으로써 사고, 감정, 행동을 나타낸다. 자율성의 획득은 자각성, 자발성, 친밀성인 세 가지 능력의 회복과 발휘에 의해서 나타난다. 자각성이란 남에게 배운 대로가 아니라 스스로 깨닫는다는 것이고, 자발성은 스스로 사고, 감정, 행동을 선택하고 표현하는 자유이다. 친밀성은 개방과 수용으로 솔직하고 긍정적 감정에 의한 진실한 교류와 교감을 하는 것이다.

3) 교류분석의 기본적 사고방식

교류분석의 기본적 사고방식은 자타긍정성에 대한 확신, 자기존중감 증진에 대한 확신, 모든 것은 마음이 만든다는 확신, 죄업 단절에 대한 확신, 마음을 정화할 수 있다는 확신을 가지고 있다.

(1) 자타긍정성(Okness)에 대한 확신

먼저 자신을 이해하고 수용하고 신뢰하는 자기 긍정성을 통해 타인을 이해와 수용으로 신뢰하여 결국 자타긍정성에 대한 확신을 갖는다.

(2) 자기존중감 증진에 대한 확신

자기는 천상천하유아독존이라 한다. 우주에 유일무이한 독특한 존재란 것이다. 따라서 이러한 자신의 소중함을 깨달았을 때 진정한 자기를 이해하고, 수용하고, 신뢰하고, 개발하여 독특한 자기를 실현할 수 있다는 것이다.

(3) 모든 것은 마음이 만든다는 확신

미국의 심리학자 윌리엄 제임스(William James)는 사고는 감정을 낳고 감정은 행동을 하게 하고 행동의 반복은 습관을 만들고, 습관은 성격을 형성하고 성격은 운명을 결정한다고 주장하였다. 또한 불교 경전 중 하나인 화엄경에 일체유심조란 말이 있다. 6근(안, 이, 비, 설, 신, 의-감각기관)과 6경(색, 성, 향, 미, 촉, 법-대상)이 접촉할 때 느낌에 의한 생각(사고)이 일어난다. 즉, 모든 것은 그대로인데 마음(사고)이 호, 불호를 만든다는 것이다. 따라서 마음의 본질인 생각(사고)을 바꾸면 운명을 바꿀 수 있다는 것이다.

(4) 죄업 단절에 대한 확신

가장 가까운 타인인 부모는 우리에게 많은 은혜를 베풀지만 또한 깊은 상처를 주기도 한다. 어린 시절 부모의 양육 과정에서 부모의 영향으로 지금 여기에 적합하지 않은 각 본을 갖게 되어 부모의 죄업을 대물림 하게 된다. 이러한 대물림을 끊기 위해 부모의 죄 업을 지금 여기로 가져와 토설하고 직면하여 감정을 정화해야 한다. 결과 대물림을 끊고 낡은 각본에서 벗어나 자율적인 인간이 될 수 있다는 것이다.

(5) 마음 정화에 대한 확신

실제 우리는 완전성을 지니고 있는 순수의식(신성 또는 불성)인데 에고(자아 또는 관념의 나)의 작용에 의해 개인마다 독특한 모습을 나타낸다. 그러므로 교류분석의 지혜로 에고 (자아 또는 관념의 나)를 잘 정화하면 우리의 본성인 자율성이 회복되고 발휘될 수 있다는 것이다.

4) 교류분석의 성격이론

손디(L. Szondi)는 성격은 유전이라 했고, 융(C. G. Jung)은 성격은 변하지 않는다는 불 가소성의 입장을 취하고 있다. 그러나 교류분석은 이러한 결정론에 반대하는 입장이다. 근대 심리학의 창시자인 윌리엄 제임스는 인간은 변화가 가능한 가소성의 동물이라고 주장한다.

[그림 1-1] 교류분석 이론의 성격 범위도

교류분석에서 협의의 성격은 교정하기 쉬운 일은 아니지만 습관적 성격이나 역할 성격은 교정 가능하다고 주장한다. 자기분석을 통해 성격을 교정하여 자기변혁을 할 수 있다는 것이다. 교류분석에서 성격은 협의의 성격과 습관적 성격, 역할 성격으로 나눌 수 있는데 협의의 성격은 성격의 기초인 기질과 환경의 반응에 의해서 형성된 인격이다. 기질은 생물학적 뇌의 구조차로 기질에 따라 활동 수준(남자와 여자의 차이)과 자극의 민감성(정서의 개인차), 공포의 수준(공포의 개인차), 사회성(사람과 개방성), 진정 능력(정서적 안정감)이 사람마다 다르다. 최근 후성유전학에 이론에 의하면 기질도 변화된다고 한다. 그렇다면 인간에 있어서 고정된 것은 하나도 없다는 것이다. 따라서 교류분석 이론에서는 성격은 교정을 통해서 얼마든지 자기 변혁이 가능하다는 것이다.

3. 교류분석의 역사

1) 교류분석 이론에 기여한 선행 연구

에릭 번의 교류분석 출현에 영향을 준 선행 연구들에는 교류분석 저변에 깔려 있는 프로이트(Freud)의 정신분석, 융(Jung)의 분석심리학, 아들러(Adler)의 개인심리학이 활용되었으며, 에릭 번의 세 자아상태 구조에 영향을 준, 펜필드(Penfield)의 뇌 연구, 하트만(Hartman)의 자아심리학, 페던(Federn)의 자아상태 이론이 있다. 심리게임과 교류에 영향을 준, 베터슨(Baterson)의 의사소통 체계이론, 에이브러햄(Abraham)의 성격유형 이론이 활용되었으며, 스트로크 이론에 영향을 준, 스피츠(Spitz)의 스트로크 이론이 있다. 인생각본 이론에 영향을 준, 캠벨(Campbell)의 신화분석, 매슬로(Maslow)의 자아실현 이론이 활용되었으며, 교류분석 실제에 영향을 준, 슐츠(Schutz)의 엔카운트, 펄스(Perls)의 게슈탈트 이론, 사티어(Satir) 가족치료 이론, 머피(Murphy)의 인간성장 이론이 있다. 이러한 이론들은 교류분석 이론 출현에 크게 기여한 선구자와 이론들이라고 할 수 있다(우재현, 2007).

2) 교류분석의 발달

교류분석의 창시자 에릭 번이 최초로 집단치료를 실시한 것은 1943년에서 1946년 사이로 미 육군에 군의관으로 근무할 때였다. 집단 작업의 가능성에 매료되어 점차 개인을 대상으로 한 정신분석적 치료에 흥미를 잃기 시작했다. 그러나 전쟁이 끝난 후 캘리포니아 카멜에서 에릭슨(Eric Erikson)에게 교육 분석을 받으면서 정신분석 연구를 다시 시작했다. 샌프란시스코와 카멜에서 정신의학자로 일하는 동안, 내담자를 관찰하면서 성격의 구조와 기능에 관심을 기울였다. 그의 탐색적인 연구들은 1950년대 중반의 대부분의 정신의학자들이 가졌던 기본 가정과는 정반대의 결론에 도달했다. 따라서 전통적인 정신분석적 치료를 버리고, TA라는 새로운 상담 및 심리치료 기법을 실시하기 시작했다. 1964년 『심리적 게임(Game People Play)』이라는 책이 국제적인 베스트셀러가 되었고, 정신분석과 결별한 그의 새로운 치료 기법이 주목을 받기 시작했다. 그리고 1964년에는 국제교류분석협회를 결성하였다. 1960년대에 와서 그의 이론은 거의 완성되었다(Corey, 2017).

그러나 교류분석 이론은 번 이후 눈부신 발전을 거듭해 왔다. 교류분석의 발달은 다음과 같이 네 단계로 나눌 수 있다(Dusay, 1972).

제1기(1955~1962)는 번(Berne)이 인간의 성격이 세 가지 자아상태로 구성되어 있다는 사실을 발견하면서부터 시작된다. 이 세 가지 자아상태(Patent, Adult, Child)는 인간의 사고와 감정과 행동을 설명할 수 있는 단서가 될 수 있다는 것이다. 다시 말해 말이나 목소리나 제스처나 얼굴 표정과 같은 '지금, 여기에서(Here and now)'의 현상을 통해 성격을 관찰할 수 있는 길을 열어놓은 것이다. 이와 같이 관찰 가능한 이러한 기준은 한 사람의 과거 역사를 추론하고 또 미래 문제를 예측할 수 있는 토대를 제공한다.

제2기(1962~1966)는 두 사람 간에 일어나는 교류(transaction)에 관심을 기울이면서부터 시작되었다. 즉, 두 사람 간에 의사소통을 할 때 각각 세 자아상태 중 한 자아상태에서 자극과 반응이 오간다. 이러한 교류에는 세 가지 유형이 있다는 사실을 발견했다. 그리고 교류를 할 때에는 바깥으로 드러난 사회적 수준의 메시지 이면에 숨어 있는 심리적 메시지도 있다는 사실을 알게 됨으로써, 게임을 분류하기 시작했다. 교류분석이 널리 주목을 받게 된 것도 바로 이 시기이다. 이 시기의 교류분석은 정서에는 그다지 관심을 두지 않고 주로 인지적 접근 방법을 취했다. 번과 샌프란시스코 교류분석 세미나에 참석했던 사람들은 "사람들은 왜 같은 게임을 반복하게 되는가?"라는 의문에 대답하려 했다. 프로이트(Freud)의 강박증적 반복은 호소력은 있지만, 이러한 질문에 만족할 만한 대답을 주지 못했다. 교류분석에서는 이러한 질문에 대한 신빙성 있는 해답을 찾음으로써 제3기에 접어들게 되었다.

제3기(1966~1970)에서는 인생각본(life script) 이론과 이 각본에 대한 분석이 주로 발달된 단계이다. 인생각본은 "아동기에 쓰이고, 부모로부터 강화되고, 이후 겪게 되는 사건들을 통해 정당화되어, 결국 선택의 여지가 없는 결말로 치닫게 하는 인생 계획"(Berne, 1976)을 말한다. 번이 사망하나 이후 교류분석의 발달은 제4기로 접어들었다.

제4기(1970년부터 현재)에는 '이고그램(egogram)'이 각광을 받기 시작했다. 이고그램이란 한 사람의 자아상태에서 발생하는 에너지의 양과 시간을 그림 또는 그래프로 나타낼 수 있게 해 준다. 1970년 이후 각 자아상태의 에너지 수준을 높이는 기법들을 개발해 왔다. 이와 같이 교류분석의 임상적 적용에서는 각 기마다 특징을 이루었던 이론과 기법(자아상태, 교류와 게임, 각본분석과 재결정, 이고그램과 에너지 이동)이 다양하게 활용되고 있다.

1971년에 『교류분석 저널(Transactional Analysis Journal)』에서는 교류분석 이론 및 실제에 뚜렷한 공적을 남긴 사람에게 수여하기 위해 에릭 번(Eric Berne) 기념과학상을 제정하였다. 이 상을 수상한 이론들을 보면 스타이너(C. Steiner)의 '각본 매트릭스', 카프만(S. Karpman)의 '드라마 삼각형', 듀제이(J. Dusay)의 '이고그램', 재키 시프(J. Schiff)와 에런 시프(A. Schiff)의 '수동성과 네 가지 에누리', 로버트 골딩(R. Goulding)과 메리 골딩(M. Goulding)의 '재결정과 12가지 금지명령', 크로스맨(P. Crossman)의 '보호(protection)', 칼러(T. Kahler)의 '축소각본과 다섯 가지 드라이브', 잉글리시(F. English)의 '라켓과 라켓 감정', 언스트(F. H. Ernst)의 'OK 목장(OK Corral)', 어스킨(R. Erskine)과 잘크맨(M. Zalcman)의 '라켓 체계와 라켓 분석', 제임스(M. James)의 '자기 양육(self-parenting)', 레빈(P. Levin)의 '발달 주기'를 들 수 있다. 이와 같이 에릭 번 기념과학상을 수상한 이론들은 현대 교류분석의 근간을 이루고 있다.

교류분석을 통한 상담과 심리치료에 인간 잠재력 운동(Human potential movement), 게슈탈트 심리치료, 참 만남 집단, 심리극 등 많은 기법들을 통합시켰다. 그리고 근래에 와서는 인지적 접근 방법 이외 정서적 활동적 접근 방법을 취해 균형을 이루려고 한다.

3) 교류분석의 세 학파

교류분석 이론은 에릭 번에 의해서 창안되었지만, 다수의 이론가들이 참여하여 발달시킨 이론으로 에릭 번 사후 교류분석은 치료의 목표와 방법에 따라 세 학파로 정리한다(Stewart & Joines, 1987).

교류분석은 치료의 목표와 방법에 따라 편의상 세 학파로 분류하지만 현대 교류분석은 특정 학파에 속한 이론보다는 통합된 다양한 이론들을 활용하고 있다.

(1) 고전학파(샌프란시스코 세미나 학파)

고전학파는 에릭 번과 그의 동료들이 샌프란시스코를 거점으로 교류분석 초기 단계에 발전시켜 온 상담치료 목표 그리고 방법과 매우 근접하기 때문에 이렇게 명명한다.

이 학파의 상담 목표는 내담자의 낡은 각본 형태에서 벗어나, 자율로 이행할 행동 변화를 전제로 오염된 자아상태를 변화하는 데 중점을 두고 있다.

치료 방법은 상담자의 3P 활용을 주요한 기능으로 보고, 3P를 효과적으로 활용 내담자를 치료하는 방법을 적용하였다. 여기서 3P란 허가(Permission), 보호(Protection), 잠재능력(Potency)으로 허가는 모든 자아가 기능하도록 자유를 허용하는 것이고, 보호는 부모의 부정적인 메시지를 따르지 않는데서 오는, 두려움을 갖고 있는 어린이 자아를 보호하는 것이다. 잠재능력은 내담자의 잠재되어 있는 능력이 충분이 발휘될 수 있도록 도우는 것이다.

이 학파의 특징은 치료의 접근 방법으로 분석 도구를 많이 활용한 주로 집단치료를 강조한다. 과거 미해결 과제를 집단에서 재현해 봄으로써 치료 상황을 만들고 집단 지지를 받을 수 있도록 한다. 어른 자아상태(A)의 자각을 중시함으로 인해, 감정을 다루는 부분이 인색한 편이다.

(2) 커덱시스 학파

커덱시스 학파는 정신과 의사인 시프(Schiff)와 그가 설립한 커덱시스 연구소에서 정신질환의 내담자를 치료하기 위해 함께 한 사람들이다.

이 학파의 치료 목표는 정신질환이 파괴적이고 일관성 없는 어버이 자아상태(P)의 메시지 등에 의한 결과라고 전제하고 내담자에게 재육아를 통해 다시 성장해 가는 기회를 제공해 주는 것이다.

치료 방법은 치료의 초점은 초기 유아기로 다시 돌아가서 긍정적이고 일관성 있는 어버이 자아상태를 주입 재육아를 한다. 즉, 상담자가 일정 기간 동안 대리 부모 역할을 통해 내담자를 재육아 내담자 내면에 새로운 부모를 대체한다.

이 학파의 특징은 치료자가 대리 부모로서 강력한 재양육 방식을 활용 치료한다. 내담자가 문제 해결을 위해 적극적으로 사고하고, 행동하도록 요구함으로써 치유적 대결(배려의 직면) 상황을 만들어 적극적인 문제 해결을 요구하는 것이다. 따라서 이 학파는 재

양육된 내담자의 새로운(재양육된) 어버이 자아상태(P)를 중시한다.

(3) 재결단 학파

이 학파는 밥 굴딩(Bob Goulding)과 메리 굴딩(Mary Goulding) 부부가 창시자로 교류분석 초기 이론의 인지적 · 행동적 측면과 게슈탈트의 정서적 측면을 통합 재결단 학파를 형성하였다.

이 학파의 목표는 각본에서 벗어나기 위해 인생 초기의 잘못된 결단을 적절한 재결단으로 변화시키기 위해 어린이 자아상태(C)를 치료의 목표로 하고 있다.

치료의 방법은 초기 인간의 결단은 권위 있는 인물의 감정이나 행동에 적응하기 위해 이루어졌기 때문에 치료의 초점을 어린이 자아상태에 두고, 억압된 어린이 자아상태 감정을 재경험시켜 재결단함으로써 갈등(impass)을 해결한다. 따라서 어린이 자아상태의 변화를 중요하게 생각한다.

이 학파의 특징으로 행동 변화를 위한 상담자와 내담자는 동등한 입장에서 치료를 위한 계약을 한다. 재결단 작업에서 개인적 책임감을 강조함으로써 치료자는 증인이고, 촉진자 역할을 하고, 내담자는 갈등해결을 위해 몰입하게 함으로써 내담자에게 허용을 제공하지 않는다. 즉, 내담자 스스로 해결할 능력이 있다고 본다. 갈등(impass) 해결을 위해 게스탈트의 빈의자 기법을 활용한다.

4) 초기 이론체계와 통합 교류분석

에릭 번에 의해 출발한 초기 이론체계인 교류분석 이론은 기존의 정신분석 이론에 한계를 느끼고, 교류분석이란 새로운 심리학 이론이 등장했는데, 「교류분석: 새로운 효과적 집단치료법」(1958)이라는 논문이 발단이 되었다.

초기 교류분석은 프로이트(Freud)의 심리성적 사고방식과 인간의 내적인 경험이나 의식을 연구 대상에서 제외하고, 외부로부터 관찰 가능한 행동을 연구의 출발점으로 왓슨(G. B. Watson) 등의 행동주의 이론이 기초가 되었다.

통합 교류분석 이론체계는 에릭 번 사후 후계자들에 의해 확립되었다. 통합 교류분석은 정신분석학과 행동과학을 저변으로 삼고, 에릭 번의 지적 편향(인지적 측면)을 극복하기 위해 펄스(Fritz Perls)의 정서적 측면인 게슈탈트 이론을 접목하였다. 에릭 번 기념 과학상 제정(1971) 이후 에릭 번 기념 과학상을 수상한 많은 이론들이 나왔다. 이것이 현대 교류분석 근간을 이루고 있다. 현대 교류분석은 인지적·정서적·행동적 측면의 다양한 이론이 접목 통합된 이른바 교류분석 통합이론이다. 계속해서 에릭 번 기념 과학상을 수상한 이론들이 교류분석 이론에 접목되어 교류분석 통합이론이 이어질 것이다.

5) 에릭 번의 생애

교류분석 창시자 에릭 번은 1910년에 캐나다의 몬트리올에서 의사인 아버지와 작가인 어머니 사이에서 1남 1녀 중 장남으로 출생했다. 에릭 번이 아홉 살 때에 의사인 아버지가 38세의 나이에 폐결핵으로 병사했기 때문에 에릭 번의 어머니가 작가로 일하며 가정을 꾸려 나갔고 에릭 번과 여동생을 양육했다.

어머니의 권유로 의과대학에 들어갔고, 1935년에 맥길 의과대학(McGill Medical School)에서 의사 자격증을 받았다. 의사가 된 후 미국으로 이주하여 미국 시민이 되었으며 이름을 에릭 번스타인(Eric Bernstein)에서 에릭 번(Eric Berne)으로 개명했다.

1941년 본격적인 정신분석의 수련을 시작했고, 뉴욕 분석연구소에서 페던(Federn)에게 개인 분석을 받던 중, 제2차 세계 대전이 발발하여 군의관으로 입대를 했다.

1946년 제대한 후 에릭슨(Erickson)으로부터 정신분석 훈련을 받기 시작했다. 이때부터 개업의로서 많은 저술 활동을 했다. 1947년 첫 저술인『행동에 있어서 마음(The Mind in Action)』을 출판했다.

1956년 정신분석가 자격 취득에 실패하였으며, 이 사건이 비록 번을 매우 낙담시켰지만, 또 다른 측면에서 에릭 번에게는 교류분석을 개발하는 동인이 되었다. 1956년 에릭 번은 정신분석협회를 탈퇴했다.

1950년대 초부터 에릭 번의 동료들은 정기적으로 임상 세미나를 개최했고, 임상 세미나는 그의 연구에 많은 공헌을 했다. 1958년 에릭 번과 동료들은 샌프란시스코 사회정신의학 협회를 설립하여 모임을 이어 왔다. 그 해「교류분석: 새로운 효과적 집단치료법(Transactional Analysis: A new effective method of group therapy)」이란 논문을 발표하여 교류분석 이론을 소개했다.

1961년 에릭 번의 본격적인 교류분석에 관한 책『심리치료에 있어서 교류분석(Transactional Analysis in Psychotherapy)』이 출판되었다. 1962년 자신이 편집인이 되어『교류분석 회보(Transactional Analysis Bulletin)』를 출판했다. 1964년『인생게임(Games People Play)』란 책을 출판하였으며, 이 책은 전문가들뿐만 아니라 일반인에게도 인기를 얻으며 베스트셀러가 되었다. 이로 인해 교류분석 대중화에 하나에 이정표가 되는 해가 되었다.

1964년 에릭 번과 세미나 동료들은 미국뿐만 아니라 국제적으로도 교류분석을 정신분석에 사용하는 전문가들이 증가함에 따라 '국제교류분석협회(the International Transactional Analysis Association: ITAA)'를 창설하기로 결정하였다. 1968년 비엔나에서 교류분석을 '국제집단심리치료협의회'에 보고하여 교류분석을 국제적 지위로 올려놓았다.

1970년 『인간의 사랑에 있어서 성(Sex in Human Loving)』이 출판되었으며, 그 해 에릭 번은 심장발작으로 고통을 받았으나, 이 시기 『안녕이라고 말한 후 뭐라고 말합니까?(What do You Say After You Say Hello?)』란 원고를 완성하였으며, 이 저서는 그가 사망한 후 1972년도에 출간되었다. 에릭 번은 심장발작으로 1970년 7월 15일 60세를 일기로 사망하였다.

4. 교류분석의 핵심 이론

교류분석 이론은 깊이와 응용의 폭넓은 다양성에 있어서 다른 심리학적 이론체계와 구별된다.

교류분석의 핵심 이론은 교류동기와 관련된 3가지 욕구이론과 4가지 분석이론으로 구성되어 있다. 3가지 욕구이론은 인정자극(인정 갈망), 시간의 구조화(구조 갈망), 인생태도(입장 갈망) 이론이 있다. 스트로크 이론은 인간을 지탱하게 해 주는 몸과 마음의 영양물에 관한 이론이고, 시간의 구조화 이론은 인생이란 시간을 어떻게 각자 꾸려 나가는지에 관한 이론이며 인생태도 이론은 사람이 살면서 갖는 삶에 대한 태도는 어떤 것인지를 다룬 이론이다.

4가지 분석이론은 자아상태 구조 기능분석, 교류패턴 분석, 심리게임 분석, 인생각본 분석이 있다. 자아상태 구조 기능분석은 인간의 성격은 어떻게 구조화되어 있고 기능하는지 분석한다. 교류패턴 분석은 사람들은 인간관계를 할 때 어떤 방식으로 교류하는지 분석하고, 심리게임 분석은 대인관계 중에 되풀이되는 힘들고 편치 않는 인간관계는 왜 그런지 분석하며 각본분석은 인생을 하나의 드라마로 보고 자신이 현재 연기하고 있는 각본을 분석한다. 앞으로 각 장마다 이러한 이론들을 상세하게 검토하고 사례를 제시하고 자세한 설명을 하게 될 것이다.

제**2**장

나의 마음 그림

1. 자아상태 이해

1) 자아상태 구조

자아상태 구조란 교류분석의 성격이론에 의하면 사람의 마음속에 '세 가지 나'가 있다. 이것이 우리의 성격구조를 형성하는데, 이러한 작동 원리나 구조를 분석 연구하는 것이 자아상태 구조 분석이다.

불교 경전 중 하나인 『화엄경』에 일체유심조라는 말이 있는데 이는 일체 모든 것은 오직 마음의 조화라는 것이다. 행복과 불행도 마음의 조화요, 성공과 실패도 마음의 조화이다. 이러한 마음의 본질은 생각이다. 우리는 어떤 사고를 하느냐에 따라 우리의 운명이 결정된다고 해도 무리한 말은 아닐 것이다. 근대 심리학의 창시자인 윌리엄 제임스(William James)는 사고(생각)는 감정(느낌)을 낳고, 사고와 감정은 행동을 낳는다고 하였다. 행동의 반복은 습관을 낳고, 습관은 성격을 낳으며, 이러한 성격은 한 개인의 태도, 가치관, 신념을 형성하여 이윽고 개인 문화를 형성해서 결국 한 사람의 운명을 결정짓는다는 것이다. 이러한 마음은 어떤 구조를 하고는 있을까? 교류분석의 창시자인 에릭 번(Eric Berne)은 이러한 마음을 자아상태(ego-states)라 하여 "사고 및 감정, 이에 관련된 일련의 행동 양식을 종합한 하나의 시스템"이라고 정의하고 있다. 자아상태는 어버이 자아(P), 어른 자아(A), 어린이 자아(C)의 세 가지 구조로 되어 있는데, 부모나 부모처럼 여겨지는 사람을 모방하는 방식으로 행동하고 사고하고 느낄 때, 나는 P 자아상태에 있다고 하고, 성인으로서 가지는 모든 능력을 사용하여, 나를 둘러싼 사건들에 대하여 지금 여

[그림 2-1] 세 가지 자아상태

기에서 반응하는 방식으로 행동하고 사고하고 느낄 때, 나는 A 자아상태에 있다고 말한다. 그리고 어린아이였을 때 한 것과 같이 행동하고 사고하고 느낄 때, 나는 C 자아상태에 있다고 한다.

또한 정신분석과 교류분석 정신구조의 차이점을 비교해 보면, 교류분석의 정신구조는 정신분석의 자아를 확대 발전시킨 것으로 교류분석은 관찰 가능한 PAC 현상에 근거한 드러난 말이나 행동을 통하여 그 사람의 마음을 읽은 방법을 쓴다. 이러한 이유 때문에 교류분석을 정신분석의 구어판이라고도 한다. 정신분석의 초자아와 교류분석의 어버이 자아상태(P), 자아와 어른 자아상태(A), 이드와 어린이 자아상태(C)의 내용이 매우 흡사하다.

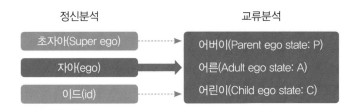

[그림 2-2] 정신분석과 교류분석 정신구조 비교

다음은 세 가지 자아상태의 예를 들고 각각의 단서와 파악 방법을 보다 쉽게 이해할 수 있는 구체적인 내용을 들어 보겠다.

(1) 어버이 자아상태(Parent ego state: P)

번(Berne, 1964)에 의하면, 어버이 자아상태는 출생에서부터 5년간 외계의 경험원들, 주로 부모를 모방학습하여 형성된 태도 및 기타 지각 내용과 그 행동들로 구성된다. 다시 말하면, 어버이 자아상태는 자신의 생활 가운데서 의미를 부여하는 타인들, 즉 부모나 그 밖의 부모 대리인들이 말하고 행동하는 것들을 듣고, 관찰하는 내용들이 어버이 자아상태라고 하는 고성능의 테이프에 기록되어 내면화된 것이라 할 수 있다. 이러한 어버이 자아상태의 형성 과정의 특징은 거의 무의식적으로, 비판에 의하여 교정됨이 없이 바로 받아들여져서 내면화된 것이라는 점이다. 출생에서 5세까지의 어린아이는 의존성과 언어로 의미를 구성할 수 없는 무능력으로 특정 지어지는 때이다. 그러므로 모방이나 학습의 과정에서 감지하는 자료들을 변동하거나 수정하거나 또는 설명할 수가 없는 것이다. 그렇기 때문에 무비판적으로 진정한 의미를 파악하지 않고 무조건 수용된 낡은 어버이 자아상태의 자료에 의한 우리들의 행동은 비현실적이고, 독선적이며, 무조건 금지적이며, 또한 부적절하게 나타나게 되는 경우가 많게 된다. 따라서 우리들의 행동 가운데서 융통성이 없는 무조건 금지적이고 독선적이며 비판적인 행동들은 이 어버이 자아상태의 기능 작용에 의한 것으로 분석할 수 있다.

사람이 어버이 자아상태에 있을 때에는 질책하는 자세로 "밤을 새워 바둑을 둬서는 안 돼!"와 같은 경우나 상대에게 힘이 되어 주는 것과 같이 "아주 어려운 것 같군, 힘이 되어 주도록 하겠네." 등에서 볼 수 있듯이 과거 부모가 했던 것과 같이 질책하거나 원조하게 된다.

(2) 어른 자아상태(Adult ego state: A)

어른 자아상태는 생후 10개월경 어린아이가 자기 자신의 자각과 독자적 사고가 가능해짐에 따라 자신이 혼자서 어떤 일을 해낼 수 있다는 자신감을 갖게 되면서 서서히 형성되기 시작한다(Harris, 1973). 그러므로 어른 자아상태는 어버이 자아상태나 어린이 자아상태와는 달리 어떤 것을 지금 여기서 혼자서 해낼 수 있는 어린아이의 자신감 위에 형성된다는 것이 특징이다.

이러한 어른 자아상태는 일종의 컴퓨터와 같은 기능을 갖고 있는 것으로 볼 수 있다. 즉, 어른 자아상태는 추리하고, 외부의 자극들을 평가하고, 정보들을 모아서 미래의 행동수행에서 참고 자료로 사용할 수 있게 저장한다. 나아가서 어른 자아상태는 수집, 저장된 자료들과 새로이 현재 수집된 자료들을 근거로 하여 어떤 결정을 집행할 수 있게 한다. 또 독립적으로 살아갈 수 있게 하며, 보다 선택적으로 행동할 수 있게 된다.

어른 자아상태는 객관성의 잣대를 제공해 준다. 개인은 어른 자아상태를 통해서 자신을 보다 현실적으로 검증할 수 있다. 즉, 어른 자아상태는 어버이 자아상태에 기록된 자료의 진실 여부가 현재에도 적용될 수 있는가를 확인하고, 그 자료의 용납과 거부를 결정하는 기능과, 어린이 자아상태에 기록되어 있는 감정들이 현재 상황에도 적절한 것인가, 아니면 어버이 자아상태의 고루하고 낡은 자료에 대한 반응 형식인가를 알아보는 검토 기능을 가지고 있다. 다시 말해서 어른 자아상태는 어버이 자아상태와 어린이 자아상태의 자료들을 검토하여 어버이 자아상태에 의한 편견이나 독선을 그리고, 어린이 자아상태에 근거하는 현실적으로 부적절하고 유치한 부적응 행동을 방지하고자 하는 것이다. 그러므로 어른 자아상태가 언제나 어버이 자아상태와 어린이 자아상태의 행동을 거부하는 것은 아니고, 상황에 맞추어 적절하게 나타날 수 있도록 조정하는 것이다(James & Jongeward, 1971; 우재현, 2006a).

한 개인이 여러 가지 행동들을 할 수 있다. 그때, 그의 어른 자아상태는 여러 가지 행동 과정들의 결과들을 예측할 수 있어서 후회나 실패의 가능성을 최소화하고, 창의적으로 성공의 가능성을 증대시킬 수 있게 한다.

이와 같은 기능을 하는 어른 자아상태를 우리는, 눈을 깜박이며 골똘히 사고하고 있는 표정, 적극적으로 경청하는 자세, 여러 가지 가능성을 탐색하는 행동에서, 그리고 '비교적 ~하다', '생각건대', '내가 알기로는' 등과 같은 언어들이 포함되는 언어적 표현들을 통하여 알 수 있다(Harris, 1973; 이성태, 1992).

사람이 어른의 자아상태로부터 심적 에너지를 방출하고 있을 때는 바른 자세와 냉정한 태도로 '어떻게 하면 해결할까? 어쨌든 확실히 보기로 하자'는 경우와 같이 사실에 입각한 냉정한 판단에서 이론적으로 해결하려고 한다.

(3) 어린이 자아상태(Child ego state: C)

울램스와 후이지(Woollams & Huige, 1977)에 의하면, 어린이 자아상태는 인간 개체 내에서 자연히 나타나는 생득적인 모든 충동과 감정들, 그리고 그의 생의 초기에 경험하는 사태들에서 느끼게 된 감정들과 그러한 감정들에 대한 반응 양식들로 구성된다. 생의 초기에 수반되었던 감정들이란 주로 출생 후 5세경까지의 외적 사태들(주로 부모와 관련된)에 대한 느낌 차원의 반응, 즉 감정적인 반응으로서 외적 사태들에 대한 그 어린아이의 감정적 반응체제가 내면화된 것이다. 그런데 어린아이가 생의 초기에 갖게 되는 감정적 경험은 그에게 있어서 결정적으로 중요한 의미를 갖게 된다. 이때 경험하게 되는 부정적 감정이 그 어린아이로 하여금 자기 부정적 자아(I'm not OK)를 형성하도록 하기 때문이다.

인생 초기의 어린아이들은 그 감정들을 표현할 수 있는 언어적 능력이나 어휘를 거의 가지고 있지 못하기 때문에 글들이 갖는 경험 상태에 대한 반응의 대부분이 내적인 감정적 반응이다. 물론 그러한 감정적 반응들 가운데는 경험 상태에 따라 긍정적인 경험도 혹은 부정적인 경험도 모두 포함될 수 있다. 그러나 대체로 생의 초기에 어린아이들의 낯설고 서툰 환경에 던져진 상태에서 적응행동을 시행착오적으로 학습해 나가는 동안 불가피하게 당면할 수밖에 없는 다양한 욕구좌절의 경험들이 따르게 마련인데, 이때 많은 부정적 감정들을 경험하게 된다. 따라서 이러한 부정적 감정들이 기초가 되어 어린아이는 자기부정적인 자아를 형성하게 되는 것이다.

"야! 멋있어! 놀랐는데!"와 같이 느낀 그대로를 표현하거나 "저런 저렇게 굽히고 나올 수가 있나. 상대가 나빴기 때문일 거야."와 같이 본래의 감정을 억제한 언동을 취할 때에는 어린이 자아상태에서 에너지를 방출하고 있는 것이다.

　그러면 어떤 S교사의 자아상태 변화의 사례를 들어 보기로 하자. S교사가 교실에서 수업을 하고 있다. S교사는 수업을 진행하면서 한 학생 한 학생을 관찰하고 학생들의 반응을 보고 있다. S교사는 지금 여기에서 자신을 둘러싸고 있는 학생들에 반응하면서 수업을 진행하고 있는 것이다. 이때 S교사는 어른 자아상태에 있다.

　그런데 그때 어떤 학생이 떠들기 시작했다. 그 순간 S교사는 다른 학생들에게 수업 방해가 될 것 같다는 생각이 들었다. S교사는 재빨리 그 학생이 있는 자리 옆으로 이동했다. 그랬더니 학생은 떠드는 것을 멈추고 다시 조용해졌다. 이 시간 동안 내내 S교사는 어른 자아상태에 있었던 것이다. 수업시간 느끼는 감정은 S교사가 수업 분위기가 흐트러지지 않도록 하기 위해 보다 빠르게 대처하도록 해 주며 지금 여기의 교실 분위기에 대한 적절한 반응이었다.

　그런데 잠시뿐 그 학생은 다시 계속 옆 학생과 장난을 하기 시작했다. 그러자 S교사는 학생을 향해서 이렇게 말했다. "너는 왜 자꾸 수업 시간마다 주의가 산만하니? 주의해라!" 이 순간 S교사는 어버이 자아상태로 이동한 것이다. S교사도 어렸을 때 무척 개구쟁이 아이였다. 그래서 자주 선생님들께 주의를 받곤 하였다. 그때 그 선생님들의 모습과 표현하는 말들을 보고 들었다.

　수업 시간이 다 끝나갈 무렵 그 학생은 다시 옆 학생과 장난을 하기 시작했다. 이것을 본 S교사는 화가 났다. 수업이 끝나자 그 학생을 데리고 교무실로 와서 학생과 상담을 하게 되었다. 상담을 하다 보니 중요한 회의 시간에 늦었다는 것을 알게 되었다. 학생을 보낸 다음 S교사의 마음은 가라앉고 잠시 동안 당황한 느낌을 갖는다. 지금 S교사는 어린이 자아상태로 옮겨 갔다. S교사는 옛날에 본인이 학교 다닐 때 학교에 지각해서 선생님에게서 받았다고 기억되는 벌의 위협감을 가졌던 오래된 추억을 기억했다. S교사의 당혹감은 이러한 오래된 기억에 대한 반응이며, 성인으로서의 상황에서 발생할 수 있는 어떤 것에 대한 반응은 아니다. 이 순간에 S교사는 자신이 어린 시절을 재연하고 있다는 사실을 의식적으로 자각하지는 않고 있다. 만약 당신이 S교사에게 '이런 상황이 어린 시절의 어떤 것을 회상하게 합니까?'라고 묻는다면, S교사는 의식적으로 기억을 되살려 오래된 학교 교실의 장면을 떠올릴 것이다. 그렇지 않으면 S교사는 즉시 그것들을 기억할 수 없도록 그런 고통스러운 회상들을 애써 감추어 버릴 것이다. 만약 S교사가 비록 치료를 받으러 가게 되더라도, 깊이 감춰진 기억들은 의식 속으로 후진시키기를 원했다면 더 오래 걸릴지도 모른다. 어린 시절의 감정과 생각을 이제 다시 경험함으로써 S교사는 학생이었던 몇 년 동안에 보여 주었던 어떤 행동들을 다시 보여 주고 있다. S교사의 마음은 급히 서두르고 있다. 입가로 손을 올리고 눈은 커진다. 자세히 보면 S교사는 땀을 약간 흘렸다는 것을 알 것이다. 잠시 후에 S교사는 생각한다. '잠깐만! 내가 무엇을 두려워하고 있지? 내가 늦은 이유를 말하면 다 이해할 거야. 지금부터라도 참석해서 동참하면 되겠지.' S교사는 어른 자아상태로 되돌아온다.

지금까지 기술한 사례는 S교사의 마음의 변화상태, 즉 자아상태의 변화 과정을 나타낸 것이다.

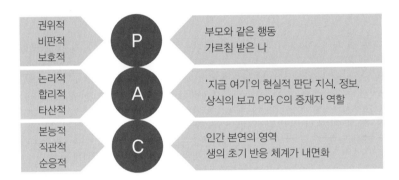

[그림 2-3] 자아상태의 개요

(4) 유동적인 자아상태의 심적 에너지

자아상태 PAC의 전체 심적 에너지는 사람마다 총량이 일정하다. 따라서 상황에 따라 자아상태 PAC가 각각 잘 활성화되어야 건강하고 균형 잡힌 성격이 된다. 가치 판단이 필요할 때는 P 자아상태가 활성화되어야 하고, 현실 판단이 필요할 때는 A 자아상태가 활성화되어야 하며, 본능적 판단이 필요할 때는 C 자아상태가 활성화 되어야 한다.

어머니가 성가시게 말썽을 부리고 있는 아들을 큰 소리로 꾸짖고 있는 장면을 상상해 보자. 찌푸린 얼굴로 째지는 외마디 소리를 내고, 한쪽 팔은 공중에서 한 대 내리치려는 찰나이다(P 자아상태). 그때 돌연 전화벨이 울렸다. 그녀는 20년 전 친했던 초등학교 동창생의 목소리를 듣는다. 그 순간 그녀의 자세는 일변하고 어조나 표정은 부드럽게 변하기 시작한다. 점차 옛날 어린 시절의 추억을 회상하고 천진난만한 모습으로 변한다(C 자아상태). 전화를 끊은 후 말썽 부린 아이에게 그렇게 해서는 안 된다는 이유를 설명하고 그런 버릇을 고치도록 노력해 보자고 제의한다(A 자아상태).

이 경우에서 볼 수 있듯이 자아상태는 상황의 변화에 따라 바뀌게 된다. 또 자아상태

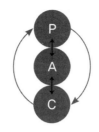

[그림 2-4] 자아상태의 유동

와 자아상태의 사이는 반투막으로 되어 있어서 PAC 사이를 정신 에너지가 자유롭게 이동한다는 것이다. 생화학적으로 설명하자면, 자아상태 전체는 용액이고, 자아상태 PAC 자체는 용질이며, 심적 에너지는 용매이다. 자아상태 PAC 사이는 반투막이 형성되어 있어서 심적 에너지만 유동할 수 있어야 한다.

(5) 자아상태의 파악 방법

사람은 누구든지 어느 순간에 어떤 자아상태에 있다. 그것은 그 사람의 언어적 · 비언어적 태도를 관찰해서 알 수 있다. 사람은 한순간에 한마음을 가질 수밖에 없다.

자아상태 PAC의 각각에 대해서 언어적 단서, 행동 자세의 단서, 목소리의 단서, 얼굴 표정상의 단서에 대해서 살펴보면 다음과 같다.

① 「어버이」 자아상태(P)

- 언어적 단서: 하지 않으면 안 돼, 하여야 한다, 해서는 안 돼, 하지 않으면 안 돼, 항상, 결코, 질문해서는 안 돼, 방해해서는 안 돼, 착한 아이가 되어라, 가까이서 뭐라고 말하려고 생각한다, 도와주도록……, 좋다, 나쁘다, 나보다, 추하다, 아름답다, 귀엽다, 영리하다, 어처구니없다, 부질(쓸데)없다, 도리에 어긋난다, 자아! 해 봐, 괜찮겠지요, 걱정하지 말고, 너를 돌봐 줄 테니, 이렇게 하면 기분 좋게 되겠지, 성가신 놈, 두려워하지 말라 등

- 행동자세의 단서: 탁자를 친다, 손가락질해서 비난한다, 손가락질해서 위협한다, 등을 두드린다, 접촉하여 위로한다, 탁자를 친다, 눈을 위로 향해서, 지겨워하는 얼굴, 발을 쿵쿵거리고, 머리를 가로저으며 '안 돼'라고 하든가, 또는 끄덕이며 긍정적 의미를 나타낸다, 팔짱을 끼고 턱을 잡아당긴다, 얼굴을 위로 향해 훑어본다, 양보한다, 양손을 쥐고서 참는다 등

- **목소리의 단서**: 징벌적, 격려적, 지지적, 동정적, 조소적, 비난적 등
- **얼굴 표정상의 단서**: 용기 있는 수긍, 이마에 주름을 잡는다, 어금니를 깨문다, 동정적, 거만한 미소, 애정적, 몹시 불쾌한 얼굴 등

② 「어른」자아상태(A)

- **언어적 단서**: 5W1H(육하원칙: 언제, 어디서, 누가, 무엇을, 어떻게, 왜), 예, 아니요, 가능성을 양자택일로 하기로 하지요, 결과는, 사실은 무엇인가, 이것은 실증되어 있지 않는 의견이다, 조사해 보도록 하자, 지금까지 무엇이 올바르게 된 것일까, 이유는 뭔가, 이것을 시도해 보겠습니까, 그렇다면 움직여 보지요, 비교해 보도록 하지요, 원인을 조사해 보자, 통계에 의하여 변경이 표시되어 있습니다, 회의는 토요일 10시입니다, 오후 3시입니다 등
- **행동자세의 단서**: 수준 있는 안목에 의한 접촉, 똑바르고 굳어지지 않는 자세, 손가락으로 뭔가를 나타낸다, 이해와 확인, 관심을 보인다, 피드백한다 등
- **목소리의 단서**: 냉정, 지적(서두르지 않고 솔직함), 여유 있는 정서를 구김 없이 명쾌하게, 자신의 정보를 찾거나 주거나 한다 등
- **얼굴 표정상의 단서**: 주의 깊게 관찰한다, 질문하는 듯이 생생했다, 지금 여기에서의 반응, 예민한 눈빛, 자신에 찬 얼굴 모습, 사려 깊다 등

③ 「어린이」자아상태(C)

- **언어적 단서**: 어머 깜짝이야, 될 수 없다, 하고 싶지 않다, 주십시오, 알 바 없다, 원하다, 나를 귀여워해 주세요, 이봐! 나를 좀 봐, 두려워, 도와주세요, 누구도 좋아해 주지 않으므로, 당신이 나를 울렸어요, 저는 아니에요, 그는 틀렸어, 내 쪽이 저 사람보다 나아요, 집에 돌아가고 싶다, 노는 편이에요, 체(자기의 기대나 관심에 어긋나 못마땅할 때 지르는 소리), 아이처럼 돌봐 주고 싶은 일, 과자를 더 주세요, 모두가 날 좋아해 주길 바란다, 야, 와 등
- **행동자세의 단서**: 의기소침, 낙담한다, 짜증을 부리다, 즐거운 모습, 신이 나서 마음이 들뜬 모양, 머리털이 쭈뼛하고 서다, 깡충깡충 뛰어다니다, 거북해하듯, 머뭇머뭇하다(주저하다), 손톱을 깨물다, 손을 올려 신호하다, 의기소침 등
- **목소리의 단서**: 목구멍에서 소리가 난다, 구슬프게 울다, 어물어물 넘기다, 어리광스런 대화 방식, 허가를 구한다, 입이 걸게 욕을 하다, 심보 나쁘게 울다, 놀리다, 토라

져 침묵하다, 조소하다, 못살게 굴다, 큰 소리로 웃다, 흥분상태에서 재빨리 큰 소리로 말하다, 농담하다, 피식피식 웃다 등
- 얼굴 표정상의 단서: 뿌루퉁한 얼굴을 하다, 타인에게 눈을 치켜뜨다, 내려뜨는 눈, 망연해한다, 기뻐하다, 흥분된 얼굴 모습, 불가사의하다는 듯, 머리를 갸웃함, 악의가 없고 순진한, 눈을 크게 뜬 얼굴 모습, 비참하게 침울, 절망, 감탄, 눈물 흘린 눈매 등

2) 자아상태 기능

개개인의 자아상태 PAC가 어떻게 구성되어 있는가를 알기 위한 구조분석에 대하여 그 사람의 자아상태가 어떻게 사용하는가를 실제면에서 알기 위한 방법이 기능분석이다. 이것도 구조분석과 아울러 자기이해 방법의 하나이다.

기능분석은 구조분석 자아상태 PAC를 더욱 기능적으로 세분화하는 데에서 시작하지 않으면 안 된다. 기능분석에서는 P 자아상태를 더욱 기능적으로 분류하여 비판적 또는 통제적 어버이 CP(Critical or Controlling Parent)와 양육적인 어버이 NP(Nurturing Parent)로 나눈다(Berne, 1970; James & Jongeward, 1971).

다음으로 C 자아상태를 태어날 때 그대로의 자연스럽고 속박이 없는 자유스런 어린이 FC(Free Child)와 순응한 어린이 AC(Adapted Child)로 기능적으로 분류한다.

기능분석에서도 A는 나누지 않고 그대로 사용한다.

그러면 다섯 가지 자아상태([그림 2-5] 참조)로 우리들의 언동이나 태도를 분류하는 '기능분석'을 좀 더 구체적으로 보기로 하자.

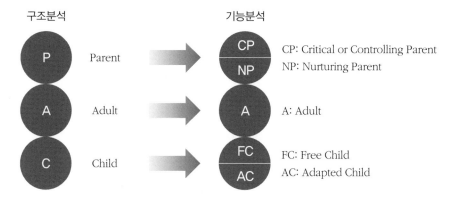

[그림 2-5] 세 가지의 자아상태 구조와 기능분석

(1) 통제적 또는 비판적 어버이(CP)

비판적 어버이(CP)는 다른 사람의 권리를 고려하지 않고 비현실적인 고집을 부리거나 또는 다른 사람의 자존심을 말살해 버리는 것과 같은 행동을 하게 한다. 그리하여 비판적인 어버이 자아상태를 자주 사용하는 사람들은 상대방을 화나게 하든지 혹은 그들로부터 따돌림을 받게 될 수도 있다. 이 어버이 자아상태는 그 개인의 도덕과 가치 판단의 모체를 내포하고 있다(Woollams & Huige, 1997). 따라서 어버이 자아상태의 자료 속에도 많은 가치 있는 것들이 포함되어 있는 것이다.

이러한 어버이 자아상태에 내면화되어 있는 자료들에 의한 메시지들이, 앞서 설명한 바와 같이 다른 사람들을 향하여 나타나기도 하지만 개인의 내면에서 내적 대화로서 작용할 수도 있다. 예컨대, 어떤 사람이 혼성 미팅에 관한 견해를 솔직하게 말해 보라는 요청을 받았을 때, 그는 낡은 어버이 자료 테이프로부터는 '어리석게도 다른 사람 앞에서 자신을 드러내어 놓지 말라'는 내면적 메시지를 들을 수 있다. 반면에, 어떤 사람은 같은 상황에서 '한번 용기를 내어 솔직하게 말해 보라. 두려워 말라'는 내면적 메시지를 들을 수도 있을 것이다.

CP의 경우 자신의 가치관이나 생각하는 방법을 올바른 것으로 보고 그것을 양보하려고 하지 않는 부분이다. 양심이나 이상과 깊이 관련되어 있어서 주로 비평이나 비난을 하지만 동시에 아이들이 생활하는 데 필요한 여러 가지 규칙 등도 가르친다. 비판적 어버이가 높은 사람은 타인부정형(You're Not OK)인 경우가 많다.

이 비판적 어버이(CP)가 지나치게 강하면 거만하고 지배적인 태도, 명령적인 말투, 칭찬보다는 질책하는 경향 등이 있으며 상대를 질책하는 듯한 느낌을 준다. 이와 같은 비판적 어버이를 지나치게 강하게 전면에 나타내는 상사, 배우자, 교사, 부모, 친구 등은 상대를 초조하게 하고 상대로부터 경원당하기 쉽다.

이와 같은 어버이 자아가 작용하고 있는 징후들은 얼굴 표정이나 몸짓과 같은 여러 가지 비언어적 행위를 통하여 또는 언어적 행위를 통하여 관찰할 수 있다(Harris, 1963; Woollams & Huige, 1977). 관찰할 수 있는 단서들의 예는 다음과 같다. 비판적, 훈육적, 통제적, 어버이 자아상태인 경우에는 '해라', '하지 마라'는 등의 명령, '옳다', '그르다', '좋다', '나쁘다' 등의 비판적이고 평가적인 말이나 태도 '항상 ~하다', '결코 ~', '당연한 것이야', '틀림없이 ~하다'는 등의 단정적이고 융통성이 없는 말이나 태도, 관용성이 없고, 독선적이며, 강압적으로 요구하는 것, 발로 마루를 구르는 것, 눈살을 찌푸리는 것, 머리를 가로젓는 것, 준엄한 응시, 비난이나 경멸의 동작으로 손가락을 까닥거리는 것 등을 들 수 있다.

(2) 보호적 또는 양육적 어버이(NP)

이것은 친절, 동정, 관용적인 태도를 나타내는 부분이다. 아이들, 부하, 후배 등을 위로하고 격려하며 친부모와 같이 돌보는 것이 이 양육적 어버이(NP)의 작용이다. 벌보다는 용서하고 칭찬하는 생활태도이다. 남의 고통을 자신의 것처럼 받아들이려는 보호적이고 온화한 면을 갖고 있다. 양육적 어버이가 높은 사람은 타인긍정형(You're OK)인 경우가 많다.

이 양육적 어버이(NP)가 지나치게 강하면 아이들의 숙제를 밤중까지 해 주거나 입학시험에 아이를 따라가서 돌보아 주는 등 과보호가 되어 지나친 간섭이 되기 쉬우므로 주의해야 한다.

요컨대, 인간은 부성적인 엄격성과 이해를 가진 통제적 어버이(CP)와 모성적인 공감과 이해를 가진 양육적인 어버이(NP)라는 두 가지 면으로부터의 작용이 잘 조화될 때 건강한 성장과 발전을 이룰 수 있는 것이다.

양육적 어버이 자아상태의 단서는 '열심히 하면 된다', '최선을 다하는 것이다', '모든 것이 잘될 것이다', '걱정할 필요 없다', '포기할 필요가 없다' 등의 격려하는 말이나 태도, 그리고 보호적 태도, 사랑스러워하는 태도, 미소 짓는 행동, 잡아주는 것, 걱정스러워하는 태도, 껴안는 것 등을 들 수 있다.

(3) 어른 자아상태(A)

사람은 현실적응을 위해서 필요한 지식을 축적하고 그것을 합리적으로 이용하는 컴퓨터와 같은 부분을 갖고 있다. 컴퓨터와 같이 냉정히 합리적으로 사물을 판단하고 처리해 갈 때 어른의 자아상태(A)가 작용하고 있는 것이다.

그러나 어른 자아상태의 작용은 자칫하면 개인만을 위한 보다 좋은 적응이란 틀 속에서 영위되기 쉽고 주위와의 조화가 결여될 두려움이 있다.

또 이는 우리들 성격 중에서 사실에 근거해서 사물을 판단하려고 하는 부분으로 자료를 모아 논리적으로 처리해 가는 작용을 한다. 얻어진 자료는 그대로 사용될 수 있고 과거의 지식이나 경험에 비추어서 평가 수정되기도 한다.

어른 자아상태(A)는 감정에 지배되지 않는 자유로운 입장을 취하고 울거나 웃거나 질책하거나 비꼬거나 걱정하거나 하는 일은 없다. 이러한 의미에서 어른 자아상태는 지성,

이성과 깊이 관련되어 있고 합리성, 생산성, 적응성을 갖고 냉정한 계산에 의해 합리적 작용을 하고 있다. 그러나 어른을 이른바 통상적인 어른(성인, 성숙한 인간, 군자)이라고 보는 것은 잘못이다. 어른 자아상태(A)가 수행하는 작용은 자료를 수집하여 이들을 다만 합리적으로 판단하는 것뿐이다.

다른 사람과의 교류하는 면에서 볼 때 어른 자아상태(A)는 성인으로서 주위와 주거니 받거니 하는 관계를 갖는 마음씨라고 할 수 있다. 그러나 어른 자아상태(A)가 인격 중에서 지나치게 주도권을 쥐었을 때 자기 본위와 타인 무시의 경향이 강해져서 인간미가 없는 사람이 되기 쉽다. 따라서 어버이 자아상태(P)나 어린이 자아상태(C)와 균형 또는 중용을 취하는 일이 중요하다.

(4) 자유스런 어린이(FC)

자유스런 어린이(FC)는 자연스런 어린이(Natural Child: NC)와 작은 교수(Little Professor: LP)를 합친 개념으로 성격 중에서 가장 생래적인 부분이다. 이상적으로 말하면 자유로워서 어떤 것에도 구애받지 않는 자발적인 부분이며 창조성의 원천이라고도 할 수 있다. 그러나 제멋대로여서 의존적인 면도 갖고 있다. 자유스런 어린이(FC)가 높은 사람은 자기긍정(I'm OK)적인 면이 강하다.

자연스런 어린이(NC)는 자유롭고 검열받지 않는 어린이 자아상태의 한 부분이다. 그것은 마치 충동적이고, 호기심과 요구가 많고, 무엇인가 갈구하면서 터치에 민감하게 반응하는 어린아이와 흡사하다. 우리가 결과를 따져 봄도 없이 하고 싶은 대로 행동할 때 그것은 우리의 내면에서 자연스런 어린이 자아상태가 작용하고 있다는 것을 말해 주고 있는 것이다. 또한 당신이 좋다는 감정을 갖고 있다든가, 무엇인가 자주 캐묻고 있다든가, 자기중심적으로 행동하고 있다거나 또는 농담을 하고 있거나, 반항하고 있다면 그것 또한 당신의 자연스런 어린이 자아상태가 작용하고 있다는 증거이다. 이 자연스런 어린이 자아상태는 부모나 상관이나 연장자들의 반응에 구애됨이 없이 자발적으로 자신을 자유롭게 나타낸다. 그래서 자유스런 어린이 자아상태라고 불리기도 하는 것이다. 이것은 훈련받지 않은 있는 그대로의 어린아이라 할 수 있다.

작은 교수(LP)는 모든 사람들의 내부에 존재하고 있는 재치 있는 작은 어린아이의 모습을 나타내는 것이다. 비록 훈련을 받은 바는 없지만 어린아이들의 창의적이고, 직관적이며, 자신이 바라는 바를 얻을 수 있도록 자신과 다른 사람들을 대하는 법을 안다. 당신이 친구의 얼굴 표정을 통해서 그가 지금 어떻게 느끼고 있는가를 알게 되는 것은 당신의 직관적인 작은 교수 자아상태가 작용하고 있다는 것을 말해 주고 있는 것이다. 당신이 바닷가에서 모래성을 쌓고 있는 것이나, 당신 주위의 사람들로부터 위로를 받을 수 있는 슬픈 표정을 짓는 것 등은 바로 당신의 작은 교수 자아상태의 작용에 의한 것이다. 다시 말해서 작은 교수 자아상태는 어린이 자아상태 속에 나타나고 있는 어른 자아상태라고도 할 수 있다(James, 1973).

이 자유스런 어린이(FC)가 작용하고 있는 사람은 울고 싶을 때 울고, 웃고 싶을 때 웃는 등 자연의 감정을 솔직히 표현하거나 어린아이 같은 행동을 하거나 한다(순진이). 이 자유스런 어린이(FC)는 일반적으로 명랑하여 장난을 좋아하며 유머가 풍부하고 멋대로인 면이 있어서 타인에 대한 배려가 결여되기도 한다(까불이). 선천적으로 구비하고 있는 예술적인 소질이나 창의력, 직관력 등도 이 자유스런 어린이(FC)에서 나오는 것이다(꾀돌이).

어린이 자아의 기능 작용을 관찰할 수 있는 단서들은 다른 자아상태에서와 마찬가지로 비언어적 또는 언어적 단서들이다(Berne, 1976). 자연스런 어린이의 경우 '나는 ~원한다', '나는 할 수 있다', '나를 그냥 두세요' 등의 말이나 불안정한, 농담을 즐기는, 다정한, 호기심 있는, 발명적인, 그리고 반항적인 행동들 또한 웃음, 항변, 놀이, 눈물, 터치하기, 주시, 화내는 행동 등을 통해서 알아볼 수 있다.

(5) 순응한 어린이(AC)

순응한 어린이(AC)는 성인들, 주로 부모들에 의하여 훈련되고, 영향을 받아 형성된 어린이 자아상태의 한 부분이다. 즉, 자연스런 어린이 자아상태의 변용을 보여 주고 있는 어린이 자아상태의 한 부분이라 할 수 있다. 자연스런 어린이 자아상태의 자연적인 충동들이 적응적인 것으로 변용하는 것은 외상적 경험이나 훈련에 의해서 일어나게 되고, 그것은 거의 대부분 중요한 권위 인물들의 요구에 맞추려는 반응으로 나타나는 것이다. 예컨대, 어린아이는 배고플 때에 자연적으로 먹으려는 행동을 나타내도록 되어 있다. 그러나 출생 후 얼마 지나지 않아서 그 자연적 충동은 부모들에 의하여 결정된 수유 시간에 따르도록 훈련된다. 이와 같은 순응한 어린이 자아상태가 때때로 다른 사람들이 자신을 보는 시각에 지나치게 민감하여 죄의식이나 부끄러움, 그리고 두려움 등으로 특징을 보이는 고분고분한 어린이(Compliant Child)의 모습으로 나타날 때가 있고, 반면에 때로는 화와 분노를 보이는 반항적 어린이(Rebellious Child)의 모습으로 나타날 때도 있다(Berne, 1976; 이성태, 1992). 그러니까, 순응한 어린이는 합리적이던 혹은 불합리적이든 간에 부모가 그에게 바라는 바에 따라 행동하게 된다. 그리하여 자신에 대한 부정적인 감정을 배우게 되기도 한다. 다시 말해서 순응한 어린이는 한 개인이 연장자나 권위 인물들로부터 어떤 종류의 환심을 얻기 위하여 눈치 보는 행동을 보이기도 하는 것이다.

당신이 당신 자신의 어린이 자아상태의 작용하에 있다고 말할 때, 그것은 반드시 당신이 부정적으로만 어린애 같다거나 혹은 어리석다는 것만을 의미하는 것은 아니다. 그것은, 지금 당신이 당신의 어린 소년이나 소녀 시절에 그랬던 것처럼 느끼고 있고, 또한 행동하고 있다는 것을 의미한다.

순응한 어린이는 자신의 참된 감정을 억제하고 부모나 상사의 기대에 부응하도록 노력하고 있는 부분이며, 주로 부모의 영향하에서 형성된 것이다. 앞의 자유스런 어린이(FC)에 여러 가지 수정을 가한 부분이라고 할 수 있다. 순응한 어린이(AC)가 높은 사람은 자기부정적인 면(I'm Not OK)이 강하다.

이 순응한 어린이는 자신을 억제하고 사회적 규범에 따라서 행동하려고 하는 경향을 가지나 이것이 지나치게 강하면 싫은 것을 싫다고 말할 수 없어 간단히 타협하고 만다. '좋은 아이', '착한 아이'로 행동하며 자연스런 감정을 나타내지 못하는 마이너스 면이 나타난다. 평상시에는 얌전하게 있다가 어떤 사태가 생기면 반항하거나 격노하거나 하는 것도 이 순응한 어린이(AC)의 행동패턴의 하나이다.

교류분석에서는 순응한 어린이(AC)의 지나침에 특히 유의한다. 이것은 자유스런 어린이(FC)를 극도로 억압하여 가짜 어른처럼 행동하면서 스트레스를 느끼고 지금까지와는 판이하게 달라져 주위 사람을 애먹이는 경우가 있기 때문이다.

순응한 어린이의 한 부분인 고분고분한 어린이의 경우에는 '나를 떠나지 마세요', '나

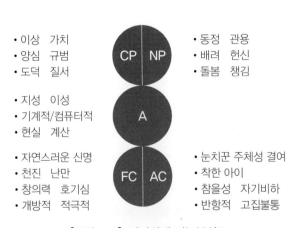

[그림 2-6] 자아상태 기능분석도

를 사랑해 주세요', '나를 도와주세요', '나에게 보여 주세요', '나를 돌봐 주세요' 등의 언어 불안정한, 의존적인, 두려워하는, 소중한, 단정한 행동 특성들과 고분고분하고, 손을 꼬고, 움츠리며, 눈을 내리깔고, 입술을 물고, 또 손톱을 물어뜯는 행동들을 통해서 관찰할 수 있고, 반항적 어린이의 경우는 '아니요', '나는 그러고 싶진 않아요', '결코 하지 않을 거야', 혹은 그렇지 않아요'와 같은 언어를 통해서 그리고 화내고 반항하는 행동 특성들이나 또는 발끈하거나 공격하는 행동, 뾰루퉁해서 입을 삐쭉거리거나 철수하는 행동을 통해서 관찰할 수 있다(이성태, 1992).

3) 기능분석의 양면성

자아상태 기능은 자아상태의 심적 에너지가 강할 때나 약할 때 각각 긍정성과 부정성의 양면성을 가지게 된다. 다음은 구체적으로 다섯 가지 기능의 양면성을 살펴보겠다.

(1) '통제적 어버이(CP)'의 양면성

① CP 과잉형
- **긍정성**: 책임감이 강하며 사회적인 윤리와 질서를 존중하고 인간적인 도리를 잘 지키며 중시한다. 자신의 행동에 책임을 지며 자신이 해야 할 일은 당연한 의무감으로 수용하고 수행한다.
- **부정성**: 상대의 장점보다는 단점을 지적하고 다른 사람의 생각이나 말을 가로막아 진실한 대화가 어렵다. 자신의 가치관이나 사고를 옳다고 보고 양보하지 않으며, 상대방의 권리나 자존심을 무시하거나 비현실적 고집을 내세우며, 편견을 갖기 쉬운 일면도 있다.
- **부정성의 개선 방안**: 상대방을 대하기 전에 잠시 생각하는 여유를 가지고 단점보다는 장점을 먼저 인정하는 생각과 습관을 기른다. 지나치게 책임감과 완벽함을 추구하기보다는 다소 유연한 사고와 함께 어떠한 일이든지 즐기려는 노력을 한다.

② CP 결핍형
- **긍정성**: 융통성이 있고 유연한 사고와 대범한 성품에 소유자이다. 상대방의 자존심을 자극하는 비판을 하거나 마음의 상처를 주는 행동을 하지 않는다.

비판적 어버이(CP) – 관용적, 지배적, 비판적

－높다－

Not OK	OK
간섭하고 압박한다	선악 구별 가르침
지시적이다	예의 범절 제시함

－낮다－

Not OK	OK
책임감, 가치관, 판단력 부족	관용적임
윤리와 규범적인 부분 경시	비판하거나 상처를 주지 않음

[그림 2-7] 통제적 어버이의 양면성

- **부정성:** 책임감과 가치관 그리고 판단력이 부족하고 모든 일에 소극적이다. 사회적인 도덕 기준이 낮고 행동이 느슨하며 생활 전반에 질서가 없거나 윤리와 규범적인 부분을 경시하는 경향이 있다. 무절제하고 제멋대로이며 규정과 규칙을 잘 지키지 않는다. 유혹에 쉽게 넘어가며 게으르다.
- **부정성의 개선 방안:** 비교 평가하는 습관을 갖도록 노력하여 평가하는 능력과 판단력을 높인다. 적극적이고 책임 있는 리더 역할의 경험을 쌓아 리더십을 발휘하는 연습과 훈련을 한다. 자신의 생각을 자신 있게 주장하되 일단 결정된 것은 책임지고 지키며 존중하는 태도를 가진다.

(2) '양육적 어버이(NP)'의 양면성

① NP 과잉형

- **긍정성:** 온정적이고 관용주의자로서 상대방과 따뜻한 만남의 교류를 가지며, 인정이 많고 상대방을 배려한다. 동정심이 많고 친절하여 도움을 필요로 하는 상대방을 도와주지 않으면 마음이 아프고 염려된다.
- **부정성:** 상대방에게 지나치게 간섭하며 일방적이다. 상대방이 무엇인가 시도하기 전에 문제를 해결해 주려 하기 때문에 자립심을 해치기 쉽다. 상대방의 요구를 거절하지 못해 이용당하거나 타인 중심적인 일에 많은 시간을 소비한다.

- **부정성의 개선 방안**: 상대방에게 지나치게 관여하지 않도록 한다. 일방적으로 상대방을 위한 과보호, 과간섭보다는 상대방 스스로 문제를 해결할 수 있도록 기다려 준다. 타인 중심적인 태도에서 벗어나 자기 존재감을 드러내고 표현할 수 있도록 한다.

② NP 결핍형

- **긍정성**: 상대방을 의식하지 않고 자신의 의사를 표현할 줄 알고 상대방의 일에 간섭이나 관여를 하지 않으며, 정에 끌리지 않아 공적인 일처리가 명확한 사람이다.
- **부정성**: 상대방에 대한 동정과 관용, 배려심과 친절 등이 부족하고 상대방에 대한 비판력이 상당히 높기 때문에 자신의 일 외에는 무관심하며 인간관계가 온정적이지 못하다. 상대방의 감정과 반응에 관계없이 직설적인 표현으로 인해 상대방과의 대립과 갈등을 일으키기 쉽다.
- **부정성의 개선 방안**: 상대방에 대한 배려와 관심도를 높여 이해심과 관용의 마음을 갖도록 노력한다. 스킨십과 상대방의 장점을 표현할 줄 아는 훈련과 경청할 줄 아는 여유를 가진다. 교육 활동을 통해 상대방을 기본적으로 믿을 수 있고 선하며, 도움을 주고받으며 함께 하는 존재임을 느끼도록 한다.

양육적 어버이(NP) – 방임적, 헌신적, 과보호적

-높다-

Not OK	OK
과보호, 자립심 해침	배려 마음 쓰기
상대방 요구에 거절 못함	온정적이고 따듯한 만남

-낮다-

Not OK	OK
상대방과 대립과 갈등	상대방을 의식하지 않고 자신의 의사 표현
배려심과 친절 부족	상대방 일에 간섭이나 관여하지 않음

[그림 2-8] 양육적 어버이의 양면성

(3) '어른 자아상태(A)'의 양면성

① A 과잉형

- **긍정성**: 현실적이며 철저한 합리주의로써 객관적이고 정확하며 감정보다는 사실에 입각해 상황을 평가한다. 시간관념과 목표가 명확하고 계획적이므로 생활 전반에 질서가 잡혀 있다.

- **부정성**: 감정이나 감수성이 둔해 인간미가 결여되어 있으므로 삶을 즐기지 못하고 정서가 결핍된 기계와 같은 사람으로 비춰질 수 있다. 상대방과의 관계보다는 일에 몰두하며 마음이 차갑고 사실에 입각한 대화로 재미가 없는 사람으로 비춰진다.

- **부정성의 개선 방안**: 이해관계에 집착하여 편협한 생각에 치우치기보다는 상대방과의 관계에서 감정을 주고받는 연습을 하도록 한다. 철저한 계획이나 일 등에서 벗어나 마음의 여유를 가질 수 있는 여행이나 다른 사람들과 함께하는 취미나 오락 등을 즐긴다.

② A 결핍형

- **긍정성**: 현실 적응을 위한 계산적인 평가보다는 인간관계를 고려한 인간적인 관계를

어른 자아상태(A) – 즉흥적, 현실적, 기계적	

−높다−

Not OK	OK
타산적, 계산적	사실과 데이터 중시
인간미 결여	논리적 · 이상적 사고
무감동적으로 행동	문제 해결
컴퓨터 같이 냉정	컴퓨터 같이 정확

−낮다−

Not OK	OK
계획과 체계가 없음	계산적이지 않음
현실에 대한 판단력과 분석력 부족, 신뢰할 수 없음	편안하게 보임

[그림 2-9] 어른 자아상태의 양면성

추구하므로 다정다감하게 보일 수 있다.

- 부정성: 생활 전반이 체계적이지 못하고 즉흥적인 계획과 의사 결정을 내리므로 현실에 대한 판단력과 분석력이 부족하다. 실수나 실패 경험 뒤 후회와 반성을 하고도 같은 실수를 반복하게 되므로 상대방으로부터 신뢰를 얻기 힘들다. 활동에서 방향성을 잃기 쉽다.

- 부정성의 개선 방안: 의사 결정이나 판단에 앞서 신중함을 기하기 위해 여러 가지 대안들을 탐색할 여유를 가진다. 행동으로 옮기기 전에 다른 사람에게 조언을 구하거나 결과를 예측하는 분석력을 기른다. 감성보다는 냉철한 사실에 입각해 행동으로 옮기며, 계획적이고 체계적인 생활을 한다.

(4) '자유스런 어린이(FC)'의 양면성

① FC 과잉형

- 긍정성: 감정 표현이 적극적이며 자유주의자로서 감정표현이 솔직하고 재미와 재치로서 분위기를 주도하며 행동이 자유롭고 자발적이며 창조성이 풍부하다. 자신의 생각이나 바람을 곧잘 행동으로 옮기고 유쾌하며 적극성이 있다.

- 부정성: 어떠한 것에도 구애됨이 없이 자기중심적으로 멋대로 행동을 취하기 쉽다. 자기도취적이고 스스로의 감정을 통제하기 힘들므로 경솔한 행동이나 실수를 하기 쉽다. 상대방에게 예측할 수 없는 사람이라는 인상으로 비춰진다.

- 부정성의 개선 방안: 충동적이고 즉흥적인 행동을 하지 않도록 한다. 생각을 행동으로 옮기기 전에 결과를 예측해 보는 습관을 기르는 것이 필요하며, 자아도취적인 감정을 통제할 수 있는 절제력을 기른다. 분위기에 휩쓸리지 않도록 주의한다.

② FC 결핍형

- 긍정성: 정서가 안정되어 있고 차분하다. 기분에 따라 행동하지 않고 행동이 조심스럽고 침착하며 인내심이 있다.

- 부정성: 감정 표현을 억제하고 정서와 감정적인 교류가 부족하다. 활동적이지 못하여 의욕이 낮으며 표현력이 결여되어 생기가 없어 보일 수 있다. 상대방과의 관계에서 솔직하게 자신을 드러내지 않아 자신감과 재미가 없는 사람으로 비춰질 수 있다.

- 부정성의 개선 방안: 하고 싶은 말이나 감정을 적극적으로 표현하는 연습과 훈련을

| 자유스런 어린이(FC) – 폐쇄적, 개방적, 자기도취적 | |

-높다-

Not OK	OK
제멋대로, 자기중심적	자유, 자연스러운 행동
충동적, 향락적	자발적, 직관적

-낮다-

Not OK	OK
감정 표현을 억제하고 정서의 교류가 부족하다	인내심이 있고 차분하다
표현력이 결여되어 생기가 없음	행동이 조심스럽고 침착함

[그림 2-10] 자유스런 어린이의 양면성

한다. 상대방과의 만남의 시간을 즐겁고 유쾌하게 보낼 수 있도록 유머감각을 기른다. 스스로를 격려하고 매사 즐기려는 노력을 한다. 스포츠 등을 통해 상대방과 만남의 시간을 가지고 자신감을 기른다.

(5) '순응한 어린이(AC)'의 양면성

① AC 과잉형

- 긍정성: 순응적이며 타협주의자로서 상대방의 의견을 따르고 자신의 감정은 통제한다. 상대방에게 협조적인 자세를 취하며, 진지하게 경청하는 자세를 지니고 있다. 상황 판단에 있어서도 신중한 태도를 보인다.
- 부정성: 싫은 것도 참아버리고 자연스런 감정을 나타내지 못하며 고집이 없다. 자발성이 없어서 상대방에게 맡기거나 의사 결정에 주저한다. 평소에는 마음에 들지 않는 것도 표현하지 못해 불만이 축적되면 특정 상황에 불만이나 분노를 폭발시키기도 한다. 지나치게 상대방을 의식하고 자신감 결여로 스트레스를 받기 쉽다.
- 부정성의 개선 방안: 생각이나 행동에 자신감을 가지고 자신의 감정이나 의사를 분명히 표현한다. 모든 일은 스스로 결정하고 계획하며 실행에 옮긴다. 불만이 있다면 쌓아두지 말고 풀도록 한다. 맺고 끊는 의지력을 높인다.

② AC 결핍형

- **긍정성**: 자신의 의지를 실행에 옮길 줄 아는 사람이다. 독자적 사고와 의사 표현을 함으로써 불만이 축적되지 않고 행동에 자신감이 있다.
- **부정성**: 상대방의 의견에 대한 사리 판단보다는 자신의 주장을 감정적으로 끝까지 고수하는 고집불통이다. 자신의 의사를 관철시키기 위해서는 상대방의 분위기를 의식하지 않는다. 의지가 강하여 맺고 끊음이 분명하지만, 자신의 감정에 지나치게 사로잡힌 외고집으로 비춰질 수 있다.
- **부정성의 개선 방안**: 상대방의 의사를 존중하고 경청하며, 의식적으로 상대방에게 맞추려는 노력을 한다. 상대방과 분위기를 의식하고 부정적인 감정은 직접적인 표현을 자제한다. 이성적인 판단과 합리적인 방법을 찾도록 노력한다. 서로 다른 의견에서는 상대의 입장을 먼저 고려한다.

순응한 어린이(AC) – 독단적, 의존적, 자기비하	

−높다−

Not OK	OK
자연스런 감정 억제	예의 범절을 잘 지킴
남의 말대로 움직임	상대방에게 협조적인 태도

−낮다−

Not OK	OK
고집불통	자신의 의지를 실행에 옮길 줄 아는 사람
상대방의 분위기를 의식하지 않음	자신의 감정에 충실

[그림 2-11] 순응하는 어린이의 양면성

4) 기능분석과 의사소통의 걸림돌

자아상태의 기능으로 볼 때 대인관계에서 의사소통의 걸림돌이 되는 기능들을 보면 다음과 같다.

① 통제적 어버이: 명령, 강요, 위협, 훈계, 설교, 충고, 규제, 지배, 욕설, 헐뜯기, 비난 등

② 양육적 어버이: 과보호, 과간섭, 역성들기, 동조적, 찬성, 동정, 위로 등

③ 어른 자아상태: 논쟁, 캐묻기, 심문, 분석, 진단, 논리적 설득 등

④ 자유스런 어린이: 조롱, 빈정거림 등

⑤ 순응하는 어린이: 회피, 증오, 복수, 독선 등

5) 기능분석의 활용

(1) 기능분석의 활용 방법 I(과녁 맞히기 대화)

과녁 맞히기 대화를 세 갈래 갈퀴법이라고도 하는데 세 갈래 갈퀴란 'Three pronged' 가 그 원어이다. 직역하면, '세 갈래 갈라진 뾰족한 것'이다. 여기서는 hook(=잡아끄는 것)의 의미가 있으므로 'Three pronged'를 세 갈래의 뾰족한 '낚싯바늘'을 한 단어로 하여 '세 갈래 갈퀴'라고 표현했다. 과녁 맞히기 대화법은 하나의 교류를 가지고 세 가지 자아

〈Case 1〉 자기 쪽에 문제가 있을 때
- 상대가 바쁜 척하는 경우
- 상대가 협조해 주지 않는 경우
- 상대가 나쁜 감정을 갖고 있는 경우

-활용 방법-
① Ⓐ → AC(감정 다루기)
② Ⓐ → NP(공감 다루기)
③ Ⓐ → Ⓐ(문제해결 정보 다루기)

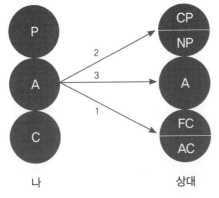

2. 「실은 굉장히 곤란한 지경인데요」
   Ⓐ → NP '어버이' Ⓟ 달래기

3. 「어떤 방법이 없을까요?」
   Ⓐ → Ⓐ 문제해결 정보 다루기

1. 「바쁘신데 미안합니다만」
   Ⓐ → AC '어린이' Ⓒ 달래기

[그림 2-12] 과녁 맞히기에 의한 활용 방법 I

상태 전체에 효과적으로 소통하는 방법이다. 과녁 맞히기 교류의 장점은 스스로 생각을 하고 자율적으로 결정하게 되며, 비난이나 비판이 없으므로 신뢰가 생긴다.

과녁 맞히기 대화법에는 자기 쪽에 문제가 있는 경우와 상대방 쪽에 문제가 있는 경우 활용할 수 있다. 자기 쪽에 문제가 있는 경우에, 처음부터 A 자아로 일을 처리하려고 하면 잘못하다가 상대의 C 자아의 발발(감정)을 일으켜 해결이 안 되는 경우가 있다. 이런 경우 활용하면 효과적이다. 다음 사례를 들어 보겠다.

또 다른 상황에서 기능분석의 활용 방법의 사례를 보면 다음과 같다.

〈Case 2〉 상대방 쪽에 문제가 있을 때
- 상대에게 어려운 일이 있는 경우
- 상대에게 협조해 주려고 하는 경우
- 자기가 바쁜 경우

−활용 방법−
① Ⓐ → AC(감정 다루기)
② Ⓐ → NP(공감 다루기)
③ Ⓐ → Ⓐ(문제해결 정보 다루기)

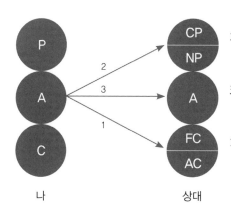

2. 「급한 일 때문에 조금만 기다려 주세요」
　 Ⓐ → NP '어버이' Ⓟ 달래기

3. 「이 일이 끝나는 대로 처리해 드릴게요」
　 Ⓐ → Ⓐ 문제해결 정보 다루기

1. 「얘기 들었습니다. 얼마나 힘드세요」
　 Ⓐ → AC '어린이' Ⓒ 달래기

나　　　　　상대

[그림 2-13] 과녁 맞히기에 의한 활용 방법 Ⅱ

(2) 기능분석의 활용 방법 Ⅱ(심적 에너지 전환)

심적 에너지 전환 방법은, 잭 듀제이(Jack Dusay) 박사의 항상성설에 의하면, 자아상태 다섯 가지 기능의 심적 에너지 총량이 일정하기 때문에 한쪽 기능의 심적 에너지가 줄어들면 다른 쪽 기능의 심적 에너지가 늘어나 결국 심적 에너지 총량은 일정해진다는 이론이다. 따라서 자신의 자아상태 변화를 원한다면 심적 에너지를 전환시키면 된다.

편견이나 망상에 의한 A 자아의 오염으로부터 심적 에너지의 이동을 통해 자아상태가 자유스러워져 자아상태를 활성화시킬 수가 있다. 그 방법은 다음과 같다.

편견인 경우 부정적인 통제적 어버이 자아상태(CP)에 심적 에너지를 넣는 대신에 긍정적 양육적 어버이 자아상태(NP)에 심적 에너지를 넣음으로써, 보다 바람직한 P 자아로 바뀌 나갈 수 있고, 통제적 어버이 자아상태(CP)에 의한 A 자아의 오염에서 탈피할 수 있다. 또한 부정적인 순응하는 어린이 자아상태(AC)에서 긍정적인 자유스런 어린이 자아상태(FC)로 심적 에너지 전환을 행함으로써, 보다 바람직한 C 자아로 바뀔 수 있어 순응하는 어린이 자아상태(AC)에 의한 A 자아의 오염으로부터 탈피할 수 있다. 마찬가지로 부정적인 통제적 어버이 자아상태(CP)나 순응하는 어린이 자아상태(AC)에서 어른 자아상태(A)로 주입된 것을, 긍정적 어른 자아상태(A)의 강화 쪽으로 돌림으로 해서 풍부한 데이터 뱅크(data bank)를 만들어, 문제 해결을 용이하게 하는 것이 바람직하다.

이처럼 어른 자아상태(A)가 오염되어 있는 경우, 심적 에너지 전환을 통해서 효과적이고 능률적인 소통을 할 수 있다. 그리고 보다 좋은 인간관계를 만들어 갈 수 있게 된다. 이상에서 언급한 내용은 다음과 같이 도식화할 수 있다.

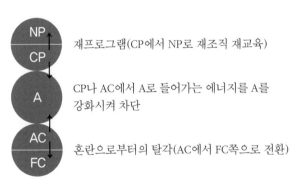

[그림 2-14] 심적 에너지 전환 방법

2. 자아상태의 이차구조 분석

1) 자아상태 해부 목적

우리는 태어난 순간부터 세상을 경험한다. 그리고 그러한 경험들을 기억 속에 저장한다. 우리는 모든 사람이 과거에 대한 기억을 가지고 있다는 것을 알고 있다. 어떤 사람은 의식 속으로 쉽게 되돌아가 기억해 낼 수 있다. 어떤 사람들은 기억해 내기가 더 어렵다. 우리들 각자는 기억 속에 저장된 엄청나게 많은 수의 사고와 감정, 행동들의 경험들을 가지고 있다. 이차 구조 모델의 목적은 우리가 알고 있는 자아상태의 구조 틀 내에 유용한 방식으로 이러한 기억들을 분류하는 것이다.

자아상태 내측을 해부학적으로 조사하여 각각의 자아상태 알맹이가 어떻게 되어 있는가를 분석하는 방법으로 이것을 통해 개인의 성격 형성과 대물림이 어떻게 이루어지는지를 이해할 수 있다.

2) 자아상태 형성 과정

아이가 출생했을 때는 아직 자아상태가 형성되지 않는 상태이다. 양육자로부터 길들여지면서 아이의 어린이 자아상태 안에 P_1(마술적 어버이, Magical Parent), A_1(작은 교수, Little Professor), C_1(신체적 어린이, Somatic Child)가 형성된다. P_1(마술적 어버이, Magical Parent)는 부모로부터 규칙과 가치 판단을 배우면서 자기 식으로 해석 마술적 형태로 간직하고 행동한다. A_1(작은 교수, Little Professor)는 논리보다는 직관으로 현실 판단하고 행동한다. C_1(신체적 어린이, Somatic Child)는 아이가 세상을 신체적 감각으로 주로 경험하고 느끼며 행동한다.

이와 같이 아이가 성장하면서 어린이 자아상태 속에 P_1, A_1, C_1은 분화해서 한 인간 안에 마음 그림인 P_2, A_2, C_2가 형성된다. P_2 속에는 부모나 권위적인 인물들이 보여 준 P_3, A_3, C_3가 내면화되며 그 내용과 수는 사람에 따라 다르다. 이것이 그가 살아온 환경에서 내면화되어 그의 성격을 형성하고 이러한 정보들을 대물림하기도 한다. 여기에서 P_3는 부모나 양육자들로부터 그대로 내사된 예절, 규칙, 가치관들을 의식과 무의식 형태로 저장하고 있는 것이다. A_3 역시 부모나 양육자들로부터 들은 지식, 상식, 정보들이 의식과

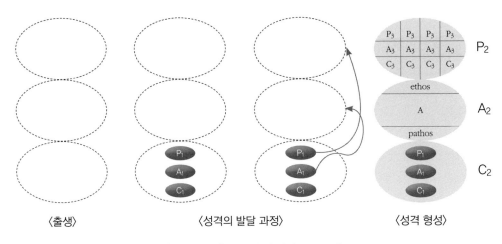

[그림 2-15] 자아상태 이차구조 모델

무의식 형태로 저장하고 있는 것이다. C_3는 부모나 양육자가 했던 것처럼 느끼고 반응한 것을 의식이나 무의식 형태로 저장하고 있다.

P_2는 5세까지 중요한 형성기로 양육자의 행동을 무비판적으로 모방학습에 의해 형성하고, CP와 NP로 기능이 다시 분화된다. A_2는 생후 10개월경부터 자신에 대한 자각과 독창적 사고가 가능하여 현실 판단에 의해 형성되고, 분화되지 않고 그대로이다. C_2는 5세까지 중요한 형성기로 자신이 하는 행동을 통해서 모방학습에 의해 형성되고, FC와 AC로 기능이 분화된다.

3. 자아상태의 진단 방법

에릭 번(Eric berne)은 자아상태의 진단에 있어서 네 가지 방식을 제시하였다. 네 가지 방식은 행동적 진단(behavioral diagnosis), 사회적 진단(social diagnosis), 역사적 진단(historical diagnosis), 현상학적 진단(phenomenological diagnose)이다.

에릭 번은 한 번에 이들 방법 중 한 가지 이상을 사용하는 것이 최선이라고 강조하였다. 완전한 진단을 위해서는 위의 순서대로 네 가지 모두가 사용되어야 한다. 행동적 진단은 네 가지 방법 가운데 가장 중요하다. 다른 세 가지도 자아상태를 확인하는 데 사용된다(Berne, 1961; James, 1973).

1) 행동적 진단

행동적 진단에서는 행동을 관찰함으로써 어떤 사람이 어느 자아상태에 있는지를 판단하게 된다. 단어, 어조, 제스처, 자세, 얼굴 표정 등과 언어적 비언어적 단서들의 관찰을 통해서 확인할 수 있다. 행동적 진단을 할 때는 다양한 행동적 단서들이 서로 일치하고 일관성이 있는지 진단해야 한다. 관념상으로, 우리는 모두 네 가지 방법의 진단을 사용한다. 그러나 임상에 있어서 이것은 불가능하다. 그럴 경우 우리가 할 수 있는 최선의 방법으로 진단을 단순화해야 한다. 행동적 진단은 자아상태를 인지하는 데 가장 우선적이며 중요한 방법이다. 〈표 2-1〉은 행동 진단에 있어서 단서들을 분류한 것이다(우재현, 2006b)이다.

표 2-1 행동 진단의 분류표

구조분석	「어버이」 자아상태 ⓟ(가르침을 받는 나)	
기능분석	「비판적(통제적) 어버이」 CP	「양육적(보호적) 어버이」 NP
자아상태	비판적, 통제적, 규제적, 보수적, 봉건적, 권위적, 편견적, 도덕적, 선악감, 정의감, 문화, 전통, 습관을 전한다.	양육적, 보호적, 동정적, 구호적, 교육적, 동정, 응석받기, 염려, 도와줌, 배려, 돌봄, 위로, 지지적이다.
말	• 이렇게 해. • 해서는 안 돼. • 요즈음 젊은 사람은 무책임해서 곤란하단 말이야! • 남자가 머리를 길러서 불결하게 하고 다녀선 안 돼! • 소용없어. • ~하지 않으면 안 돼. • 결코~해서는 안 돼. • 옳다, 그르다. • 좋다, 나쁘다. • 항상 ~하다. • 틀림없이 ~하다. • 당연한 거야.	• ~이 걱정된다. • ~해 주지 • 잘했어. 가엾게도~ • 맡겨 두게. • ~이 마음에 걸려. • 예쁘군. 귀여워. • 열심히 하면 된다. • 최선을 다하는 것이다. • 모든 것이 다 잘될 것이다. • 포기할 필요가 없다.

태도	무시하는 자세 팔짱을 낀다. 비난하는 얼굴 모습 압력을 가하는 자세 비판적 · 단정적 · 위압적 권위적 · 강압적 · 설교적	상대방의 어깨를 두드린다. 손을 내민다. 포옹한다. 온화한 태도 애정이 깃들어 있는 모습 다정하다. 스킨십
상대가 받는 느낌	얕보고 있다. 간섭받고 있다. 따르지 않으면 안 된다. 열등감을 품는다.	위안을 받는 느낌 달래는 듯한 태도 위로받고 있다. 간섭받고 있다.
구조분석	「어른」 자아상태 Ⓐ(생각하는 나)	
기능분석	생각하는 나 「어른」 Ⓐ	
자아상태	이성적, 논리적, 합리적, 과학적, 객관적, 능률적, 평가적, 정보 수집 지향, 현실 지향, 컴퓨터적, 확률론적, 설명적, 사실중심 주의적	
말	• 오늘이 무슨 요일이더라. • 어쨌든 사실을 조사해 보자. • 어떻게 해서 그곳에 갈 수 있는지 사실을 확인해 보자. • 숫자는 어떻게 되어 있는지 통계를 보고 조사해 보자. • 6하 원칙(5W1H: 언제, 어디서, 누가, 무엇을, 어떻게, 왜) • 구체적으로 말하면 ~라는 겁니다. • 비교적 ~하다. • 생각하건대……. • 내가 알기로는…….	
태도	발을 바르게 착지하고, 손을 조용히 무릎 위에 얹은 올바른 자세, 안정된 기분, 침착한 목소리, 눈을 깜빡거리며 골똘히 사고하는 표정, 무감정하고 냉담함, 적극적으로 경청하는 자세, 여유가 있고 주의 깊게 듣는다. 여러 가지 가능성을 탐색하는 행동, 상대방과 눈을 마주친다. 필요한 경우 침묵하고 생각을 정리한다.	
상대가 받는 느낌	안정된 기분 냉정하고 침착해진다. 객관적으로 사물을 보는 방식 타산적이라고 생각	

구조분석	「어린이」 자아상태 ⓒ(느끼는 나)	
기능분석	「자유스런 어린이」 FC	「순응하는 어린이」 AC
자아상태	본능적, 자발적, 자동적, 직관적, 창조적, 향락적, 반항적, 반동적, 자기중심적, 조작적, 공상적	순응적, 소극적, 패쇄적, 감정 억압적, 비대결적, 자기연민, 걱정, 순종, 신중, 고분고분, 좋은 아이, 의존적, 타율적, 자학적, 고집불통, 독선적
말	• 와! 캬! 아아! 유쾌하다! • 나를 그냥 두세요. • 나는 ~을 원한다. • 좋아해, 멋있어! • 자아! 하나 해치웠다. 한잔 할까? • 그 따위 일은 어찌 되든 상관없어! • 누군가에게 도와달라고 해야겠군. • 아하! 체험 • 감탄사! • 나는 할 수 있다.	• 나를 떠나지 마세요. • 나를 사랑해 주세요. • 나를 도와주세요. • 나에게 보여 주세요. • 난 그러고 싶지 않아요. • 결코 하지 않을 거요. • 그렇지 않아요. • 나를 돌봐 주세요. • ~해도 괜찮을까요? • ~수 없습니다. • 어차피 저 따위는……. • ~할 생각입니다. • (원조, 칭찬, 거부) 이젠 됐습니다. • 뭐, 상관없겠지, 그 사람이 말한 대로 해 주지.
태도	자유스런 행동 발명 행동 호기심 많은 행동 희로애락의 직접적 표현 스스럼없이 어리광을 부림 영감(착상)이 떠올랐구나! 밝고 명랑하여 큰 소리로 말함 자유분방한 태도 웃음, 항변, 놀이, 눈물, 주시 화내는 행동, 접촉	발끈하거나 공격하는 행동 뿌루퉁해서 입을 삐죽거림 틀어박히는 행동 자신의 감정을 억압 영합적·의존적 태도 중얼중얼하는 목소리 우물쭈물 사양 음침한 목소리 남의 안색을 살피는 태도 불안, 공포, 증오 요구가 많음
상대가 받는 느낌	자연스러움 자유스러움 밝고 명랑함 번뜩이는 재능	기분을 억압 비굴함 좋은 아이 아양 떨다

2) 사회적 진단

사회적으로 타인과의 관계 속에서 자신의 자아상태를 진단 할 수 있다. 사회적 진단은 상대방이 반응하는 자아상태를 주목함으로써 자신이 나타낸 자아상태를 검토할 수 있는 것이다.

3) 역사적 진단

자아상태의 역사적 진단에서 어떤 사람이 아이였을 때 어땠는지에 대해 질문을 한다. 그 사람의 부모와 같은 사람에게 묻는다. 이렇게 하는 것은 그 사람의 기능적 자아상태에 대한 인상을 다시 한번 확인하도록 해 준다. 또한 자아상태 구조에 대해서도 알게 해 준다. 역사적 진단은 과정과 내용 모두를 다루고 있다.

4) 현상학적 진단

과거의 기억을 현재로 불러서 현재 상태에서 과거를 재체험을 하도록 하여 어린이 자아상태 내용의 한 부분을 현상학적으로 진단할 수 있다. 이것은 단순히 과거를 기억하기 보다는 재체험을 통해서 어린이 자아상태의 현상학적 진단을 할 수 있다는 것이다.

4. 자아상태의 역기능적 현상

교류분석에서 구조적 역기능이란 심적 에너지는 자아상태들 사이에서 잘 이동해야 건강하고 균형 잡힌 자아상태가 되는데, 자아상태의 경계가 터져 있어 너무 애매하거나, 너무 견고하거나, 너무 편향되었거나 서로 중복된 상태 등에 의해 일어난 것이 자아상태 구조적 역기능이다. 각각의 자아상태는 경계를 가지고 있다. 자아경계는 반투막으로 되어 있어 심적 에너지만 이동할 수 있다. 심적 에너지는 하나의 자아상태에서 다른 자아상태로 흘러들어 갈 수 있다. 이러한 심적 에너지의 유동이 원활하게 잘되어야 건강한 자아상태를 유지할 수 있다.

1) 애매한 자아상태

애매한 자아상태를 가진 사람은 세 가지 자아상태 경계가 터져서 어른 자아로부터 거의 통제가 되지 않는다. 자아정체성이 결여되고 행동이 적절하지 못하여 현실 사회에서 생활하기 매우 어렵다. 애매한 자아상태를 가진 사람이 더욱 심화되며, 경계선 장애로 발전하게 된다. 경계선 장애는 현실감각이 불안정하다. 이러한 경계선 장애에는 신경증과 정신증 경계선 장애가 있다. 신경증 경계선 장애는 현실인식과 생활적응에 불편과 고통이 따른다. 이런 사람은 감정 변화가 심하다. 정신증 경계선 장애는 현실인식과 생활적응에 치명적 결함이 있어 나무를 귀신이라고 한다든지 비행기를 우주선이라고 하여 인지 왜곡이 심하다.

[그림 2-16] 애매한 자아경계

2) 자아상태 편향

편향이란 주로 많이 사용하는 자아상태로 어버이 자아상태의 주도형과 어른 자아상태 주도형, 어린이 자아상태 주도형으로 나눈다. 어버이 자아상태 주도형은 고지식하고 본래 감정을 나타내지 않고 인생을 즐기는 능력이 부족하다. 어버이 자아상태 주도형과 어울리려면 상대는 어린이 자아상태 우세형으로 된다. 어른 자아상태 주도형은 이해타산적이고 냉철하여 어른 자아상태 주도형과 어울리려면 상대도 어른 자아상태로 되기 쉽다. 어린이 자아상태 주도형은 유아적인 욕구가 강해 멋대로인 경향이 있고 현실성이 부족하여 사회적응에 문제가 있을 수 있다. 인생 연령적 발달 단계에서 편향을 보면 일반적으로 청소년기는 어린이 자아상태 편향이, 청소년기는 어른 자아상태 편향이, 장년기에는 어버이 자아상태 편향이 우세하고 노년기는 다시 어린이 자아상태 편향이 나타난다.

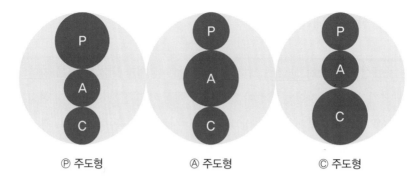

ⓟ 주도형   ⓐ 주도형   ⓒ 주도형

[그림 2-17] 자아상태 편향

3) 경직(배타)된 자아상태

경직된 자아상태는 심적 에너지의 자유로운 유동을 허락하지 않아서 두꺼운 벽이 에너지를 하나 또는 두 개의 자아상태 안에 가두고 나머지를 따돌려 일관되거나 배제시키는 현상을 말한다. 이런 사람은 오직 하나의 자아상태나 두 개의 자아상태로 반응하는 경향이 있다.

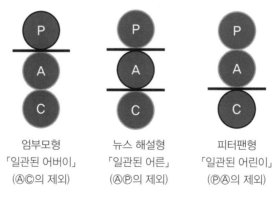

엄부모형   뉴스 해설형   피터팬형
「일관된 어버이」   「일관된 어른」   「일관된 어린이」
(ⒶⒸ의 제외)   (ⒶⓅ의 제외)   (ⓅⒶ의 제외)

[그림 2-18] 경직(배타)된 자아경계-일관된

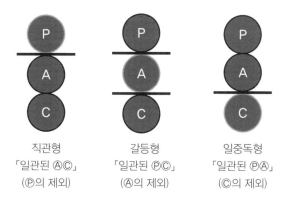

<table>
<tr><td>직관형</td><td>갈등형</td><td>일중독형</td></tr>
<tr><td>「일관된 Ⓐ Ⓒ」</td><td>「일관된 Ⓟ Ⓒ」</td><td>「일관된 Ⓟ Ⓐ」</td></tr>
<tr><td>(Ⓟ의 제외)</td><td>(Ⓐ의 제외)</td><td>(Ⓒ의 제외)</td></tr>
</table>

[그림 2-19] 경직(배타)된 자아경계-배제된

4) 자아상태 오염(혼합)

어버이 자아상태 또는 어린이 자아상태가 어른 자아상태 경계 안으로 침범하여 어른
자아상태가 제 기능을 못한 것을 자아상태 오염이라고 한다.

어버이 자아상태로 부터 어른 자아상태의 오염을 편견이라고 한다. 편견은 에토스적
(관습적)으로 지속적인 특성이 있다. 어버이 자아상태에서 나온 슬로건을 마치 어른 자
아상태의 내용으로 착각할 때 어버이 자아상태에 의해 오염되었다 한다(예: 흑인은 게으
르다).

어린이 자아상태로부터 어른 자아상태의 오염을 망상이라고 한다. 망상은 파토스적
(격정적)으로 일시적인 특성이 있다. 망상은 감정에 의해 발생한 상상을 믿어 버린 것을
말한다. 어린이 자아상태에서 나온 사실에 근거하지 않는 신념을 마치 어른 자아상태의

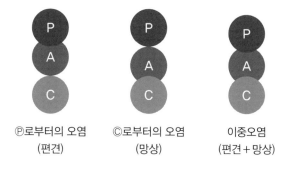

<table>
<tr><td>Ⓟ로부터의 오염</td><td>Ⓒ로부터의 오염</td><td>이중오염</td></tr>
<tr><td>(편견)</td><td>(망상)</td><td>(편견＋망상)</td></tr>
</table>

[그림 2-20] 자아상태 오염

내용으로 착각할 때 어린이 자아상태에 의해 오염되었다고 한다(예: 저 사람들이 등 뒤에서 비웃는다.).

이중오염은 어버이 자아상태와 어린이 자아상태가 동시에 어른 자아상태를 오염시킨 경우이다. 사람들은 정도 차이는 있으나 누구나가 약간의 이중오염이 있을 수 있다. 그러나 심한 경우 이중오염으로 자신과 타인 또한 세상에 대한 왜곡된 신념으로 가득 차 있다. 인지 왜곡에 따른 자기분열이 심하다(예: 마약, 도박, 섹스 중독자).

〈편견의 사례〉

- 장애자는 정상인보다 항상 작업 능력이 뒤떨어진다.
- 여성은 남성보다 작업 능력이 떨어진다.
- 남자는 믿을 수가 없다.
- 여자는 의리가 없다.
- 흑인은 게으르다.

〈망상의 사례〉

- 언젠가는 나를 구원해 줄 왕자님이 올 것이다.
- 침대 밑에 괴물이 있다.
- 모두가 나에 관해 뭔가 이야기하고 있다.
- 나를 좋아해 주는 사람이 있을 리가 없다.

5. 자아상태 활성화 방안

듀제이의 항상성 가설에 의하면 자아상태 다섯 가지 기능의 총 심적 에너지는 일정하기 때문에 한쪽이 줄어들면 다른 쪽이 늘어나 결국 총 심적 에너지는 일정하다. 따라서 자신의 자아상태를 변화시킬 최선의 방법은 자신이 원하는 자아상태 기능을 높이는 것이 원칙이다. 그러나 예외적으로 모든 기능이 높은 경우는 낮추는 방법을 강구해야 하는 경우도 있다.

1) 자아상태 기능 활성화 방안

다섯 가지 구조기능 활성화 방안을 살펴보고 실천 방안을 참고하여, 자신의 자아상태 기능 활성화 방안을 기록한다.

(1) CP 촉진 방법: 자, 타에게 엄하게 한다

약속을 지킨다. 주어진 일을 확실히 한다. 책임 있는 행동을 한다. 자기 의견을 갖는다. 목표를 갖는다. 결정한 일을 완수한다. 자신을 절대시한다. 모임의 장을 맡아서 한다. 자신에게 엄격하다. 좋지 못한 행위에는 주의를 준다. 가훈을 짓는다. 사람들에 대한 평가를 분명히 한다. 일의 선악을 분명히 가린다.

(2) NP 촉진 방법: 자, 타에게 관대하게 한다

자식이나 직원에게 부드러운 말을 쓴다. 상대방의 감정을 공감하고 용기를 북돋아 준다. 전화로 안부도 묻고 문자도 보낸다. 상대방 장점을 발견하도록 노력한다. 타인의 실수에 대해서 관대하게 대한다. 가끔 요리를 하여 주변 사람을 초대한다. 자녀와 스킨십을 한다. 모임에서 총무의 역할을 맡아 한다. 사람을 아끼는 마음을 갖고 행동한다. 남의 이야기를 친근감 있게 듣는다. 부탁을 받으면 기분 좋게 최대한 지원한다. 사회봉사적 활동에 적극적으로 참여한다.

(3) A 촉진 방법: 현실 지향적 태도를 취한다

현실 상황이나 여건을 감안하여 행동한다. 감정의 기복을 나타내지 않고 냉정히 말한다. 요가나 명상 등, 자기조절 훈련을 한다. 늘 메모하는 습관을 기른다. 주위 상황을 정확하게 판단한다. 주관이 아니라 객관적으로 생각한다. 만사에 목표를 세우고 그에 따른 절차 계획을 세워서 행동한다. 사실을 음미해서 생각한다. 가능성을 보고 결과를 예측해서 일을 추진한다. 사실에 따라 생각하는 습관을 갖는다. 찬반 양쪽의 의견을 듣는다. 육하원칙(언제, 어디서, 누가, 무엇을, 어떻게, 왜)을 활용한다. 만사를 공평하게 본다.

(4) FC 촉진 방법: 자기의 희로애락을 잘 표현한다

춤을 추는 등 잘 논다. 창조성을 풍부하게 발휘한다. 즐거운 생각을 많이 한다. 예술을 접하고 감수성을 키운다. 대자연과 접한다. 많은 사람들과 이야기를 나눈다. 재미있게 몰두할 수 있는 일을 갖는다. 매사에 강한 호기심을 갖는다. 적극적으로 행동한다. 태도, 표정을 그대로 나타낸다. 명랑하고 사교성이 있다. 항상 활기가 넘친 생활을 한다. 자기의 의견을 적극적으로 발표한다. 낙관적으로 행동한다.

(5) AC 촉진 방법: 타인의 감정을 배려한다

타인의 의견에 귀를 기울인다. 자기감정보다 타인의 감정을 먼저 배려한다. 상대방의 마음에 들도록 노력한다. 부정적인 말이나 거부하는 말은 한 번 더 생각한다. 불만이 있더라도 즉각 표현하지 않는다. 스스로 겸손하고 상대를 치커세운다. 타인이나 집단이 결정한 것에 따른다. 못마땅하지만 긍정적으로 받아들인다. 주위를 생각하고 상대의 기분을 살핀다. 다음은 자아상태가 활성화되었을 때 상태를 나타내는 표이다.

표 2-2 활성화된 자아상태

		통제적 어버이(CP)		양육적 어버이(NP)
P	바람직	이상 양심 정의감 권위 도덕적	바람직	동정 위로 공감 보호
	지나치면	비난과 질책 편견 강제 권력	지나치면	과보호 응석받이 묵인 공연한 참견
A	바람직	지성 이성 잘 살아가기 위한 적응 수단 정보 수집 사실에 입각한 판단 냉정한 계산 현상의 분석 분석적 사고		

		자유스런 어린이(FC)		순응한 어린이(AC)
A	지나치면	과학에의 맹신 자연 무시 자기중심성 물질만능주의		
C	바람직	천진난만 자연에 감정 표현 직관력 창조의 원인	바람직	참음 감정의 억제 타협 신중 타인의 기대에 따르려고 노력 착한 아이
	지나치면	충동적 제멋대로 방약무인 무책임	지나치면	주체성의 결여 소극적 자기 속박

2) 인생태도 개선 방안

현재 상태에서 각 영역 자신의 인생태도를 확인하고, 앞으로 개선된 상태로 이동하기 위한 방안을 기록한다. 각 II, III, IV영역에서 지향점인 I영역으로 이동하기 위한 방안을 자신의 현실 속에서 찾아보도록 한다.

지향점인 I영역으로 이동하기 위한 방안을 찾기 위해서는 먼저 자신의 인생태도 각 영역에서 주로 어떤 상황인지, 어떤 행동, 사고, 감정 상태인지, 어떤 자아상태 기능을 쓰는지, 어떤 인정자극을 주고받는지를 분석해야 한다. I영역으로 이동하는 이유는 삶의 안정감과 정서의 조절 능력을 향상하여 진정한 자신을 찾고 타인과 더불어 공존하기 위함이다.

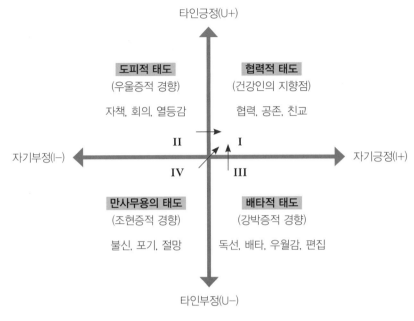

[그림 2-21] 인생태도 영역과 이동

6. 이고 · 오케이 그램 이해

1) 이고그램

이고그램(Ego Gram)은 듀제이에 의해서 고안된 성격 검사로써 사람들의 자아상태가 어떻게 구조화되어 있고 실제 면에서 어떻게 기능하는지 한 사람의 자아상태에 발생하는 심적 에너지 양을 그림 또는 그래프로 나타내는 심리검사이다.

듀제이는 이고그램을 검사하기 위해서 먼저 수평선상에 다섯 가지 자아상태 기능을 약자로 적은 다음 그 위에 각 기능의 사용한 양을 그리는데, 먼저 제일 많이 사용한 것을 그리고 다음으로 가장 적게 사용한 심적 에너지 양을 막대그래프로 나타낸다. 그리고 나머지 세 가지 자아상태 기능의 양도 상대적으로 그린다. 정확한 높이는 중요하지 않다. 막대의 상대적 높이를 비교하는 것이다.

다섯 가지 자아상태 기능을 다 그린 다음 이번에는 자신의 자아상태 각 기능의 부정적 면을 각각 기능 막대에 색칠해서 나타낸다.

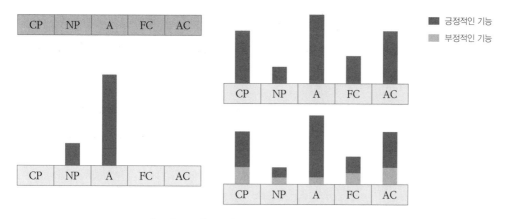

[그림 2-22] 자아상태 기능 직관으로 그리기

자신의 이고그램이 완성되면 자신의 이고그램을 보고 어떤 특징이 있는지 해석해 보고, 자신의 이고그램을 어떻게 변화시키고 싶은지 결단한다. 자신이 높이고자 하는 기능이 무엇인지 결정이 되면, 높이기 위한 행동 지침을 정하고 매일 실천하도록 한다. 그리고 나중에 자신의 자아상태가 변화되었는지 타인에게 검사를 부탁한다.

듀제이는 항상성 가설(constancy hypothesis)을 제시하였다. "어느 한 자아상태가 증가하면 다른 자아상태들은 반대로 감소한다. 즉, 심적 에너지의 총량은 일정하며 균형의 변화는 심적 에너지의 이동을 가져온다."라고 했다.

우리나라와 일본은 듀제이의 직관에 의한 방법보다는 질문지법을 더 활용하고 있다.

2) 기본적 이고그램 패턴

다음은 기본적 이고그램의 패턴과 성향을 나타내고 있다.

표 2-3 │ 이고그램의 기본적 패턴과 성향

패턴	체크리스트	성향
이상적		가장 이상적인 형으로 자아상태의 균형이 잡혀 있는 사람이다. 이 패턴은 온정적이면서 합리적이고 책임감도 있고 명랑하고 타인과도 협조를 할 줄 아는 패턴이다. 대인관계가 원만하며 자타긍정적인 태도를 가지고 있다.

헌신적		NP와 AC가 높아 자신을 희생하더라도 타인과 관계를 잘하려는 경향이 있다. CP와 FC가 낮아 남에게 엄격하게 못하고 적극적으로 자기주장을 못하는 타입이다. 남에게 의존적이고 기분 전환도 잘 하지 못한다.
자기중심		CP와 FC가 높아 타인에게 통제적이고 비판적이며, 자기주장을 적극적으로 한다. NP와 AC가 낮아 남을 챙기고 돌보는 감정은 약하고 자기 중심의 행동을 한다. 자칫하면 주위 사람들과 마찰이 생기기 쉬운 타입이다.
갈등적		CP와 AC가 높아 자기 탓과 남의 탓을 잘하는 타입으로 남에게 엄격하게 하고 자신은 좋은 사람이 되려고 한다. 여기에 A가 낮아 통합 능력이 떨어져서 자기불신과 열등감에 잘 빠질 타입이다.
외골적		A가 매우 높아 철저하게 이성적이고 합리적이지만 CP가 낮고 NP와 FC가 중간이라 실천력은 거의 없는 타입이다. 매사 사리는 밝으나 CP와 AC가 낮아 책임감이 낮고 자신의 생각대로 하는 경향이 있다.
명랑낙관		NP와 FC가 높아 인간적이고 온정적어서 타인을 잘 챙기고 명랑하고 느긋하며 감정이 풍부하고 호기심과 적극적인 태도로 타인을 즐겁게 한다. 그러나 CP, A, AC가 낮아 규범을 잘 지키지 않고 고집이 세며 즉흥적으로 행동하는 경우가 많다.
염세적		CP, A, AC가 높아 통제적이고 기계적이며 동시에 AC가 높아 자신의 감정을 잘 표출을 못한다. FC가 낮아 자유롭게 놀지도 못하며, NP와 FC가 낮아 타인과 즐겁고 따뜻한 관계를 맺지 못한다.
완고한		CP와 NP가 높아 과보호와 과간섭을 하고 완고하며 FC와 AC가 낮아 인간미가 결여된 벽창호와 같은 느낌을 받을 수 있다. CP, NP가 높고 A가 중간이어서 인정이나 상식을 벗어나는 일은 결코 하지 않는 타입이다.
천진난만		FC와 AC가 높고, CP와 NP가 낮고 A는 중간인 타입으로 사회적 관습이나 의리, 인정 등을 무시하는 편이며, 호기심이 많아 자기 멋대로 행동하지만 남으로부터 소외되는 것을 매우 두려워하는 타입이다.

3) 오케이 그램

인생에 대한 태도는 어린 시절에 그 기초가 형성되며, 수정되지 않는 한 일관되게 취하는 자세이다. 자신과 다른 사람에 대한 기본적인 신념으로 이렇게 형성된 확고한 신념은 일생 동안 그 사람의 삶의 태도를 결정한다. 또한 모든 심리게임과 각본의 기본 바탕이 된다. 사람들은 네 가지 기본적인 관점을 근거로 하여 다른 사람들과 교류를 한다. 이러한 신념들은 다음과 같이 분류한다.

- I'm OK(자기긍정, I+): 스스로에 대해 자신이 있고, 자신의 사고방식이나 느낌을 아주 소중히 여긴다.
- I'm not Ok(자기부정, I−): 자신의 능력이나 감정에 자신이 없고, 항상 열등감을 가지고 있는 유형, 자기혐오, 자기비하의 상태에 빠지기 쉽다.
- You're Ok(타인긍정, U+): 상대방을 신뢰하고, 그 인격이나 능력을 유연하게 인정할 줄 아는 마음상태이다.
- You're not Ok(타인부정, U−): 타인을 기본적으로 신뢰하지 못하고, 비판적으로 받아들이는 마음상태이다.

이와 같은 네 가지 기본적인 관점을 근거로 하여 인생태도 영역을 나타내는 것이 오케이 그램(Ok Gram)이다. 오케이 그램은 관점과 확신의 심적 에너지 양을 점수나 그래프로 나타내는 것인데 이것을 OK 목장(Corralogram)이라고 부른다.

우리 모두는 어떤 상황에서 네 가지 인생 태도 영역 중 하나의 영역에 바탕을 둔 각본을 쓰면서 성년기에 이르렀다. 그러나 매일 매 순간 그 태도에 머무르는 것은 아니다. 순간마다 우리는 태도들 사이로 이동한다. 플랭클린 언스트(Franklin H. Ernst)는 인생태도 이동 분석방법을 개발하였는데 이것을 OK 목장(Corralogram)이라고 부른다.

OK 목장은 수직축과 수평축으로 사분할을 하는데 수직축의 위쪽 방향은 타인긍정을 아래 방향은 타인부정을 나타낸다. 수평축의 오른쪽은 자기긍정을 왼쪽은 자기부정을 나타낸다. 따라서 OK 목장은 네 가지 영역으로 나누어지는데 그 영역과 특성은 다음과 같다.

- I(I+U+) 영역: 협력적 태도로 남과 함께 조화롭게 더불어 살아가는 태도를 나타내며 친교, 친밀, 무한한 가능성을 나타내는 교류분석이 원하는 태도로 각본 없이 심리게임을 하지 않는다. 교류분석이 바라는 인생태도의 지향점이다.
- II(I−U+) 영역: 도피적 태도로 남 앞에서 주눅이 들어 위축된 태도, 있는 곳에서 회피하는 태도, 자기비하, 열등감을 나타내며, 주로 AC 자아상태 기능을 연출한다.
- III(I+U−) 영역: 배타적 태도로 남들 위에 군림하려는 방어적 자세, 상대방을 신뢰하지

않는 태도, 우월감, 타벌적, 비행, 편집증을 나타내며 주로 CP, NP 자아상태 기능을 연출한다.

• Ⅳ(I−U−) 영역: 만사무용하다는 태도로 부조화, 조현증, 발광의 태도를 나타낸다.

7. CKEO그램

1) CKEO그램 성격검사

CKEO그램 성격검사란 'Choe's Korean standard Ego Ok gram'의 약자로 한국교류분석상담협회에서는 최영일 박사가 개발한 CKEO그램 성격 검사지를 활용하고 있다. CKEO그램 성격검사는 교류분석 이론에 의한 자아상태와 인생태도를 측정하기 위한 한국형 표준화 이고·오케이그램 검사로 총 90개 문항으로 구성되어 있다. 이 검사는 2011년 10월 3일부터 2013년 7월 16일까지 1년 9개월간에 걸쳐 전국 단위 20,510명을 표집하고 통계분석을 통해 개발된 교류분석 성격검사이다. 이 검사는 개인의 자아상태 탐색을 통해 마음의 구조와 기능을 측정하여 자아상태의 균형을 찾고 인생태도 이동 분석방법을 통해 올바른 인생태도를 확립하여 자기변혁의 성장의 도구로 활용되고 있다.

2) CKEO그램 해석 방법

CKEO그램 성격검사 해석 방법은 구체적으로 이 교재에서 다루기는 제약이 있어 원하시는 독자들께서는 한국교류분석상담협회에 문의 바라며, 교재는 2017년도 학지사에서 출판한 『교류분석 성격이론에 의한 CKEO그램 사례분석』(최영일 외, 2017)을 참고하기 바란다. 여기서는 CKEO그램 성격검사 해석 방법의 핵심 내용만 살펴보겠다.

(1) CK−EGO그램 해석
① 구조 편향과 기능 주도형 찾고 해석
② 심적 에너지 총량
③ 전국 연령 성별 CK−EGO그램 규준 등급

④ 역기능적 자아상태 구조

⑤ 역기능적 자아상태 기능

(2) CK-OK그램 해석

① CK-OK그램 순기능 역기능

② U와 I의 심적 에너지 편향

③ 전국 연령 성별 CK-OK그램 규준 등급

④ 자아존중감과 타인존중감

⑤ CK-OK그램 영역을 그리고 해석

(3) CKEO 심리검사에 의한 자기분석

CKEO 심리검사에 의한 자기분석 서식은 다음과 같다.

CKEO그램에 의한 자기분석

검사일:

1. 나의 기본 정보

 1) 고민거리 및 문제:

 2) 행동 관찰:

 3) 현재 나의 자원:

 4) 가계도:

 5) 생태도:

2. CKEO그램 검사 결과

1) CK-EGO그램

기능 \ 상태	CP	NP	A	FC	AC	
자아상태 기능점수						구조 편향:
자아상태 규준 등급						기능 주도:
자아상태 구조점수						심적 에너지 총량:

2) CK-OK그램

기능 \ 상태	U-	U+	I+	I-
인생태도 점수				
한국규준 등급				
심적 에너지의 편향				
기본적 인생태도				
인생태도 영역 순	>	>	>	
자타존중감				

3) CK-EGO/OK그램 체크리스트

CK-EGO	CK-OK

① 사회적 수준(CK-EGO그램 자아상태 기능) 해석:

② 심리적 수준(CK-OK그램 인생태도) 해석:

3. CK-EGO그램 해석

1) 구조 편향형과 기능 주도형
  ① 구조 편향형:
  ② 기능 주도형:

2) 심적 에너지 총량:

3) 한국 연령 · 성별 CK-EGO그램 규준 등급:

4) 역기능적 자아상태 구조:

5) 역기능적 자아상태 기능:

4. CK-OK그램 해석

1) CK-OK그램의 순기능과 역기능:

2) U와 I의 심적 에너지 편향성:

3) 한국 연령 · 성별 CK-OK그램 규준 등급:

4) 자아존중감과 타인존중감 해석:

5) CK-OK그램(커렐로그램) 영역 해석:

5. CK-EGO그램과 CK-OK그램 상관관계 해석

1) CK-EGO그램과 CK-OK그램 상관관계(3점 차 이상의 경우):

6. CKEO그램 검사 결과에 따른 성장 방안

1) 자아상태 기능 활성화 방안

기능 \ 상태 촉진 방안	현재 상태	활성화 방안

2) 기본적인 인생태도 개선 방안

영역 \ 태도	현재 삶의 태도	개선 방안(I 영역으로)
II 영역		
III 영역		
IV 영역		

7. 나의 총평

Contemporary Transactional Analysis and Counseling

제 **3** 장

소통에 있어 교류 방식

1. 교류패턴 분석 이해

1) 교류패턴 분석의 의미

　교류분석에서 교류패턴 분석이란 자아상태의 구조분석나 기능분석에 의해서 명료화된 자아상태의 이해를 기반으로 하여 일상생활 속에서 주고받은 말, 태도, 행동 등을 분석하는 것이다. 모든 교류패턴(대화)은 사회적 수준 메시지(언어)와 심리적 수준 메시지(비언어)가 동시에 교환된다. 이때 자극과 반응이 일어나는데, 교류패턴 분석은 이러한 자극과 반응의 상호작용을 분석하는 것을 의미한다.

　이와 같은 분석의 목적을 삶의 현장에 적용해 보면, 인간관계에 있어서 자신이 어떤 대화 방법을 취하고 있고, 또 어떤 관계를 적용하고 있는가를 학습함으로써 자신의 자아상태의 모습에 대해서 자각을 깊게 하고, 상황에 따른 적절한 자아상태를 스스로 의식적으로 통제할 수 있게 한다.

2) 교류 벡터의 방향

교류분석에서 자아상태 간의 심적 에너지 거래를 벡터(vector)로 나타낸다.

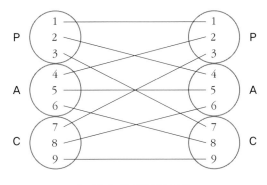

[그림 3-1] 벡터의 방향

(1) 자신의 ⑫ⒶⒸ에서의 발신

⑫ → 부모, 또는 양육자와 언동 같은 권위적, 통제적, 비판적, 보호적 메시지

Ⓐ → 사실에 입각한 논리적, 합리적, 타산적, 객관적 태도의 메시지

Ⓒ → 정서적이며 본능적, 직관적, 순응적, 주관적 태도의 메시지

(2) 상대의 ⑫ⒶⒸ로 향한 발신

→ ⑫ 지지나 원조를 전하는 말이나 태도의 메시지

→ Ⓐ 사실이나 정보를 전하는 지성적, 이성적, 객관적 태도의 메시지

→ Ⓒ 감성에 작용하는 말이나 태도를 전하는 주관적 태도의 메시지

3) 교류 발생의 사례

(1) ⑫에서 발생하는 사례

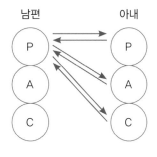

남편 ①, ③, ⑤: "자식은 둘 이상 낳아야 해."
아내 ②: "꼭 그렇게 해야지요."(⑫ → ⑫)
아내 ④: "그렇게 합시다."(Ⓐ → ⑫)
아내 ⑥: "여보, 나도 좋은 것이 좋아요!"(Ⓒ → ⑫)

(2) Ⓐ에서 발생하는 사례

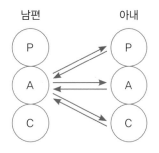

남편 ①, ③, ⑤: "자식은 둘이면 알맞다고 생각하는데, 당신은?"
아내 ②: "그건 그렇게 해요."(⑫ → Ⓐ)
아내 ④: "당신 생각과 같은데요."(Ⓐ → Ⓐ)
아내 ⑥: "글쎄요. 많이 있으면 좋지 않아요."(Ⓒ → Ⓐ)

(3) ⓒ에서 발생하는 사례

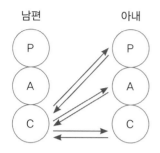

남편 ①, ③, ⑤: "자식은 둘 이상 갖는다는 것은 할 짓이 아니야."
아내 ②: "그렇게 말할 수 있죠."(ⓟ → ⓒ)
아내 ④: "왜 그렇지요?"(ⓐ → ⓒ)
아내 ⑥: "당신이 나만 사랑해 준다면."(ⓒ → ⓒ)

(4) 모든 대화는 도해화할 수 있다

사람의 정신 에너지는 시시각각으로 바뀌며 상대에게 보내는 것도 변하고 있다. 이러한 다이어그램에 익숙해지면 보는 순간 발신자의 자아상태를 알게 될 뿐만 아니라 수신자의 자아상태 중 어느 곳을 향해서 말하고 있는지를 즉시 알게 된다. 이와 같은 모든 대화는 도해화할 수 있다. 이것은 또한 상대의 반응에 대해서도 알 수 있으므로 의식적으로 자아상태를 바꿈으로써 보다 원만한 인간관계를 구축할 수 있게 된다.

4) 교류 모형을 통한 교류 방식 이해

교류분석에서 모든 대인 교류(대화)는 다음 세 가지 기본 유형으로 분류할 수 있다.

(1) 상보 교류

① 발신자가 기대하는 대로 수신자가 응답하는 교류로써 어떤 자아상태에서 보내진 메시지에 대해서 예상대로의 반응이 돌아오는 상호 보완적 교류이다.
② 건강한 인간관계의 자연스런 질서에 따르고 있기에 대인 간 의사소통에 있어서 가

예 1)
학생: 아! 정말 오늘 수업하기 싫어요.
교사: 그래, 야! 좋다. 그럼 우리 재미있는
　　　게임이나 한번 하자.

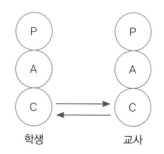

장 바람직한 교류가 계속 이루어진다(의사소통의 제1규칙).

(2) 교차 교류

① 어떤 반응을 기대하고 시작한 발신자의 교류가 저지되고 예상 외의 수신자의 반응
이 돌아와 중도에 대화가 단절되거나 싸움이 되는 교류로써, 네 개의 자아상태가
관여하며 두 대화의 방향이 교차되는 교류이다.

② 뒤틀린 대인관계의 원인이 되는 교류패턴이다(의사소통의 제2규칙).

예 1)

학생: 선생님! 오늘 자율학습 시간에 친구
　　　생일파티가 있어서 빠지고 싶은데요.

교사: 무슨 소리야, 네가 잘 하겠다고 신청해 놓고선
　　　그런 일로 빠지면 어떻게 해.

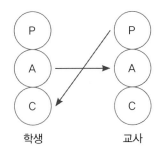

(3) 이면 교류

① 말로 표현된 사회적 메시지(상보적 교류)는 언뜻 보기에 아무렇지도 않으나 실제로
숨겨진 의도를 지닌 심리적 메시지를 담고 있는 교류로서, 2개 이상의 자아상태를
동시에 포함하고 있다.

② 두 사람 사이의 교류에 표면적인 사회적 메시지와 숨겨진 심리적 메시지가 있기 때
문에 숨겨진 이면의 메시지에 주의하지 않으면 그 사람의 진의를 이해할 수 없으
며, 마음과 속마음이 나누어져 있기에 대인관계를 저해하는 원인이 될 수도 있는
교류패턴이다(의사소통 제3규칙).

예 1)

교사: 정말 너 글을 잘 쓰는구나!
　　　너의 글솜씨는 최고야, 최고.
　　　(여전히 글솜씨가 형편없어.)

학생: 고맙습니다. (참 없는 말도 잘해.
　　　또 나한테 부탁하실 일이 있나 보지.)

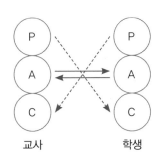

(4) 기능분석에 의한 대화분석

구조분석에 의한 대화분석보다 이해를 한층 깊게 하고 행동 면에서 참된 교류를 분석하기 위해서는 기능분석을 사용하는 방법이 있다. 구조분석으로 본다면 다음과 같은 ©대 ℗의 상보 교류도 내용 여하에 따라 교차 교류로 된다.

예 1)

학생: 선생님, 이 문제 좀 가르쳐 주세요.

교사: 네가 알아서 해.

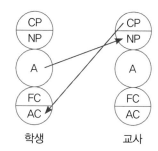

예 1)

학생: 선생님, 이것이 분명하지 않습니다.
　　　가르쳐 주세요.

교사: 그런 것 정도라면 스스로 생각해서
　　　결정할 수 있잖아!

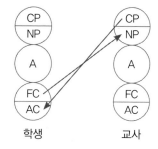

2. 대화분석 실제

1) 상보 교류

(1) 상보 교류 사례

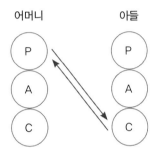

어머니: 잠시 머리를 쉬는 것이
    어떠니?
아들: 네, 그렇게 하겠습니다.

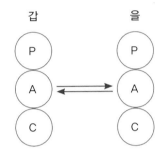

갑: 지금 몇 시냐?
을: 6시 반입니다.

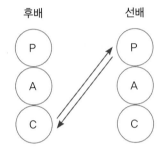

후배: 선배님 어렵습니다.
후배: 좀 도와주세요.
선배: 알았네, 내가 좀 도와주지.

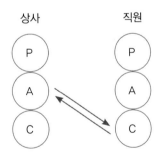

상사: 이 일은 이렇게 하는 것이
    좋지 않을까?
직원: 죄송합니다. 다시 해 보겠
    습니다.

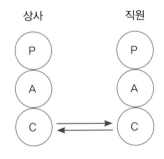

상사: 오늘 내가 한 잔 살 테니
    같이 가세.
직원: 감사합니다.

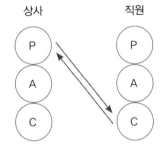

상사: 자네 그렇게 일해선 곤란
    한데.
직원: 죄송합니다. 좀 가르쳐 주
    세요.

(2) 상보 교류 연습

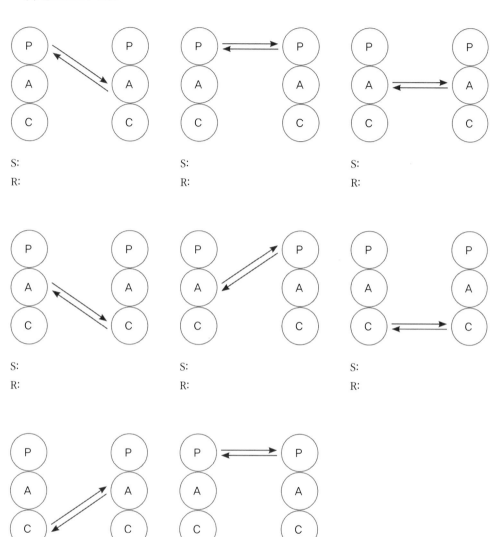

2) 교차 교류

(1) 교차 교류 사례

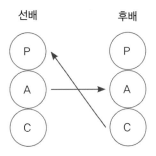

선배: 그 일은 어느 정도 진척되
　　　었나?
후배: 말도 마십시오. 뜻대로 안
　　　되어 죽을 지경입니다. 좀
　　　도와주세요.

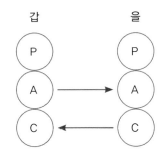

갑: 몇 시간 더 가면 부산이지요?
을: 한 잔 들게, 시간 보내는 데는
　　술이 최고야.

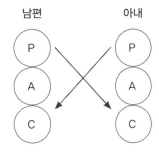

남편: 나를 어떻게 아는 거야.
　　　정신 좀 차려.
아내: 누가 할 말인데요.
　　　당신이야말로 정신 좀 차리
　　　세요.

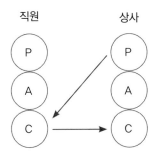

직원: 시장하지 않습니까?
　　　식사하러 가시지요.
상사: 지금 무슨 소리하는 것인
　　　가? 근무 시간 중일세.

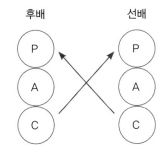

후배: 이 일은 기안 내에 끝내기는 틀
　　　렸어요.
　　　좀 도와주세요.
선배: 나야말로 자네의 도움을 받으려
　　　했는데.

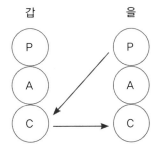

갑: 우리 즐거운 시간을 보내자.
을: 너 좀 진지해질 수 없니?

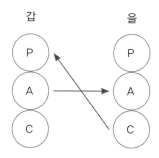

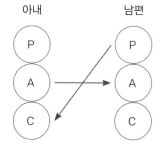

갑: 혹시 백화점이 이 근처에 있
　　는지요?
을: 이 무거운 짐 좀 들어 주시겠
　　어요?

아내: 이번 주말에 친정에 다녀왔
　　　으면 하는데요.
남편: 무슨 소리야, 나한테 상의하
　　　지도 않고.

(2) 교차 교류 연습

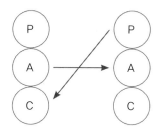

S:
R:

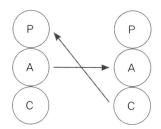

S:
R:

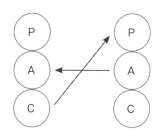

S:
R:

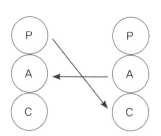

S:
R:

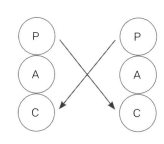

S:
R:

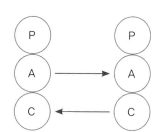

S:
R:

3) 이면 교류

(1) 이면 교류 사례

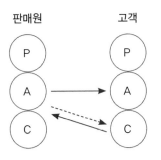

판매원: 이 차밖에 안 남았습니다.
　　　(안 사면 손해 봅니다.)
고객: 그것 주세요.

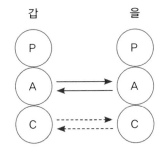

갑: 밖에 가서 이야기합시다.
　(커피라도 마시면서 이야기
　합시다.)
을: 네, 그렇게 합시다.
　(아! 그거 좋지요.)

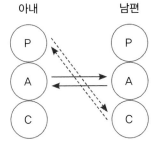

아내: 옆집 박 계장이 과장으로
　　승진했대요. (당신은 왜
　　그 모양이에요.)
남편: 아, 그거 잘됐군. (나야 수
　　단도 능력도 없으니까.)

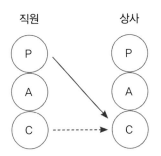

엎지르면 안 돼! 그 봐. 결국
엎질렀지. (어차피 엎지를
것이니까.)

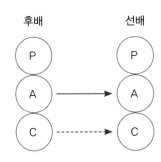

자네 미인일세. (무지 못생겼네.)

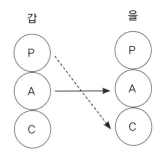

사장님 훌륭한 일을 하사장님
훌륭한 일을 하셨습니다. (돈
만 있으면 누구나 할 수 있는
걸 너무 잴 필요 없어.)

(2) 이면 교류 연습

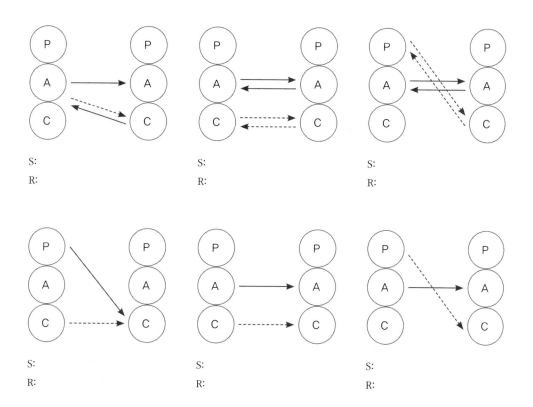

S:
R:

S:
R:

S:
R:

S:
R:

S:
R:

S:
R:

3. 교류 개선의 방법과 활용

1) 교류 개선 방법

(1) 교류는 자극과 반응의 연속이다

생활은 매일 교류에 의해서 성립되고 있다고 말할 수 있다. 인간관계에서 교류라는 것은 자극과 반응의 연쇄이므로 자극을 주는 방법이나 반응의 방법을 바꾸면 교류의 흐름이 바뀌게 된다. 구조분석이나 기능분석 또는 이고그램에 의해 자신의 성격에 나타나는 태도나 자세 등의 편향을 감지하게 되면 필요에 따라 의식적으로 바꿀 수 있다.

인간관계 교류에서 타인을 자신에게 맞도록 바꿀 수는 없다. 그리고 타인에 따라 자신을 바꾼다는 것도 매우 어려운 일이다. 그러나 교류분석을 학습하고 있다면 이 점을 감지하고, 지금 이 순간부터 자극이나 반응의 방법을 조금씩 바꿔 가면 자신도 느끼지 못하는 사이에 변화된 바람직한 인간으로서 자기 모습을 발견하게 될 것이다.

(2) 'CP 대 AC', 'NP 대 FC'의 관계를 개선하려면

일반적으로 CP 과잉형인 사람은 대개의 경우 타인을 AC과잉형의 자아상태로 몰아붙인다. 타인은 하고 싶은 말이나 반론을 제기하지도 못할 뿐만 아니라 그런 기회도 주지 않는다. 그래서 생각한 것도 말할 수 없고, 감정도 자유롭게 표현하지 못하고 억압된 감정에 의해 그 장면에 영합한다. CP 과잉상태로 발신하는 사람은 타인으로부터 사실이나 실상을 들을 수 없고 표면상으로만 접촉할 때가 많다. 항상 CP 과잉상태로 있는 사람은 타인을 통제하거나 비판적인 태도를 견지한다. 이와 같이 오랜 세월을 지켜 온 사람의 성격은 하루아침에 바꾸기는 어렵다. 서두르기보다는 차근차근 바꿀 필요가 있다. 우선 처음에 내용은 같다고 해도 말투를 조금만 가볍게 해 본다. 두 번째는 말끝에 '무엇 무엇에 대해서 어떻게 생각하지?'라고 A 자아를 사용해 보는 것으로도 매우 큰 효과가 있다. 이것은 자신의 A자아에서 보내는 것으로 타인은 인격적으로 교류되고 있다는 느낌을 가지게 된다. 그러나 형식적이거나 대답을 잘못하면 비판하는 느낌을 주는 자세나 태도가 있다면 CP의 냄새가 남아 있어서 타인은 경계심을 더욱 강화할 뿐, 전혀 변하지 않으며 방어기제(defence mechanism)를 쓰게 된다. 그래서 타인과의 교류에서 가장 소중한 것은 진실함이다. 자극이 A 자아에서 발신되면 대개의 경우 타인의 A 자아에서 반응이 되돌아온다. 그것은 A 자아대 A 자아의 대화가 되는 것이다. 반복되는 것이지만 '반응'은 '자극'의 결과이다. 만일 타인이 바뀌지 않았다면 그것은 자신이 바뀌지 않았다는 것이다. 한번 성공하면 그다음에는 문제가 없다. 학생이 바뀌었다는 것은 교사가 바뀐 것이다. 이것을 체험하게 되면 그 순간을 경계로 자신과 타인의 관계가 눈에 띄게 달라지고 신뢰 관계가 생기고 그것이 정착되면 무의식적으로 한 가지 형태의 행동에서 새로운 세계를 밝히게 된다.

다음에는 NP적 행동의 결과를 인지해야 한다. NP 과잉형인 사람은 잠시도 앉아 있지 못한다. 타인의 일을 일일이 관여하기 때문이다. NP 과잉형은 일반적으로 FC와 대응하므로 타인은 편하지만 결과적으로는 자신에게 의존하게 만든다. 혹시라도 타인의 일을 자신이 도우려다 실수를 하게 되면 타인은 CP 자아상태가 작동하여 자신을 원망하고 비난한다. 이때 자신은 AC 자아상태가 반응하여 미안하게 생각한다. 사실은 이것은 타인이 해야 할 일이고 잘못은 타인의 책임인데 자신의 NP 자아상태가 지나치게 과보호한 데서 생기는 부산물이다. 개선 방법으로는 필요 이상의 NP적 행동을 감소시키는 것이

제일 중요하다. 타인 스스로 자율적으로 능력을 발휘하여 문제를 해결할 수 있도록 인내하고 기다려야 한다. 처음에는 어려움이 있겠지만 연구를 해 보면 잘될 것이다. 타인의 의존적인 태도에는 교차 교류를 해서 의존이라는 악습을 없애고, 자신의 A 자아와 타인의 A 자아가 상보 교류할 수 있도록 노력하여야 한다.

2) 대화분석의 활용

(1) 대화는 상보에서 시작해서 상보로 끝나는 것이 바람직하다
인사·예절은 생활에서 최적 조건이다. 그리고 업무를 진행하는 데 윤활유이기도 하다. 대화를 진행하다 보면 교차 교류나 이면 교류가 될 때도 있겠지만 최후에는 상보 교류로 끝내도록 노력해야 한다.

(2) 말하려는 것, 말하는 것을 잘 경청해야 한다
상보 교류를 성립하려면 대화의 방향(vector)을 맞추어야 한다. 그러기 위해서는 타인의 말을 경청하고 타인이 원하는 내용을 이해하지 않으면 타인이 기대하는 말을 되돌려줄 수 없다. 그리고 타인의 말과 자기의 의견을 교환하고 검토함으로써 대화의 생산성은 향상된다. 인간관계의 대화 속에 협의하는 대화가 아니고, 내뱉는 말이나 내던지는 말과 같은 언어폭력이 있어서 의사소통에 걸림돌이 된다.

(3) 말을 솔직하게 수용하고 솔직하게 되돌려 준다
말이나 태도를 곡해한다든가 과소평가한다든지 경시하면 방향이 맞지 않는 교류가 된다.

(4) 우선 타인의 말을 긍정한다(OK–OK의 감정에서)
내용에 관계없이 '아…… 그래', '그랬구나!', '정말……' 등 긍정적인 언어는 타인의 입장과 인격을 존중하는 것으로 상보 교류가 계속된다.

(5) 타인의 말을 반복해
'늦잠 자서 지각했습니다.' ⇒ '늦잠 자서 지각했다고.'
'어제 시내에서 상담 선생님을 만났어요.' ⇒ '상담 선생님을 만났다고.' 같은 말을 반복한다는 것은 타인의 감정을 그대로 수용한다는 표현으로 상보적 관계를 증명하는 것이 된다.

(6) P 자아와 C 자아에서 상보 교류는 서두르지 말고 음미해 본다

대화가 상보 교류라고 해도 자아상태가 P 자아나 C 자아에서 발신할 때는 반응을 서두르지 말고 음미해 본다. 생산성 있는 대화는 대부분 A 자아대 A 자아인 것이 일반적이다. 냉정하고 객관적인 사실에 근거를 두고 정확한 판단과 의사 결정을 할 때는 A 자아가 기본이 되어야 하며 P 자아나 C 자아가 개입하면 대화의 생산성이라는 면이 저해될 위험이 있다. 자신이 지나치게 P 자아의 발언을 하고 있는 것은 아닌지, 타인이 지나치게 자기의 C 자아에서 나의 P 자아로 호소하고 있는 것은 아닌지 항상 유념해야 한다.

(7) 대화는 원칙적으로 교차 교류를 하지 않는다

대화의 흐름을 멈추게 하고 커뮤니케이션의 활성화를 저해하고 타인과의 관계에도 악영향을 주게 되므로 원칙적으로 피하는 것이 좋다.

(8) 평상시에 교차 교류를 어떻게 하고 있는지 반성해 본다

자기 말의 경향을 알려면 대화를 할 때 자기의 말에서 타인의 표정, 태도, 분위기, 의견 등을 냉정하게 관찰해 본다.

(9) 생산성 없는 상보 교류가 계속될 경우에는 교차 교류를 해야 한다

타인이 반복되거나 장황하게 말장난을 할 때 분위기를 환기시키는 의미에서 필요하다.

(10) 타인의 입장이나 최종 결과를 생각해서 필요하다고 생각할 때 교차 교류를 해야 한다

언제나 의존적인 발언과 원조를 바라는 타인에게 자주성이나 자발성을 갖도록 하기 위해 C 자아에서 P 자아로 교류하던 것을 A 자아 대 A 자아로 교차 교류를 하도록 한다.

(11) 타인과 대화를 원만하게 계속하려면 말보다는 이면에 숨겨진 의도를 알아야 할 때도 있다

(12) 커뮤니케이션 능력을 향상하려면 이면 교류는 단절되어야 한다. 이면 교류는 부정적인

교류가 많아져서 타인과의 관계를 악화시킬 경우가 많다는 것을 알아야 한다

4. 대화의 원리

1) 대화의 중요성

어떤 사람들은 대화를 '대놓고 화내는 것'으로 착각하고 있는 것 같다. 물론 의도적으로 그런 사람은 없을 것이라고 생각된다. 우리는 대화에 중요성에 대해서 귀에 박히게 들어 왔다. 그러면서도 습관이 쉽게 바뀌지 않는 것 같다. 그러다 보니 인간관계에서 일방적인 전달만이 가득하게 된다. 인간관계의 문제는 바로 여기에서 출발한다. 서로 간에 마음을 주고받는 대화가 오고 가지 않을 때, 대화자가 모두 서로 자신을 무시한다고 생각하기도 하고, 말이 통하지 않는다고 하기도 한다. 이렇게 마음이 통하지 않게 되면 쉽게 오해하게 되고, 사소한 일에도 감정이 쌓이게 된다. 인간관계에 막힌 벽이 생기게 되는 것이다.

타인과 대화를 잘하는 사람은, 첫째, 자신의 감정을 타인과 함께 나눌 수 있기 때문에 타인의 이해를 구할 수 있으며, 자신이 더욱 성장할 수 있는 발판을 만들 수 있다. 둘째, 대화를 나누다 보면 지신의 정체성을 발견할 수 있게 된다. 인간으로서 자신을 분명히 알게 될 때 자신은 더욱 성장하게 된다. 셋째, 대화를 나눔으로써 문제들을 해결해 나갈 수 있다. 타인의 의견도 들을 수 있기 때문에 더 좋은 지혜를 구할 수 있다.

2) 대화를 잘 하지 못하는 이유

대화가 막혔을 때 그 대화의 장벽은 인간 간에 위기를 당장 유발시키지는 않는다. 그러나 동맥 속의 콜레스테롤이 영양분을 뇌, 신경, 혹은 몸의 각 부분에 가는 것을 가로막아 큰 병으로 몰고 가는 것처럼 대화의 장벽은 느리기는 하지만 꾸준하게 쌓여 간다. 그래서 그 징후가 한번 나타나면 치명적이다. 보통 사람들은 마음속 깊은 곳에 있는 감정을 잘 드러내 놓지 않는 경향이 있다. 자신의 감정을 그대로 드러내 놓으면 타인이 자신을 어떻게 생각할까 하는 두려움을 가지고 있는 것 같다. 물론 상황에 따라가야 되겠지만 그러나 분명한 것은 우리의 마음은 깊은 곳에 쌓이고 쌓인 진실된 감정을 표현하고 싶어 한다는

점이다. 이 마음을 털어놓지 못할 때 사람들은 많은 스트레스 상황에 놓이게 된다. 이렇게 자신과 타인 간의 대화를 가로막는 장벽은 다음과 같이 여러 가지가 있다.

- **부적절한 경청 태도**: 대화에서 경청은 대화의 핵심이라고 해도 틀린 말이 아니다. 그러나 사람의 부적절한 경청의 태도는 타인으로 하여금 대화의 창을 닫게 만드는 원인이 된다. 적극적인 경청은 타인 스스로 문제가 무엇인가 분석하게 하여 해결의 주체가 자신임을 알게 한다. 따라서 적극적인 경청을 하게 되면 타인은 적극적으로 문제에 직면하여 스스로 해결책을 찾아 나가는데, 그 에너지와 창조성은 놀라울 정도라 해도 과언이 아니다.
- **가치관의 차이**: 어떤 사물, 사건을 보는 생각의 차이, 종교 또는 신앙 수준의 차이 등은 가치관의 차이를 가져오게 되어 대화가 단절되는 중요한 요인이 된다.
- **문화 차이**: 가치관의 차이와 마찬가지로 자라 온 가정의 문화적 배경이나 기질, 생활 태도가 다르면 이 역시 대화의 단절을 가져오게 된다.
- **비판적 태도**: 타인에게 비판적인 태도를 취하게 되면 타인은 잘 해 보려고 하다가도 비판받을까 봐 대화를 중단하게 된다.
- **묵비권 행사**: 타인을 변화시킨다는 수단으로 어떤 사람들은 묵비권 행사를 한다. 그런데 이런 묵비권 행사는 더욱더 관계를 어렵게 만드는 요인이 된다.
- **끊임없는 자기 자랑**: 끊임없는 자기 자랑은 타인의 귀를 막아 버린다. 특히, 자기 말만 내세우면서 타인의 말에는 귀를 기울이지 않는 자랑은 그야말로 대화를 단절시키는 큰 요인이 된다.
- **용서에 인색할 때**: 순간순간의 실수를 용납하지 않고 타인을 죄인 다루듯이 대한다면 이 또한 숨 막히는 환경을 만들게 될 것이다.
- **감정의 활화산**: 타인이 말하면 화부터 내는 스타일. 이런 경우 대화를 막을 뿐 아니라 타인에게 분노를 심어 주기도 한다.
- **기계적이고 바쁜 생활**: 너무 바쁘다 보니까 서로 간에 개인적으로 얼굴 볼 시간이 없어지기도 한다.
- **피곤함**: 과다한 업무로 인해, 너무 지쳐서 타인들과 개인적으로 대화할 수 있는 시간이 충분하지 못하거나 거의 짧아진다.
- **충돌에 대한 두려움**: 어떤 문제에 있어서 타인과 충돌할까 봐, 미리 대화를 기피한다. 그래서 곤란한 문제들이 생길 때도 일단은 덮어놓고 미루게 된다. 그러다 보면 어떠

한 부분에 대해서는 항상 비껴 나가게 된다. 이것이 바로 벽을 만들게 된다.

- 소재의 빈곤: 타인의 문화에 대한 관심과 이해가 부족해 대화의 소재가 빈곤하다.

3) 대화의 차원

(1) 제1차원의 대화: 입술의 말(상투적인 말)

틀에 박힌 상투적인 대화로 타인의 대답을 기대하지도 않는 질문 등이 여기에 해당하며 정보를 전달하는 수준의 대화이다(예: 오늘 오후에 박물관에 간다.).

(2) 제2차원의 대화: 머리의 말(자신의 생각을 말하는 차원)

자신의 생각과 판단을 전하는 대화로 이 단계부터 참다운 대화가 시작된다. 즉, 이것은 사실만을 말하는 것이 아니라 자신의 개인적 생각을 말하는 수준이다(예: 내 생각에는 이 책을 사는 것이 좋을 것 같다.).

(3) 제3차원의 대화: 가슴의 말(자신의 감정을 표현하는 차원)

자신의 기분과 감정을 전하는 대화로 이런 대화는 친밀한 관계일 때 가능해진다. 타의 감정이나 마음을 읽어 주기 때문이다(네가 그렇게 하는 것을 보니까 고맙다.).

(4) 제4차원의 대화: 영의 말(칭찬과 격려를 통해 혼을 살리는 대화)

가장 깊은 수준의 대화로써 칭찬과 격려를 통해 혼을 살리고 치유하기도 한다. 인격적인 신뢰관계가 형성되어 타인을 진심으로 변화시키는 대화이다(예: 너를 볼 때마다 저절로 힘이 생긴단다.).

4) 대화의 전제

대화의 전제는 무엇보다도 인격의 반영이므로 인격이 전제되어야 한다.

- 바른 마음: 대화는 인격이 반영되어야 한다. 그러므로 마음을 바로 써야 한다. 올바른 마음으로 정성을 다하여 대화에 임해야 한다.
- 분리 개별화: 참다운 대화가 이루어지려면 개체가 공생관계를 하면서 서로 융합되어

누가 누구인지 식별이 잘되지 않는 상태에서 대화를 해서는 안 된다. 서로의 인격이 분명하게 구분되어야 하며 서로가 분리 개별화되어 있지 않는 상태에서는 올바른 대화란 성립될 수 없다.

- **긍정적 인생태도:** 대화의 전제로서 우선 긍정적 사고방식이나 긍정적 인생태도를 가져야 한다. 부정적 사고방식이나 인생태도는 대화의 단절을 가져올 뿐만 아니라 저급한 교류가 되기 쉽다. 긍정적 인생태도의 저변에는 무엇보다도 자아존중감을 가져야 한다.
- **TPO의 법칙:** 카프만(S. Karpman)이 창안한 것으로 시간(time), 장소(place), 경우(occasion)를 의미하는 문자에서 따온 말이다. 첫째는 시간을 잘 선택해서 만남을 가져야 한다는 것으로 피로감이나 공복감, 불안감이 겹쳐질 때 시간을 피하는 것이 성공적인 대화를 할 수 있다는 것이다. 둘째로, 사람은 태반원망의 심리가 있다 한다. 모든 사람은 어머니 뱃속에서 웅크리고 있을 때가 가장 안전하다고 느낀다는 것이다. 즉, 상대에 따라 안전하고 편안한 장소를 택해서 대화를 나누어야 한다는 것이다. 셋째로, 기회나 경우에 맞추어 대화를 해야 한다. 상대의 욕구를 감안하여 기회를 잡으며, 필요한 용어 선택을 해야 한다는 것이다.

5) 대화의 원리

- **개방적 대화:** 자신부터 열린 마음으로 대화를 해야 타인도 마음을 열게 된다. 자신이 닫힌 마음으로 대화하면 타인도 마음을 닫게 된다.
- **긍정적 인정자극:** 칭찬, 격려 등 긍정적 인정자극은 타인에게 동기를 부여하며 타인을 성장하게 하는 원동력이 된다. 칭찬이나 격려 등 긍정적 인정자극은 순환성이 있어 반드시 피드백되어 되돌아오게 된다.
- **황금률:** 성서 중 마태복음의 산상수훈에 나오는 것으로 '네가 대접받고자 하는 대로 남을 대접하라'는 원리이다. 대화도 자신이 대접받고자 하는 대로 타인에게 대화하라는 얘기이다. 따라서 타인이 원하는 명칭으로 이름을 불러 주고, 타인이 원하는 바를 이해하고 타인이 원하는 감정을 읽어 주고, 타인이 심층심리에서 좋아할 것이라고 기대하는 대로 타인을 읽어 주라는 말이 된다.
- **적극적 경청:** 의사소통을 잘하는 사람들은 입술에만 의존하지 않는다. 오히려 눈과 귀에 의존하는 편이다. 대화는 온 몸으로 들을 수 있어야 한다. 듣기를 잘하는 사람

이 대화에서 성공할 수 있다. 타인이 이야기할 때에는 그냥 듣지 말고 경청하도록 하라. 그냥 듣는 것은 타인의 말을 무관심하게 듣는 것 혹은 들리는 것이고, 경청하는 것은 귀를 기울여서 관심을 집중하여 듣는 것이다. 경청하는 것은 시간을 들여서 오직 타인의 말에 집중하는 것이며, 타인의 느낌과 관점을 진지하게 받아들이는 것이다. 타인이 말을 하는데 다른 일을 하면서 건성으로 듣고 있는 것은 단순히 소리를 듣는 것이다. 가능하면 가까이에서 눈동자를 마주 보며 대화하면 소리뿐만 아니라 서로의 감정까지도 그대로 교류할 수 있게 된다. 그렇게 하면 자신의 귀로는 마음의 소리를 들을 수 있을 것이고, 자신의 눈으로는 마음을 읽고 볼 수 있다. 폴 투르니에(Paul Tournier)는 이런 말을 했다. "우리는 다른 사람의 말을 절반만 듣습니다. 그리고 들은 것의 절반을 이해하며, 이해한 것의 절반만을 믿습니다. 그리하여 결국 믿은 것의 절반만을 겨우 기억할 수 있게 됩니다." 얼마나 의미 있는 말인가? 이러한 지적을 되풀이해서는 안 되겠다.

6) 적절하게 대화하기

(1) 활력을 불어넣는 대화를 하여야 한다

긍정적인 대화는 타인과 생활을 공고히 해 주며 생생한 활력을 갖게 한다. 칭찬과 격려, 지지, 사랑 등이 여기에 해당된다. 이런 말은 타인을 성장시킨다. 긍정적인 대화를 하기 위해서는 우선 마음이 준비되어야 한다. 어떠한 경우에라도 타인에게 긍정적인 말을 한다면 그 환경은 풍성해질 수밖에 없다.

(2) 칭찬과 격려가 있는 대화를 나눈다

우선 부정적인 말을 하려는 충동을 억눌러야 한다. 타인이 하는 일마다 사사건건 시비를 따진다든지 타인의 제안을 묵살한다든지, 반박하고 언쟁을 벌이는 것은 온당치 못하다. 우선 이러한 행동이 제어되어야 칭찬의 말들이 오고 갈 수 있다. 말하는 것이 쑥스럽다면 비언어적인 방법으로 칭찬해 보면 좋다. 시기적절한 포옹이나 열심히 고개를 끄덕여 주는 것들이 여기에 해당된다. 가끔은 창의적인 방법으로 칭찬해 보는 것이 좋다. 예쁜 카드나 꽃을 통해서 편지를 통해서, 칭찬하는 방법도 있다. 그리고 직접 또는 간접적으로 타인을 인정해 주어야 한다.

(3) 솔직하게 자기표현을 하라

우선 자신이 필요한 바를 숨기지 말라. 타인들에게 어떻게 하기를 원하면서도 자존심 때문에 혹은 다른 이유로 인해 마음을 묵살해서는 안 된다. 마음의 솔직한 감정을 억누르지 말고 표현한다. 또한 자신의 감정에 정직해야 한다. 기분이 나쁠 때는 나쁘다고 말해야 한다. 자기 감정에 솔직할 때 타인들의 반응에서 자유롭게 된다. 그리고 자신의 감정을 축소시키거나 왜곡시키지 말아야 한다.

(4) '너' 대신에 '나'라는 단어를 사용하라

이런 대화의 방법을 '나-전달법(I Message)'이라 한다. 나-전달법이란 '너'가 아닌 '너'로 인한 '나'에 초점을 맞추는 것을 의미한다. 다시 말해서 자신의 감정과 느낌을 솔직하게 표현하는 것을 말한다. 이런 나-전달법을 사용하기 위해서는 3가지 요소가 필요하다.

첫째, 문제를 유발하는 타인의 행동을 비난 없이 서술하고,

둘째, 그 행동이 당신에게 미치는 구체적인 영향을 서술하고,

셋째, 그 결과에 대한 당신의 느낌을 전달하여야 한다.

(5) 말없는 말이 마음을 움직인다

비언어적인 대화가 언어적인 대화보다 훨씬 효과적임을 이미 말한 바 있다. 부드러운 보살핌과 함께 접촉을 통한 신체 언어, 그리고 가슴의 언어가 생명을 발한다. 표정을 통해, 몸짓을 통해, 행동으로, 눈동자로 감정을 전하면 훨씬 의사소통을 원활하게 할 수 있다. 타인이 말할 때 공감하는 자세로 고개도 끄덕여 주고, 긍정적인 얼굴 표정도 지으면서, 가끔은 자연스럽게 포즈도 취하면서 대화한다면 얼마나 행복한 대화를 나눌 수가 있을까? 또 타인의 손을 잡아 준다거나 어깨에 손을 얹으면서 이야기를 들어줄 때 서로의 친밀감은 생겨나게 된다. 그리고 시기적절한 포옹은 긍정적인 메시지를 한아름 안겨 주는 극적인 방법이다. 말없는 말이 마음을 움직인다.

(6) 부정적인 대화는 타인에게 상처가 되므로 피해야 한다

비판하는 말이거나 빈정거리는 말, 강요하는 말, 모욕적인 농담과 거절 같은 말은 타인을 공격하는 말로 용기를 꺾거나 상처를 입힌다. 잔소리 또한 언어폭력이다. 잔소리를 하는 사람을 좋아하는 사람은 아무도 없다. 오히려 타인의 마음을 강퍅하게 할 뿐이다.

7) 경청의 지침

노먼 라이트(Norman Wright)가 제시하는 경청의 지침을 생활 현장에 적용하여 정리해 보면 다음과 같다.

(1) 적극적인 태도로 들어야 한다

타인의 이야기를 들을 때는 정신을 집중해야 한다. 어느 사람도 무관심, 무감정의 사람하고 이야기하고 싶은 사람은 없기 때문이다. 타인이 말할 때 어떻게 이야기하는지 주의를 기울여야 되는 것이다.

(2) 깊이 공감하면서 들어야 한다

이 말은 타인의 입장에 서서 상황을 살피고 염려한다는 의미이다. 타인의 말에 동의하지 않을 수도 있지만 만약 자신이 그 입장이라면 그렇게 생각할 수도 있겠다는 적극적인 공감이 필요하다. '즐거워하는 사람들과 함께 즐거워하고 우는 사람들과 함께 우는 감정이입이 필요하다'는 것이다.

(3) 있는 그대로 다 받아들이면서 들어야 한다

선택적으로 듣거나 방어적으로 경청하는 일, 또는 여과해서 듣는 태도는 바른 경청의 자세가 아니다. 타인의 관습이나 신앙, 사고방식은 나와 다를 수 있지만 그것을 이해하도록 노력해야 한다. 이것은 편견 없이 타인의 모든 말을 들어야 한다는 것을 의미하기도 한다.

(4) 의식하면서 들어야 한다

타인의 말에 대해서 말과 사실이 어떻게 다른지 의식하면서 들어야 한다. 일관성이 있는지 없는지도 생각하면서 들어야 한다. 그렇다고 공격해서는 안 된다. 이럴 때 응답하는 최선의 방법이 질문이다. '조금 더 말해 주겠니?', '구체적인 예를 들어 줄 수 있을까?', '너의 입장을 알게 해 주어서 고맙구나.', '그런 관점은 한 번도 생각해 보지 않았는데 참 흥미롭구나.'

타인의 말에 귀를 기울인다는 것은 타인을 귀히 여기고 가치 있게 여긴다는 신호이기도 하다. 경청한다는 것은 사랑과 관심의 표현이다.

8) 경청에 방해가 되는 요소

(1) 자신을 방어하는 태도

타인이 이야기를 하고 있는 도중에 자신은 그의 말에 이의를 제기하고 반박하려고 골몰해 있는 경우를 말한다. 또 성급하게 타인의 말을 결론짓는 경우도 있다. 또 타인의 이야기에 귀를 기울이지 않고 자신의 생각을 계속 말하거나 자신의 추측으로 해석하는 경우도 있다. 이런 사람들은 예단하거나 극단적이고 단정적인 말로 대답하는 경우가 많다.

(2) 타인에 대해 가지고 있는 편견이나 태도

특정한 부류의 사람들에 대해 가지고 있는 편견은 종종 그 사람들의 말을 들어보지도 않고 그들을 거절해 버리도록 만든다. 가끔 사람들은 말하는 타인의 말씨나 태도에 따라서 타인을 일방적으로 판단하는 태도를 가질 때도 있다.

(3) 자신의 마음속에 있는 고민

자신이 깊은 고민에 빠져 있을 때 역시 경청을 방해하게 된다.

(4) 타인의 말을 중간에 가로채는 경우

가끔 말하는 타인이 우물쭈물할 때 답답하게 여긴 자신이 말을 가로채서 대신 해버리는 경우가 많다. 역시 경청의 큰 장애물이다.

9) 경청의 10계명

노먼 라이트가 제시하는 상대방의 이야기를 잘 듣기 위한 10가지 계명을 삶의 현장에서 인간관계에 적용하여 정리해 보면 다음과 같다.

① 미리 판단하지 말라.
② 자신의 생각을 덧붙이지 말라.
③ 자신이 들은 것이 타인이 이야기한 것의 전부라고 생각하지 말라.
④ 타인의 이야기를 다른 곳으로 유도하지 말라.
⑤ 타인이 어떤 말을 하든지 마음을 닫지 말라.

⑥ 타인의 말을 끝까지 들어라.

⑦ 말하는 사람이 이야기해 준 것 이외에는 다른 의미로 해석하지 말라.

⑧ 타인이 이야기하고 있는 동안에 미리 타인에게 대답을 하거나 아니면 타인에게 줄 대답을 준비하지 말라.

⑨ 타인의 말을 올바르게 정정해 주는 데 두려움을 갖지 말라.

⑩ 대화자들은 공평하게 서로의 말을 들어주라.

Contemporary Transactional Analysis and Counseling

제 **4** 장

삶과 마음의 영양물

1. 인정자극 이해

1) 인정자극의 의미

인정자극(Stroke)이란 어루만지다, 쓰다듬다, 달래다, 보살피다 등 신체와 정신에 언어적·비언어적으로 자신의 반응을 상대에게 알리는 인간 인식(존재 인지)으로써 정서적 유대이다. 인간은 서로 인정자극을 주고받기 위해 사회생활을 영위한다. 자기가 원하는 인정자극을 얻기 위해 상대방이나 환경을 조정하고 구조화하려고 한다. 인정자극은 마음의 영양물이다. 적절한 인정자극을 받지 못하면 심리적으로 마음의 영양물 기아 상태가 되어 심리적 문제로 이어진다.

생애 초기 주 양육자와 관계가 생의 전반의 인간관계에 영향을 주어 자신과 다른 사람을 이해하는 근간을 제공하는 인생태도를 결정한다. 모든 사람은 자폐 상태에서 태어난다. 태어난 후 중요한 타인들, 즉 부모 등이 주변에서 인정자극을 얼마나 어떻게 주느냐에 따라 심리적으로 성장하느냐 않느냐가 결정된다. 인정자극은 심리적 성장의 밑거름이다. 사람은 피부 접촉이나 몸짓, 눈짓, 표정, 감정, 언어 등 자신의 반응을 상대에게 알리는 인간 인식(존재 인지)의 기본 단위로서 인정자극을 사용한다.

"안녕하십니까?" 등의 인사를 서로 교환하는 것도 사회생활에 있어서 하나의 교류이며 동시에 인정자극의 교환이다. 부모가 자녀에게 '어서 와'라고 반기거나 부모가 자녀에게 "이 멍청한 녀석" 하고 꾸중을 하는 것도 하나의 교류이며 동시에 인정자극이다. 부모와 자녀 간의 교류를 인정자극이라는 관점에서 생각해 보면 지금까지보다 나은 부모와 자녀 간의 관계 방식이나 개선 방향을 찾는 수단을 얻을 수 있게 된다.

2) 인정자극의 특징

① 인간은 누구나 접촉과 인정욕구를 지니며, 타인과 스트로크 교환이 이루어질 때 자기존중감 및 애정과 보살핌에 기초한 원만한 인간관계를 형성할 수 있다.

② 일상생활에 있어서 스트로크의 획득은 삶의 근본적인 동기로 작용한다(Baumeister

& Leary, 1995).

③ 유아기는 주 양육자로부터 받는 신체적 스트로크의 욕구가 강하지만 성장하면서 칭찬이나, 승인 등의 정신적 스트로크에 대한 욕구가 강해진다.

④ 스트로크는 인간이 성숙할수록 신체적인 것에서 상징적인 것으로 대치되며, 크게 긍정적 · 부정적 · 무 스트로크로 나누어진다.

⑤ 긍정적 스트로크를 상호 교환하게 되면 행복감이 높아지고 지적 능력 발휘 및 칭찬 이나 승인을 순순히 받아들이는 등 긍정적 생활 자세를 형성함으로써 건강한 심리 적 발달과 적응이 가능하다(우재현, 2006).

⑥ 스트로크 부족은 그 자체가 심리적 죽음과 같다(Harris, 1969).

⑦ 긍정적 스트로크를 획득하지 못한 경우 심리적으로 불건강한 기제인 이면 교류를 사용하며(우재현, 2006), 폭력, 절도, 규칙 위반, 왕따 등을 행함으로써 부정적 스트 로크라도 획득하고자 한다.

⑧ 비록 부정적 스트로크이더라도 상대의 존재 자체는 인정해 주기에 무 스트로크 (No-stroke)보다는 훨씬 낫다(김규수, 류태보, 2003).

⑨ 부정적 스트로크나 무 스트로크의 경우 부정적인 생활 자세를 형성하는 원인이 되 며, 심지어 성격장애를 유발할 수 있을 뿐만 아니라 생의 후반기에도 부정적 스트 로크를 추구하게 되어(Stewart & Joines, 1987) 부정적 생활 자세가 전 생애를 지배하 게 된다.

3) 부정적 인정자극과 에누리

에누리(Discount)란 '싸게 한다'든가 '깎아 준다'라는 의미를 가지고 있다. 교류분석에 서는 이것을 '경시'라든가 '과소평가'라는 의미의 전문용어로 사용하고 있다. 솔직한 어 떤 조건에 대한 부정적 스트로크는 에누리와 분명히 구분된다. 솔직한 어떤 조건적에 대 한 부정적 스트로크와는 달리 에누리는 당신의 존재나 당신이 하는 일의 실제를 왜곡하 거나 축소하는 것이다. 에누리는 화의 근원이다.

학교 현장에서 에누리의 사례를 들어 보자. 학생이 자율학습 시간에 "선생님 다음 자 율학습 시간에 2반하고 축구 시합해도 될까요?"라고 묻자, 교사는 "무슨 소리야, 반 성적 도 안 좋으면서 곧 시험인데 공부나 해." 그러자 학생은 "다음 시험은 잘할게요. 이번 한 번만 축구해요."라고 말을 했고, 교사는 "너희는 정신 상태부터 틀렸어, 안 돼."라고 했다. 이 같은 예는 학생의 기대를 배반했다든지 과소평가한 경우이며 학교생활에서 이와 같은 교류는 의외로 많이 있다. 이런 에누리는 교사와 학생간의 대단히 큰 부정적 인정 자극을 주고 있다는 것을 인식해야 한다.

　가장 바람직하지 않는 인정자극은 무 인정자극(No stroke)으로 사례를 들어 보면 어떤 교사들은 학생들에게 별로 관심이 없다. 또 어떤 학생들은 교사를 만나도 인사를 잘 안 한다. 이런 경우 교사가 먼저 "안녕" 하고 솔선해서 한다면 학생들도 따라서 하고 곧 습관화될 것이다. 이와 같이 무 인정자극도 에누리가 되어 건강하지 않은 관계로 발전할 수 있다.

　우리는 다음 장에서 에누리에 대해 자세히 살펴볼 것이다. 지금 여기에는 솔직한 부정적 스트로크와 에누리를 대조하는 몇 가지 예만 들어 보기로 한다.

부정적 조건적인 인정자극: "넌 그 단어의 철자를 잘못 말했어."
에누리: "난 네가 철자를 말할 수 없다는 것을 알아."
부정적 조건적인 인정자극: "네가 그것을 할 때 나는 불편함을 느껴."
에누리: " 넌 나를 불편하게 만들어."
부정적 조건적인 인정자극: "난 그렇게 행동한 너를 좋아할 수 없어."
에누리: "난 네가 별로야."

　솔직하게 어떤 조건에 대해 부정적인 것과는 달리, 에누리는 내가 기본적으로 건설적인 행동을 할 수 있다는 것에 대한 신호를 주지 않는다. 에누리 그 자체는 실제의 왜곡에 바탕을 두기 때문에 존재 자체를 경시한다.

4) 욕구이론과 인정자극

　에릭 번은 인간의 욕구를 일곱 가지로 보았다. 이러한 인정자극이 충족되지 않았을 때 인정자극 기아상태가 되어 몸과 마음이 순기능을 할 수 없게 된다고 보았다. 다음은 에릭 번의 인간의 일곱 가지 욕구이다.

(1) 자극의 욕구
　사람은 누구나 생활이 별 변화가 없이 계속되면 무료함을 느껴 외부로부터 그 어떤 변화 요인을 찾게 된다(생산 목표, 상금, 상품 등).

(2) 성의 욕구

남자는 여자를, 여자는 남자를 그리워하며, 특별한 대화나 행위가 없어도 그저 옆에 있는 것만으로도 만족하게 된다. 동성 집단의 경우에는 무엇인가 허전하고 분위기가 딱딱한 현상으로 나타난다(이성, 섹스 등).

(3) 접촉의 욕구

성의 욕구와는 별개로 볼 수 있으며 접촉을 통하여 보다 가깝게 느껴지고 만족감을 더해 준다(악수, 포옹 등).

(4) 구조화의 욕구

사람은 누구나 단순한 것에서 탈피하려고 하는데 이때 폐쇄, 의식, 활동, 잡담, 게임, 친교 등의 시간을 보내는 구조를 가지고 있다(휴식 시간, 취미 활동 시간, 근무 시간 등).

(5) 인정의 욕구

적어도 '나는 누군데……'라는 자부심으로서 누구나 상대 혹은 조직에서 자기를 알아줄 것을 원한다(칭찬, 호칭, 직책 등).

(6) 태도의 욕구

개체의 욕구는 개인의 전 생애를 통하여 어떤 확고한 사람의 태도를 갖고자 하는 욕구로서 개인의 인생태도를 형성하게 된다. 번(Berne)은 주로 6세 이전의 부모나 부모 대리인의 양육태도, 즉 금지령 또는 허가에 의해 자신과 타인에 대한 확신을 갖거나 결단을 하게 된다고 한다. 그 확신과 결단들에 근거해서 자신과 타인에 대한 긍정·부정적 태도를 형성한다(인생관, 가치관, 세계관, 이성관 등).

(7) 발생사(정보)의 욕구

변화를 요구하는 사람은 외부로부터 사건, 사고 등 큼직큼직한 새로운 소식들에 관심을 갖고 그러한 소식을 보면서 만족해한다(다양한 정보들).

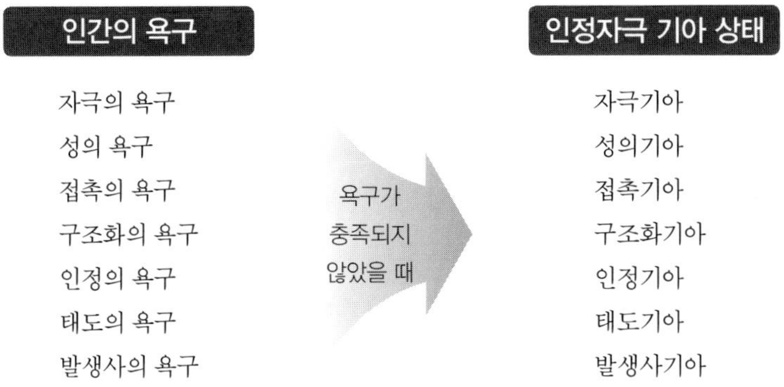

인간의 욕구		인정자극 기아 상태
자극의 욕구		자극기아
성의 욕구		성의기아
접촉의 욕구	욕구가	접촉기아
구조화의 욕구	충족되지	구조화기아
인정의 욕구	않았을 때	인정기아
태도의 욕구		태도기아
발생사의 욕구		발생사기아

[그림 4-1] 에릭 번의 욕구이론과 인정자극

2. 인정자극과 행동

1) 인간 행동과 인정자극

인생 발달 단계별 인정자극의 변화를 보면, 영·유아기 때는 부모나 양육자로부터 접촉 욕구가 강하기 때문에 포옹이나 애무 등의 신체적 인정자극을 원한다. 성장한 뒤 아동기 때에는 승인 욕구가 강하기 때문에 칭찬이나 승인, 눈맞춤 등의 정신적 인정자극 욕구로 이행한다. 청소년과 성인이 되면 의미 있는 시간을 보내고 싶은 욕구가 강해 시간을 구조화하려 한다. 이들 사이에는 다소 차이는 있으나 모두가 자기의 존재를 인정받기 위한 욕구가 내재해 있다. 따라서 인간은 생존을 위해 먹어야 하듯 또한 마음의 영양물인 인정자극을 먹고 사는 동물이라고 할 수 있다. 바꾸어 말하면 인간은 모두 인정자극을 필요로 하고 있으며, 사람이 산다는 것은 인정자극을 추구하기 위해서라고 할 수 있다. 이렇게 볼 때 '인간은 인정자극 지향적 동물'이라고 할 수 있다.

이같이 인간 행동의 동기는 모두 인정자극으로서 성립되어 있다. 우리가 일상생활의 인정자극을 주고받기에 지쳐서 인정자극을 피해 타인과 접촉하지 않는 혼자만의 생활을 한다면 인정자극 기아(stroke hunger)에 빠지고 말 것이다. 그것은 특히 부모나 상사로부터 무시당하는 경우에 그 경향이 조장되며 무리를 해서라도 인정자극을 받는 수단으로서 장난이나 나쁜 짓을 하게 되는데, 이것이 반복해 이루어지면 심리게임이 된다.

2) 스트로킹과 행동의 강화

어린아이 때, 우리에게 필요한 스트로크를 가져다주는 사람을 찾기 위해 우리는 모든 종류의 행동을 시험해 본다. 한 특별한 행동이 스트로크를 가져오는 것으로 판명될 때 우리는 그 행동을 반복할 것이다. 그리고 그때 그 행동으로 더 많은 스트로크를 얻고, 미래에 그 행동을 사용하기 위해 더욱 준비를 하게 된다. 이런 가운데 스트로킹은 스트로크 받은 행동을 강화한다. 유아들만큼이나 스트로크를 필요로 하는 성인들은 스트로크를 가져오는 데 가장 효과적인 것으로 보이는 어떠한 방법으로든 그들의 행동을 만들어 낼 준비가 되어 있다.

우리가 '어떤 종류의 스트로크라도 전혀 스트로크가 없는 것보다 더 낫다'라는 원칙을 세운 것을 상기해 보자. 만약 스트로킹에 대한 우리의 욕구를 충족시킬 충분히 긍정적인 스트로크가 박탈된 상태에 있게 되는 위기보다는 부정적인 것을 추구하는 것이 더 낫다고 결단했던 것을 생각해 보자. 그래서 내가 성인이 되어 부정적 스트로크를 받을 때, 그 부정적인 스트로크가 긍정적인 것만큼이나 효과적으로 나의 행동을 강화하는 작용을 할 것이다. 이것은 사람들이 자기학대로 나타나는 행동 유형을 고집스럽게 반복하는 이유를 이해하는 데 보다 많은 도움을 준다.

이와 같은 지식은 부정적인 유형에서 자유로워질 수 있는 방법을 안내해 준다. 우리는 스트로크를 추구하는 방법을 바꿈으로써 그렇게 할 수 있다. 고통스러운 부정적 스트로크를 얻으려고 노력하는 대신에 즐거운 긍정적 스트로크를 얻기 위해 노력할 수 있다. 그리고 그때마다 우리는 새로운 행동으로 긍정적 스트로크를 얻고 장래에 그 새로운 행동을 반복하기 위해 더 준비하게 된다. 여기에 스트로크의 질과 강도가 중요하다. 이 개념들 중 어느 것도 수적으로 측정되는 것은 없다. 그러나 사람들이 그 스트로크를 누가 가져오며 어떻게 받는가에 따라서 스트로크에 대하여 다른 주관적 가치가 부여한다는 것을 가정하는 것은 상식이다.

예를 들면, 이 책을 처음부터 끝까지 다 읽은 TA의 존경받는 임상가로부터 필자가 이 책의 가치에 대하여 긍정적 스트로크를 받고 있다는 것을 가정해 보자. 우리는 그 스트로크를 단지 서문의 제목만 읽고 TA에 별로 관심이 없는 누군가에게서 받을 수 있는 스트로크보다 더 높은 질을 가진 것으로 분명히 체험할 것이다.

또 다른 예를 들면, 부모가 좋아하지 않는 어떤 방식으로 행동하기 때문에 아버지로부터 부정적 스트로크를 받고 있는 아이를 생각해 보자. 그 스트로크는 엄격한 목소리와 흔드는 손가락에 의해서 전달될 것이다. 또는 무서운 고함과 신체적 벌이 따를 수도 있다. 분명히 그 아이는 전자(무서운 고함)보다 더 한 강도로 부정적인 후자(신체적 벌)를 경험할 것이다.

3. 인정자극의 유형과 사례

1) 인정자극의 유형

(1) 비언어적(신체적) 인정자극과 언어적 인정자극

사람을 안아 주거나 머리를 쓰다듬거나, 등을 토닥거리거나, 손을 잡아 주거나 하는 것은 신체의 직접적인 인정자아의 접촉, 즉 신체적 인정자극이다. 사람은 이와 같이 신체적인 인정자극을 충분히 경험할 때 성격 발달에 긍정적인 결과를 가져온다.

타인에게 칭찬을 하는 말이나, 꾸중을 하는 말은 모두 언어적 인정자극이며, '민철이는 참 잘생겼어' 하면서 머리를 쓰다듬는 것은 신체적인 것과 언어적인 인정자극을 동시에 주는 것이다. 그러나 성장함에 따라 말에 의한 인정자극이 많아지게 된다. 자신이 타인에게 '축하해' 하면서 악수를 한다면 신체적인 것과 언어적인 인정자극 욕구의 두 가지를 동시에 충족하는 것이다.

(2) 긍정적 인정자극과 부정적 인정자극

긍정적 인정자극은 자신과 타인 간의 적절한 이해와 평가, 경우에 따라 합당한 칭찬과 승인, 마음을 주고받는 사랑의 행위 등을 포괄하며, 이것은 자신과 타인을 기분 좋게 만들고 자신과 타인의 의미를 느끼게 하며 건전한 정서와 지성을 갖추게 한다. 이 긍정적 인정자극으로부터 자신과 타인 모두 자타긍정의 인생태도에 이르게 한다.

부정적 인정자극은 자신이나 타인의 부정성을 유발시키는 자극으로 자신이나 타인이 지니고 있는 중대한 문제를 하찮은 일로 묵살해 버리거나 문제의 의미를 일부러 왜곡하는 것으로, 관심의 결핍이나 잘못된 관심에서 유발된다. 이것은 부정적인 인생태도를 유발하지만 인정자극이 없는 상태보다는 낫다.

(3) 조건적 인정자극과 무조건적 인정자극

조건적 인정자극은 특정의 행위에 대해서 하는 긍정적 또는 부정적 · 언어적 · 비언어적(신체적) 인정자극인 것이다. 장난치는 아이의 손을 때린다든지 나쁜 짓을 한 아이의 종아리를 때리는 것은 그 행위에 대해서 하는 조건적 · 부정적 · 신체적 인정자극이 된다.

무조건적 인정자극은 자신이나 타인의 존재 자체에 대해서 발신하는 것이다. "아빠는 너를 좋아한다."라고 말하거나, 아무 말도 안 하면서 살며시 안아 주는 것도 학생의 존재 자체를 인정하는 긍정적 무조건적 인정자극이다. 앞의 예는 언어적 무조건적 인정자극이고, 뒤의 예는 신체적인 무조건적 인정자극이라고 한다. 이 두 가지의 인정자극을 동시에 한다면 무조건적 긍정적인 신체적 언어적 인정자극이 된다. 반면에 '더 이상 말하기 싫다.', '그만하자.'라는 말은 무조건의 부정적인 언어적 인정자극이다.

표 4-1 스트로크의 유형별 특징

특징 \ 유형	신체적	언어적	조건적	무조건적
존재인지 (인간, 인식)	접촉에 의한 직접적 표현	말에 의한 간접적 표현	행위나 태도에 대해서 표현	존재나 인격에 대해서 표현
긍정적 (상대가 기분 좋게 느낀다.)	안아 준다. 손을 잡아 준다. 어깨를 쳐 준다.	칭찬과 격려의 말을 한다.	힘들었을 텐데 지각하지 않으려고 애써줘서 고마워. 참 잘한 일이야.	내 생애에 너희들을 만난 것이 가장 큰 행운이야.
부정적 (상대가 기분 나쁘게 느낀다.)	때린다. 꼬집는다. 걷어찬다.	겨우 이것밖에 못해. 넌 늘 이런 식이지 그럼 그렇지.	깨끗이 정리정돈 하지 않으면 안 된다. 그 태도가 뭐야.	우리 말하지 말자. 이 교실에서 나가.

2) 인정자극의 사례

(1) 인정자극 사례 연구 1(소아탈진증과 시설병-르네 스피츠)

미국의 국립아동병원 의사였던 르네 스피츠(Rene Spitz) 박사는 감옥에서 태어나 거리에 버려진 아이들을 돌보고 있었다. 그런데 아이들을 위생적인 환경에서 충분한 음식을 주면서 양육했음에도 불구하고 웬일인지 유아 사망률이 높았다. 그 원인을 밝혀내지 못해서 고민하고 있었다. 그런데 어느 해 겨울에 스피츠 박사가 멕시코에 휴양을 갔을 때

휴양지 근교의 고아원에서 예기치 않은 발견을 하게 되었다.

　그 고아원은 영양도 형편없고 비위생적이었음에도 불구하고 아이들의 눈빛이 빛나고 활달하며 건강 상태도 매우 좋았고 아이들이 울지 않음을 보게 되었다. 스피치 박사는 휴양을 중단하고 몇 달간 머물면서 밝혀낸 것은 바로 이웃 마을에 사는 여자들이 매일 와서 아기를 안아 주기도 하고 흔들의자에 앉혀서 이야기도 들려주고 노래도 불러준 것이 큰 요인이었다는 것이다. 스피츠 박사는 이 연구 결과를 발표한 『인생(삶)의 첫해(The First year of Life)』라는 책에서 접촉을 가진 아이는 건강하게 자랐다. 그러나 유모차에 피부 접촉 없이 자란 아이들은 점점 약해졌고 접촉의 결핍증 때문에 세포들이 죽어 갔다고 결론을 내렸다.

　아동 심리학자들은 "어떻게 사랑하고 어떻게 사랑받아야 할 것인가의 태도 형성은 유아기 때 결정된다."고 한다. 그것을 유아기 때의 피부접촉은 단순한 커뮤니케이션의 차원을 넘어선 사랑을 주고받은 행동이기 때문이라고 한다. 만약 신생아를 산모와 격리시켜 놓고 분유만 먹인다면 어떤 증상이 일어날까? 그런 환경에서 자라난 신생아들은 계속 울어대며 탈진되어 결국 죽게 된다고 한다. 이것이 르네 스피츠 박사가 이름을 붙인 소아탈진증(marasmus)인데 이병은 쓰다듬어 주는 것 이외에는 약이 없는 병이다. 동물들은 손이 없기 때문에 혀로 새끼의 온몸을 핥아 준다.

　이렇게 유아기 때 접촉이 결핍되면 많이 울거나 여러 가지 잔병을 앓게 된다. 아이들이 따뜻한 피부와 인정자극을 그리워하는 정도는 음식을 원하는 생리적 욕구보다 훨씬 강하다.

　르네 스피츠의 이 같은 연구가 바탕이 되어 사회복지학에서는 시설병(hospitalism)이라고 하며, 시설에 수용하지 말고 가정으로 돌려보내 적극적인 접촉을 갖도록 해야 한다는 이론이 나왔다(Stewart & Joines, 1987).

(2) 인정자극 사례 연구 2(영국 정부의 고아 양육 조사 결과)

　제2차 세계 대전 후 영국에서는 전쟁고아들이 너무 많아 더 이상 고아원 시설에 수용하는 것이 불가능해지자 고아들을 일반 가정에 입양시키게 되었다. 이 당시 영국은 각국에서 구호물자가 답지하고 영국 정부가 직접 지원을 해 주었기 때문에 일반 가정보다는 고아원이 먹을 것이 더 풍성하고 여유가 있었다. 얼마간 시간이 경과된 후 국가에서 입양한 아이와 고아원에서 수용한 아이에 대해 발육 상태 조사를 하였다. 국가에서는 당연히 먹을 것이 많고 충분한 영양식을 주었던 고아원의 아이들이 훨씬 그 상태가 나을 것이라고 생각했다. 그런데 결과는 정반대였다. 일반 가정에서 자라난 아이들이 더 키가 크고 몸무게가 더 나가며 건강했다.

소아과 및 정신과 의사들이 그 이유를 조사했다. 그 이유는 단 한 가지 병원이나 고아원에서는 손이 모자라기 때문에 젖 먹을 시간이 되면 젖병을 먹을 수 있는 자리에 꽂아 놓기만 하면 스스로 붙잡고 먹어야 하는 방식을 취한 데 반해 일반 가정에서는 먹는 것은 부실했으나 젖을 줄 때 눈을 맞대고 안고 먹였던 것이다. 이 조사를 통해 내린 결론은 '어린아이에게 진정으로 필요한 것은 엄마의 젖이 아니라 살과 살이 맞닿는 접촉이다.'라는 것이다(Stewart & Joines, 1987).

(3) 인정자극 사례 연구 3(부정적 인정자극의 딥스)

딥스(Dibs)는 부모가 직장생활을 하고 있었다. 아버지는 과학자였다. 딥스가 태어나기 이전에는 부부가 행복했었다. 그런데 예정에 없던 아이를 임신하게 되었다. 그러니 계획이 뒤죽박죽되었다. 어머니는 회임을 한스러워했다. 때문에 태중교육이 제대로 될 리가 없었다. 아이는 뱃속에서부터 부정적 인정자극을 받게 된다. 딥스는 태어날 때 모습이 아주 기묘했으며 살찌고 추했다. 꼴 사나운 살덩어리 같이 보였다. 그 순간부터 어머니는 거부 반응을 일으켰으며 아이를 포옹하면 아이가 몸을 꼿꼿이 세우고 울어버렸다.

어머니는 생리적 · 신체적 · 의학적 지식은 있으나 이 일을 제대로 하지 못하는 부모 자격이 부족한 상태였다. 딥스가 태어난 후 부부관계가 뜸해지기 시작했고 남편은 이전보다 집을 비우는 일이 많아졌다. 또한 신경이 날카로워졌다. 여섯 살에 지능지수는 68이었으며 정신적 발달이 지체되고 정신분열증을 일으켰다. 교류분석학자 토머스 해리스(Thomas Harris)는 사람이 인정자극이 없으면 심리적 죽음(psychological death)과 같다고 한다(Stewart & Joines, 1987).

(4) 인정자극 사례 연구 4(인큐베이터 아이들에 대한 접촉의 영향 연구)

미국의 사우스캐롤라이나 주립대학교 의과대학에서는 인큐베이터 속의 미숙아들을 대상으로 접촉 결핍증에 대한 임상 실험을 했다. 실험은 미숙아를 두 그룹으로 나누어서 한 그룹에는 매일 15분씩 4번에 걸쳐 피부 접촉을 해 주었다. 대신 음식량을 적게 주었고, 또 한 그룹은 음식을 더 주고 영양분도 충분히 공급해 준 대신 접촉을 하지 않았다. 1개월 후 두 그룹의 양육 상태를 비교해 본 결과 피부 접촉이 있었던 그룹 아이들의 몸무게가 훨씬 높았으며 접촉이 결여된 아이들은 병이 많고 불안해했으며 얼굴도 창백했고 심장의 박동과 호흡도 약하다는 사실을 밝혀냈다(Stewart & Joines, 1987).

4. 인정자극의 교환 수준

1) 인정자극의 질과 양

모처럼 만난 동료에게 "반갑습니다"라고 말을 걸었는데 "안녕!"의 한마디만 하고 지나친다면 "뭐, 저런 친구가 있어!" 하며 가벼운 흥분을 하게 된다. 그런데 왜 그와 같은 것이 마음에 걸리는지 자신도 알 수가 없다.

인정자극에는 '질'과 '양' 두 가지 면이 있다는 것을 알게 되면 왜 그랬는지를 이해할 수 있을 것이다. "반갑습니다. 어떠십니까?"라는 말은 두 개의 단원으로 성립되었다. 그런데 '안녕'은 한 단원의 인정자극으로 양이 부족한 것이다. 그리고 되돌아온 반응의 '질'이 나쁘다(정중하지 못하다). 상대의 질, 양이 모두 낮은 반응을 수용하는 순간 이 사람의 정신 에너지는 그때까지 NP 자아상태에서 순식간에 그것도 자신의 A 자아상태의 승낙 없이 CP 자아상태로 이동하므로 "뭐, 저런 녀석이 다 있어!"가 된 것이다. 즉, 질과 양이 모두 에누리(discount)된 것에 반응한 것이다.

인정자극을 되돌려 주는 데는 똑같은 양과 똑같은 질의 것을 그것도 타이밍이 좋은 반환이 아니면 안 된다. '사람은 거울'이라고 한다. 발신한 인정자극과 같은 것이 되돌아오지 않으면 '거울(원만한 인간관계)'의 역할을 할 수 없다. '네가 대접받고자 하는 대로 상대를 대접하라'는 것이 기본 원리이다.

직장의 상하관계, 동료 간의 인간관계, 가정에서의 부부, 부모 자식, 고부관계 등도 사소한 것을 소홀히 하거나 부족하다거나 인정자극의 교환이 서툴러서 이것이 반복되는 사이 축적된 데에서 문제가 될 때가 많이 있다. 사회생활에서도 상사나 손윗사람들로부터 인정자극을 받지 못하면 지각을 한다든지 결근을 한다든지 실수나 실패를 한다. 인정자극은 대개가 무상이지만 실제로는 이것을 하지 않는 또는 하지 못하는 상사가 많이 있다. 그것은 "명령이나 지시한 일을 시간 내에 지시한 대로 하는 것은 당연한 것이며 그래서 봉급을 주고 있지 않은가?"라고 생각하고 있을 것이다. "잘했군!", "수고했네, 고마워!"라고 질과 양과 타이밍이 맞는 인정자극이 상사로부터 없다면 에누리로 느끼게 될 것이다.

2) 인정자극 타이밍

"야! 내가 주문한 것 어떻게 됐어!"라고 고함을 친다. 배가 고픈 신사도 인정자극이 부족하면 마치 어린애와 같다.

식당에 손님이 오면 제일 먼저 본 종업원이 밝은 얼굴로 하는 "어서 오십시오."의 한마디가 우선 고객의 존재를 인정하는 것이 되며 재빨리 엽차를 서비스하면서 주문을 받는 것은 손님이 많은 때일수록 그 손님에게 유의하고 있다는 것을 보여 주는 행동이다. 이와 같은 행위로 존재를 인식 받는 고객은 마음 놓고 기다릴 수가 있다. 음식이 늦어질 때는 "잠시만 기다려 주십시오. 곧 해 올리겠습니다."라고 또 한 번 인정자극을 한다면 인정자극 부족에서 오는 소란은 없을 것이다.

이상과 같이 점포를 번영시키는 비결의 하나는 타이밍이 좋은 플러스의 인정자극을 할 수 있는지 여부에 달려 있다. 종업원들의 NP 자아상태가 고객의 FC 자아상태에 기분 좋은 에너지(OK감정)를 타이밍 좋게 주입할 수 있어야 하며, 지배인이나 주인은 스스로 종업원에게 풍부한 플러스의 인정자극을 줌으로써 그들의 NP 자아상태가 성장되어서 고객들을 맞이할 때 그들의 NP 자아상태는 활발하게 작용할 것이다.

5. 인정자극 주고받기

1) 인정자극의 교류

어떤 사람들은 시작은 긍정적으로 보이지만 끝은 부정적인 '톡 쏘아붙이기'를 하는 스트로크를 주는 버릇을 갖고 있다. "나는 당신이 이것을 이해한다는 것을 알 수 있어. 어느 정도 말이야.", "그건 멋진 코트야! 중고 상점에서 샀니?" 이와 같은 스트로크를 겉치레 스트로크(counterfeit strokes)라고 부른다. 그들이 비록 긍정적인 어떤 것을 주지만 다시 그것을 깎아내려 버린다.

또한 긍정적인 스트로크를 나누어 주며 매우 관대하지만 너무 불성실한 사람들이 있다. 이 사람은 방 건너 당신을 발견하고는 달려가서 강한 포옹으로 숨 막히게 할 것이다. 입이 찢어질 정도로 웃으며 그는 말한다. "오! 내가 여기에 와 있다니, 너무 감격적이군! 당신이 오니까 방이 정말 밝아졌어! 그리고 당신이 쓴 그 논문을 읽었다. 그 논문은 너무나 감명적이고 너무나 통찰력 있고…… 그렇게 내가 생각했다는 것을 당신은 알지.” 그리고 등등.

에릭 번(Eric Berne)은 이것을 마시멜로 던지기(marshmallow throwing)로 묘사하였다. 다른 저술가들은 이러한 불성실한 긍정적 스트로크를 묘사하기 위해 인위적(플라스틱) 스트로크(plastic strokes)라는 용어를 사용하였다.

그 반대의 극단에서 어떤 조그만 긍정적 스트로크를 주는 데도 어려움을 겪는 사람들도 있다. 이런 사람은 전형적으로 긍정적 스트로크가 결핍된 가정에서 나타난다. 문화적 배경 또한 한몫한다. 영국이나 스칸디나비아 출신의 사람은 긍정적인, 특히 긍정적인 신체적 스트로크에 인색한 것 같다. 긍정적 스트로크에 보다 관대한 라틴계나 카리브해 문화 출신의 사람들은 이러한 북부 사람들을 냉정하고 서먹서먹하다고 경험할 것이다. 스트로크가 일어날 때 우리 모두는 자신의 선호도(preference)를 갖는다. 나는 내 존재 자체에 대해서보다는 내가 하는 일에 대한 스트로크를 받기를 원한다. 당신은 무조건적인 스트로크를 더 좋아할지도 모른다. 당신이 약간의 부정적 스트로크에도 당황해하는 반면 아마도 나는 상당수의 부정적인 스트로크를 기꺼이 받아들인다. 내가 악수 이상으로 어떤 것에 어색해하는 데 반해 당신은 신체적 스트로크를 받는 것을 더 좋아할 것이다.

우리들 대부분은 우리가 얻는 데 익숙해져 있는 어떤 스트로크를 갖고 있다. 그러한 친숙함 때문에 우리는 이러한 스트로크의 가치를 제대로 평가하지 못하고 있는지도 모른다. 동시에 우리가 거의 얻지 못하는 다른 스트로크를 몰래 수신하기를 원할 것이다. 아마도 나는 총명하게 생각하는 나의 능력에 대해서 긍정적인 언어적 조건적 스트로크를 얻는 데 익숙해져 있을 것이다. 나는 이러한 스트로크를 아주 좋아하지만 하찮은 변화라고 여긴다. 내가 실제로 원하는 것은 “너 대단하게 보이는데!”라고 누군가가 내게 말하면서 나를 껴안는 것이다. 나는 심지어 한 걸음 더 나아가 내가 가장 필요로 하는 스트로크를 원하고 있다는 사실을 스스로에게 인정하지 않는다. 작은 아이였을 때 어머니가 나를 꼭 껴안아 주기를 원했지만 어머니는 거의 그렇게 해 주지 않았다고 생각해 보자. 이러한 고통을 덜기 위해 나는 포옹에 대한 갈망을 덮어서 가리려고 결심할 것이다. 성인일 때도 나는 내가 그렇게 하고 있다는 것을 의식하지 못한 채 이러한 전략을 계속한다. 나는 여전히 만족스럽지 못한 상태에 있는 스트로크를 갖고 싶어 하는 욕구를 스스로 인정하지 않으면서 신체적 스트로크를 피할 것이다.

TA 용어로서 모든 사람들은 선호하는 스트로크 지수(stroke quotient)를 가진다고 말한다. ‘상이한 사람에서 상이한 스트로크를’이라는 말은 이것을 달리 말하는 방식이다. 우리는 스트로크의 질을 객관적으로 측정될 수 없는 이유도 알고 있다. 당신에게 높은 질의 스트로크가 나에게는 낮은 질의 스트로크가 될 수 있는 것이다.

2) 인성자극 필터

누군가가 자기가 선호하는 스트로크 지수와 일치하지 않는 스트로크를 받게 될 때 그 사람은 그것을 무시하거나 하찮게 여길 것이다. 우리는 그 사람이 스트로크를 에누리하거나 걸러낸다(filter out)라고 말한다. 이렇게 볼 때, 당신은 그 사람이 스트로크를 받아들이는 방식에서 어느 정도의 부조화를 살펴볼 수 있다.

우리들 각자는 자신과 받고 있는 스트로크 사이에 스트로크 필터(stroke filter)를 가지고 있는 것과 같다. 우리는 선택적으로 스트로크를 걸러낸다. 우리는 선호하는 스트로크 지수와 일치하는 스트로크는 받아들이고, 그렇지 않은 스트로크는 받아들이지 않는다. 그러므로 스트로크 지수는 자신이 존재하고 있는 모습을 계속 유지하는 데 도움을 준다.

일부 사람들은 어린아이일 때 긍정적 스트로크가 부족하거나 신뢰할 수 없는 것이라고 결단하고 대신에 부정적인 것을 유지하기로 결심한다. 성인의 생활에서도 이들은 계속 긍정적인 것을 걸러내고 부정적인 것을 받아들인다.

이런 사람들은 회유보다 위협을 더 좋아한다. 칭찬을 받으면 그 칭찬을 에누리할 것이다.

> "나는 너의 머리카락이 좋아."
>
> "아! 예, 글쎄요. 때때로 머리를 씻는다는 것을 생각해야지요."

특별히 고통스러운 어린 시절을 보낸 사람들은 어떤 스트로크도 전혀 안전하게 받아들일 수 없다고 결단할 것이다. 이러한 사람들은 그들이 제공받은 모든 스트로크를 사실상 외면해 버릴 정도로 엄격해서 계속 스트로크 필터를 유지한다. 그렇게 함으로써 그들은 C 자아상태를 안전하게 유지하지만 성인으로서 정말 안전하게 얻을 수 있는 스트로크를 스스로에게서 빼앗아 버린다. 스트로크 필터를 개방하는 방법을 찾지 못한다면 그들은 폐쇄나 억압되는 상태로 끝나 버릴 것이다.

6. 관계 증진을 위한 인정자극 교환

1) 상호 긍정적 스트로크 교환

자신이나 타인 모두에 있어서 괴롭거나 슬프거나 쓸쓸함은 자신이 갈망하고 있는 인정자극을 자신은 타인에게 타인은 자신으로부터 얻을 수 없기 때문이다. 기분 좋은 자신과 타인관계를 가지려면 자신이 갈망하고 있는 스트로크를 타인으로부터 부여받고, 자신 또한 타인이 갈망하고 있는 스트로크를 아끼지 않고 주어야 한다. 자신과 타인관계에 있어서 에누리하지 않고 긍정적 인정자극을 풍부하게 교환하는 것이 바람직한 자신과 타인관계를 구축하는 기초가 된다.

2) 스트로크 경제법칙 타파

스타이너(Claude Steiner)가 주장한 스트로크 경제법칙은, 재산을 모으는 사람은 더욱더 풍부해지고, 가난한 자는 더욱더 가난해지는 일반 경제법칙이 인간 스트로크 교환에도 적용되고 있다는 것에서 착안한 것이다. 따라서 상호 간 원만한 관계를 구축하기 위해서는 다음의 다섯 가지 스트로크 경제법칙(stroke economy)을 타파해야 한다는 것이다.

이와 같은 스트로크 경제법칙은 아이가 어릴 적에 부모가 아이를 통제하는 방법으로써 이렇게 된다고 생각한다. 스트로크의 공급이 부족한 상태에 있는 아이들을 가르치면서 부모는 스트로크 독점가의 위치를 얻는다. 스트로크가 꼭 필요하다는 것을 알게 되면 어린아이는 재빨리 부모가 요구하는 방식대로 행동함으로써 스트로크를 얻는 법을 배운다. 성인일 때도 우리는 무의식적으로 여전히 다섯 가지 규칙을 따른다고 스타이너는 말한다. 그 결과 우리는 부분적인 스트로크 박탈 상태에서 삶을 살아 나간다. 우리는 여전히 공급이 부족하다고 믿는 스트로크를 얻기 위해 많은 에너지를 사용하고 있다.

우리의 자각성, 자발성과 친밀성을 되찾기 위해서 스타이너는 스트로크 교환에 관하여 부모들이 우리에게 강요하는 구속적인 기본 훈련을 거절할 필요가 있음을 강조한다. 그 대신에 우리는 스트로크가 무한히 공급될 수 있다는 것을 인식할 수 있다. 우리가 원할 때는 언제나 스트로크를 줄 수 있다. 우리가 아무리 많은 스트로크를 준다 하더라도 그것은 결코 끝이 없을 것이다. 우리는 스트로크가 필요할 때 자유롭게 그것을 요구할 수 있으며, 스트로크가 제공될 때는 그것을 받을 수 있다. 제공받은 스트로크를 좋아하지 않는다면 솔직히 거절할 수 있다. 그리고 우리는 자신에게 스트로크를 주는 것을 즐길 수 있다.

확실한 것은 우리들 대부분이 초기 어린 시절의 결단과 일치하도록 스트로크 교환을 제한하고 있다는 점이다. 이 결단들은 부모의 억압에 대한 유아 지각의 응답으로 이루어졌다. 성인이 되어 우리는 이러한 결단을 재평가할 수 있고 원한다면 그 결단을 바꿀 수 있다.

그러면 이 다섯 가지 법칙을 삶의 현장에 적용해서 어떻게 타파해야 하는지에 대해 예를 들어 정리해 보겠다.

① 주어야 하는 스트로크가 있어도 그것을 타인에게 주어서는 안 된다.
  → 주어야 하는 스트로크가 있으면 그것을 타인에게 주어라. (예: 동철이가 유리창을 깨끗이 닦아서 보기가 좋구나.)
② 원하는 스트로크를 타인에게 요구해서는 안 된다.
  → 원한다면 스트로크를 타인에게 요구해라. (예: 네가 엄마에게 예의 바르게 행동했으면 좋겠어. 할 수 있지.)
③ 원하는 스트로크가 와도 받아들여서는 안 된다.
  → 원하는 스트로크가 오면 받아들여라. (예: 현규야! 고맙다. 엄마를 그렇게까지 생각해 주니.)
④ 원하지 않는 스트로크가 왔을 때에는 그것을 거부해서는 안 된다.
  → 원하지 않는 스트로크가 왔을 때에는 그것을 거부해라. (예: 고맙지만, 이 일은 내가 할 일이니 너희들 할 일 해라.)
⑤ 자기 자신에게 스트로크를 주어서는 안 된다.
  → 자기 자신에게 스트로크를 주어라. (예: 이 정도면 나는 대단한 거야.)

7. 자기 스트로킹

1) 자기 스트로킹 이해

우리들 가운데 많은 사람들이 어린아이일 때 스타이너의 다섯 번째 규칙을 배웠다는 것은 의심의 여지가 없다. 즉, '자신에게 스트로크를 주지 마시오.'이다. 부모들은 우리들에게 말했다. "과시하지 마라! 자랑하는 것은 버릇없는 것이다!" 학교는 그 가르침을 계속했다. 반에서 1등을 했거나 운동회 날에는 상을 받았을 때, 다른 사람들이 얼마나 우리가 잘했는지를 말하는 것은 OK이었다. 그러나 우리 자신은 어깨를 으쓱거리며 조심성 있게 말하도록 기대되었다. "오, 그건 아무것도 아니에요."

성인이 되어 우리는 이러한 「순응한 어린이(AC)」 상태의 행동을 계속한다. 성인이 될 때까지 우리들 대부분은 스스로에게조차도 자기의 업적을 낮출 만큼 그 행동에 익숙해져 있다. 그렇게 함으로써 우리는 스트로크의 중요한 원천인 자기 스트로킹(self-stroking)을 제한한다. 우리는 언제든지 자신에게 스트로크를 할 수 있다.

2) 스트로크 은행

자기 스트로킹이 스트로크의 중요한 근원이기는 하지만 그것이 우리가 다른 사람으로부터 받는 스트로크를 결코 완전하게 대체하지 못한다. 그것은 마치 우리들 각자가 스트로크 은행을 가지고 있는 것과 같다.

우리가 누군가로부터 스트로크를 받을 때, 그것이 주어진 그 당시에만 그 스트로크를 받는 것이 아니라 우리는 자신의 스트로크 은행(stroke bank)에 즉시 그 기억을 저장한다.

후에 우리는 은행으로 되돌아가서 그 스트로크를 자기 스트로크로서 다시 사용할 수 있다.

그러나 이렇게 저장된 스트로크는 결국에는 그 효과를 상실한다. 다른 사람들로부터 새로운 스트로크를 받아 우리의 은행에 채워 넣어 마무리할 필요가 있다.

3) 인정자극 피드백의 효율성

우리는 긍정적 스트로크는 좋은 것이고 부정적인 스트로크는 나쁜 것이라고 가정하고 싶어 한다. TA의 문헌에서 이러한 가정이 종종 행해져 왔다. 사람들은 무한히 많은 긍정적이면서 더욱이 무조건적인 스트로크를 주고받도록 격려받아 왔다. 규정된 양의 긍정적 스트로크를 아이들에게 나누어 준다면 그 아이들은 OK로 자랄 것이라고 부모들은 충고 받아 왔다. 현실적으로 그 문제는 그리 간단하지 않다.

우리의 스트로크에 대한 욕구는 인정 기아(recognition-hunger)에 근거하고 있다는 것을 상기해 보자. 본래 인정은 하나의 스트로크이다. 우리가 '부정적인' 것으로 여기는 다른 사람의 모든 범위의 행동을 검열할 때 우리는 그 사람에게 단지 부분적인 인정만을 주는 것이다. 선택적인 양만큼의 무조건적으로 긍정적인 스트로크는 그 사람의 내적 경험과 일치하지 않을 수도 있다. 그래서 분명히 긍정적 스트로크로 둘러싸여 있으면서 이상하게도 스트로크 박탈감을 느낄지도 모른다(대중 속의 고독).

긍정적인 그리고 부정적인 조건적 스트로크 둘 다는 세상에 대해 배우는 방법으로써 사용되기 때문에 우리에게 중요하다. 이것은 우리의 어린 시절과 성인의 생활에서 사실이다.

성인으로서의 나에게 조건적 스트로크가 이와 동일한 신호 기능을 수행한다. 부정적으로 조건적인 것은 누군가가 내가 행동하고 있는 방식을 좋아하지 않는다는 것을 말해 준다. 그때 나는 그들이 좋아하도록 내 행동을 바꿀 것인지 아닌지를 스스로 선택할 수 있다. 긍정적으로 조건적인 것은 그 밖의 다른 사람이 내가 하고 있는 것을 좋아한다는 것을 신호하는 것이다. 긍정적으로 조건적인 스트로크를 받는 것은 내가 유능하다는 느낌을 갖도록 해 준다.

실제로 부모가 긍정적 스트로크의 모습으로만 항상 아이들을 양육할 때, 그 아이는 결국 긍정적인 것과 부정적인 것을 구별할 수 없게 된다는 몇몇 증거들이 있다. 이것은 그 후의 인생에서 일련의 문제가 될 수 있다. 다행히 대부분의 부모들은 긍정적인 것과 부정적인 것을 혼합하여 규칙을 정하여 실시하고 있다. 그래서 건강한 스트로크 지수는 긍정적인 것과 부정적인 것, 조건적인 것과 무조건적인 것 모두를 포함할 것이다.

이와 같이 잘못한 것에 대한 부정적인 것뿐만 아니라 잘한 것에 대한 긍정적인 것을 줌으로써 스트로크 피드백의 효율성을 향상시킬 수 있을 것이다. 대체로 우리가 자신에게 일관성 있게 좋다고 느끼려면 부정적인 것보다 긍정적인 스트로크가 더 필요하다.

8. 인정자극 분석

1) 인정자극 분석 연습

다음의 여러 가지 표현을 읽고 대화의 내용, 태도로부터 인정자극의 종류를 선택하고 해당되는 곳에 ○표를 써 넣어 주시오(표시가 두 개 이상임).

① "엄마는 선이가 있어서 행복해!"

② "안 돼! 또 망가뜨려서는……"라고 딱 때린다.

③ "이거…… 정말 고마워!"

④ 이유도 말하지 않고 거절한다.

⑤ "사랑해요."라고 말하면서 바싹 달라붙는다.

⑥ "심부름을 해줘서 고마워!"

⑦ "어서 오십시오."

⑧ "이제 회사를 그만둬."

⑨ 장난을 치다가 갑자기 얻어맞았다.

⑩ "안녕?"

⑪ "귀여운 아이구나!" 하며 머리를 쓰다듬는다.

⑫ "좋아! 지금이 찬스다."

⑬ "아! 꽃을 주어서 고마워."

⑭ "이번 일은 잘 되었구나!"

⑮ "나가 주세요."

⑯ 고향에 계신 어머니를 오랜만에 만나 강하게 끌어안았다.

⑰ "몇 번 이야기해야 알아듣겠어, 빨리 공부해!"

⑱ "죽일 테야!"라고 하면서 멱살을 잡는다.

⑲ "그런 행동을 보니 화가 나는구나."

⑳ 노인을 간호한다.

	①	②	③	④	⑤	⑥	⑦	⑧	⑨	⑩	⑪	⑫	⑬	⑭	⑮	⑯	⑰	⑱	⑲	⑳
긍																				
부																				
신																				
언																				
조																				
무																				

2) 스트로킹 프로파일(Stroking Profile)

얼마나 자주 긍·부정적 스트로크를 주고, 받고, 요구하고, 주는 것을 거부하는지에 대한 직관적인 평가를 위해 네 개의 각 열에 긍정적인 것은 중앙 축으로부터 위쪽에 부정적인 것은 중앙 축으로부터 아래쪽에 막대로 그린다(McKenna, 1974).

우리가 삶의 현장에서 얼마나 빈번히 스트로크를 주고, 스트로크가 제공되었을 때 그것을 받으며, 스트로크를 요구하고, 그리고 스트로크를 주기를 거부하는지에 대한 직관적인 평가를 표현하도록 네 개의 각 열에 막대를 그린다.

스트로크를 그릴 때 긍정적인 스트로크는 좋은 것이고 부정적 스트로크는 나쁜 것이라고 가정하고 싶어 하는데 사실은 그렇지 않다. 다행히 대부분의 사람들은 그들의 충동을 따르고 있고 긍정적인 것과 부정적인 것을 혼합하여 규칙을 정하여 실시하고 있다. 그래서 건강한 스트로크 지수는 긍정적인 것과 부정적인 것, 조건적인 것과 무조건적인 것 모두를 포함할 것이다. 잘못한 것에 대한 부정적인 것뿐만 아니라 잘한 것에 긍정적인 것을 줌으로써 스트로크 피드백의 효율성을 향상시킬 수 있을 것이다.

얼마나 자주 당신은 사람들에게 플러스 스트로크를 주는가?	얼마나 자주 당신은 플러스 스트로크를 받는가?	얼마나 자주 당신은 사람들에게 당신이 원하는 플러스 스트로크를 요구하는가?	얼마나 자주 당신은 타인이 기대하는 플러스 스트로크 주기를 거부하는가?
5			
4			
3			
2			
1			
0			
주기	받기	요구하기	주기를 거부하기
0			
1			
2			
3			
4			
5			
얼마나 자주 당신은 사람들에게 마이너스 스트로크를 주는가?	얼마나 자주 당신은 마이너스 스트로크를 받는가?	얼마나 자주 당신은 직접-간접으로 마이너스 스트로크를 요구하는가?	얼마나 자주 당신은 마이너스 스트로크 주기를 거부하는가?

제 **5** 장

무의식적 인생계획

1. 인생각본의 이해

1) 인생각본의 의미

인생각본이란 "어린 시절에 만들어지고, 부모에 의해 강화되며, 후속 사건에 의해 정당화되며, 양자택일 선택의 순간에 절정에 달하게 되는 무의식적 인생계획"을 말한다 (Berne, 1972).

이상과 같은 에릭 번이 정의한 인생각본을 구체적으로 살펴보겠다.

(1) 인생각본은 인생 설계이다

성인들의 생활 양식이 어린 시절의 경험에 의해 영향받는다는 것은 교류분석뿐만 아니라 다른 심리학적 접근에서도 중요한 개념이다. 교류분석 각본 이론의 특수성은 어린아이는 자신의 인생에 대해 단순하게 세상의 일반적 견해를 갖는 것이 아니라 독특한 설계를 세운다고 주장하는 데 있다. 각본은 프로그램이고, 프로그램은 따라야 할 계획이다. 이러한 생활 설계는 서막과 중막, 그리고 종막이 있는 드라마의 형태로 설계된다.

(2) 인생각본은 결말 지향적이다

각본 이론의 또 다른 특수한 주장은 인생(생활) 설계가 "결국 선택된 대안에 이른다"는 것이다. 어린아이가 자기의 인생 드라마를 쓸 때, 그 아이는 드라마의 필수적 부분으로서 결말 장면을 쓴다. 서막 장면 이후부터 써진 줄거리의 다른 모든 부분들은 이 마지막 장면을 끌어내기 위해 설계된다.

각본 이론의 종막 장면을 각본의 결말(pay-off)이라고 부른다. 성인으로서 우리가 자신의 각본을 연기할 때, 각본의 결말에 더 가까이 접근하게 될 행동을 무의식적으로 선택하게 된다. 즉, 무의식적 일방통행 양상을 띤 일정한 패턴으로 결말에 이르게 된다.

(3) 인생각본은 선택 결단적이다

에릭 번은 각본을 "어린 시절에 만들어진 인생 설계"라고 규정했다. 이는 어린아이가 생활 설계를 결정한다는 것을 말한다. 단지 부모와 같은 외부적 힘에 의해서나 환경에 의해서 결정되는 것이 아니다. 어린아이가 자신의 생존을 위해 무의식적으로 상황에 맞게 선택 결정한다. 우리는 이것을 '인생각본은 결단적'이라고 표현한다.

동일한 환경에서 자란 각각의 어린아이들조차도 상당히 다른 인생 설계를 결단할 수 있다는 것이다. 에릭 번은 어머니로부터 다음과 같은 말을 들은 두 명의 형제에 대한 이야기를 하고 있다. "너희들은 수용소에서 끝장이 날 거야." 그런데 형제 중 한 명은 정신병원 환자가 되었고, 다른 한 명은 정신과 의사가 되었다.

어린아이의 인생각본 '결단(decision)'은 어른의 의사 결정과 관련된 방식처럼 신중한 사고를 통해 형성되는 것은 아니다. 최초 결단은 느낌에서 비롯되며 어린아이가 말을 배우기 전에 이루어진다. 성인들이 사용하는 것과는 다른 종류의 현실 검증에 의존하고 있다.

(4) 인생각본은 부모에 의해 강화된다

부모가 아이의 각본을 결정할 수는 없지만 주요한 영향력을 행사할 수 있다. 유아 시절에 부모는 자신과 다른 사람들, 그리고 세계에 대한 결론을 형성하는 데 기본이 되는 메시지들을 주게 된다. 이 각본 메시지들은 언어적일 뿐만 아니라 비언어적이기도 하다. 그것들은 어린아이가 인생각본을 결단하는 데 영향을 주게 된다. 아이의 최초의 결단은 아직 가치적 판단의 P 자아나 현실적 판단의 A 자아가 발달되지 않는 시기 본능적 판단의 C 자아에 의해 무의식적으로 이루어진다.

(5) 각본을 '정당화'하기 위해 현실을 재정의된다

에릭 번이 각본은 "후속 사건에 의해 정당화된다."고 말했을 때 정당화라는 말에 따옴표를 붙이는 것이 더 나았을지도 모른다. 인생각본 결단을 정당화하는 것으로 보이도록 우리는 종종 우리의 준거 틀 속에서 현실을 해석하기도 한다. 우리가 이렇게 하는 것은 C 자아상태에서, 각본에 입각한 세계관에 대한 위협이거나, 우리의 욕구 충족을 위협하고 심지어는 우리의 생존까지 위협하는 것으로 받아들일지도 모르기 때문이다.

바꾸어 말하면, 각본은 부모의 영향하에서 발달하는데 부모 혹은 부모 대리인 사람들과의 사이에서 실제로 행해진 교류를 의미한다. 따라서 막연한 부모의 영향이라기보다는 어린 시절 어떤 때 어떤 확실한 형태로 체험한 부모-자녀 관계의 영향을 통해 인생각본이 만들어진다. 그러한 각본은 현재도 진행 중이며 지금도 계속 진전한다는 의미를 담고 있다. 동시에 일방통행 길을 달리고 있는 상황과 유사하다. 일단 거기에 들어가면 되돌릴 수 없게 되며 어떤 행동도 결말로 향하게 된다.

2) 인생각본 가정

왜 사람들은 자신과 타인들, 그리고 세상에 대해서 이러한 전면적인 유아의 결단으로 각본을 갖게 되는가? 이런 결단은 어떤 기능을 수행하는가? 그 대답은 첫째, 각본 결단은 종종 적대적이며, 심지어 인생을 위협하기까지 하는 것으로, 세상에 살아남기 위한 유아의 최선의 전략으로 나타난다. 둘째, 각본 결단은 유아의 정서와 현실 검증의 토대 위에서 이루어진다. 이렇게 형성된 각본은 반복 강박의 결과로 나타나고, 어린 시절 사건들을 반복하려는 경향성을 사람들이 지니고 있다는 것을 가정한다.

인생각본은 프로그램과 같은 것으로 따라야 할 계획이나 일정표가 있다는 것이다. 일정한 행동 양식, 프로젝트, 기획이 포함되어 있으며, 그들을 실시하는 방법도 나타내고 있다.

인생각본은 어떤 것들에 대한 인지 도식이 되어 있고, 비슷한 상황에서 자동적 사고가 되고 감정, 행동이 따른다. 따라서 각본은 지금 여기에서 있는 그대로를 볼 수 없게 한다.

3) 인생각본 분석 목적

일단 각본에 빠지게 되면(도입), 일방통행(전개), 어떤 행동도 결말을 향한다. 그러므로 자신의 부정적인 무의식적 삶의 대처방식을 점검할 필요가 있다. 인간은 가소성의 동물이다. 재결단을 통해 현재 어려움을 제거하고 미래의 어려움에 성공적으로 대처할 필요가 있다. 각본은 무의적으로 우리를 통제하고 그로 인해 잘못된 관점이 스트레스를 만들고 심리적 병리 현상과 신체화 증상을 갖게 한다.

각본 분석의 목적은 이러한 강박에서 사람들을 자유롭게 하고 현재의 상황에 맞는 새로운 활로를 찾아 살아가도록 하는 과제를 달성하는 데 있다.

교류분석에서는 우리들 인생을 하나의 드라마와 같은 것으로 파악하고 그 속에서 자신이 연출하고 있는 역할을 각본이라고 부르고 있다. 각본은 우리들이 어린 시절에 양친의 영향을 받아 발달하며 그 후의 인생 체험에 의하여 강화, 고정화된 인생 설계, 즉 청사진이다. 각본은 인생의 중요한 국면, 예를 들면 취학, 취업, 결혼의 선택, 죽는 방법 등의 행동을 결정할 정도로 강력한 것으로 우리들의 삶의 방식에 커다란 영향을 미친다. 각본을 분석함으로써 지금까지 숙명이라든가 운명이라고 체념하고 있던 것이 실은 자신이 무의식중에 강박적으로 연출하고 있던 드라마라는 것을 깨닫게 된다. 또 자신의 성격 형성 과정이 분명해지며, 인생 초기에 만들어진 기본적 태도 등에 대해서도 상세히 알 수 있다.

그렇게 함으로써 자신이 어떤 각본을 연출하고 있는가를 확인하고 지금까지의 비건설적인 각본을 고쳐 씀으로써 강박적인 각본의 지배를 벗어나서 참된 자신으로 살아갈 가능성을 충분히 살릴 수 있다.

2. 인생각본의 형성

1) 무대와 각본

인생을 한 편의 연극과 같다고 본다면 연극 속에 자신이 연출하고 있는 역할이 인생각본이다. 인생은 연극, 삶의 환경은 무대, 무의식적 삶의 대처 방식은 각본이 된 셈이다.

어린 시절 무의식중에 자신이 살아갈 이야기를 써 나간다. 4세까지 기본 줄거리를 결정 짓고 , 7세쯤 주요 내용을 완성시킨다. 그리고 계속 업데이트 시켜 수정한다. 어른이 되면 처음 부분은 거의 기억나지 않는다. 그러나 그때 쓴 이야기에 따라 무의식적으로 살아간다(Berne, 1970).

'귀염받는 사람은 귀염받을 짓만 골라 하고, 미움받는 사람은 미운 짓만 골라 한다.'라는 말이 있다. 이것은 어린 시절 짜여진 삶의 대처 방식을 반복적으로 쓰기 때문이다.

게스탈트 요법을 창시한 프레드릭 펄스(Frederik Perls)에 의하면 사람이 가지고 있는 무대는 공적인 무대와 사적인 무대가 있다고 한다. 공적인 무대는 실제 행위 하는 무대로써 제3자가 관찰 가능하다. 사적인 무대는 생각하는 무대로써 역할 연습을 하는 무대이다. 5세 이전의 어린아이는 장차 역할을 연습하는데 이것이 사적인 무대이다. 성인이 되어서 할 역할을 미리 리허설하는 것이다.

2) 인생은 같은 것을 반복

매일, 매주, 매월, 매년이 반복되듯이 때와 장소만 다를 뿐 같은 것의 반복이 인생의 대부분이다. 경험하지 않는 것은 말이나 행동으로 옮기기 어렵다. 예를 들면, 데자뷔 현상이나 매너리즘, 생활 속에 관성은 때와 장소만 다를 뿐 반복적인 현상이다. 이와 같은 과정에서 반복적인 경험은 각본 메시지를 전달하고 각본을 결단하게 되어 인생각본이 형성된다.

3) 인생각본의 기원

인생 초기 결단은 최초의 외상적 경험이나 양육자의 행동이나 접촉 방식인 스트로크의 질과 양에 따라 삶의 대처 방식이 형성하게 된다. 즉, 양육자와 대상관계를 통한 반복적인 일정한 패턴 자극은 표상을 형성하게 된다. 이러한 일정한 패턴의 자극은 뇌 신경세포에 기억 물질로 착상되고, 그리고 영구 기억으로 일정한 패턴을 형성한다.

인간의 대뇌는 생후 3개월 정도가 되면 성인과 같은 약 150억 개 정도의 신경세포가 만들어져 증감하지 않는 것이 특징이다. 뇌 세포는 외부의 자극이 반복되면 단백질 물질인 돌기(spine)들이 발달하여 그물망처럼 연결되는데 이때 이 연결 부위를 시냅스(synapse)라고 한다. 시냅스는 약 $0.02\mu m$ 정도의 간극을 이루고 여기에 기억이 저장된다. 뇌는 시냅스 숫자가 많을수록 발달된 뇌이다. 즉, 신경 연결망이 촘촘할수록 발달된 뇌가 된다. 어린 시절 아이는 반복적인 체험과 학습을 하면서 뇌의 시냅스에 각본으로 저장된다.

어린아이 입장에서 세상은 위험한 곳이고, 또한 상실감을 경험하면서 무의식적으로 살아남기 위한 최선의 삶의 대처 방식을 결단하게 된다. 어린아이는 아직 언어 습득 이전이기 때문에 느낌으로 받아들인다. 어린아이의 느낌에 대한 감각은 성인의 논리의 지각과 다르다. 예를 들면, 일관성 없는 엄마인 경우 '엄마는 믿을 수 없어'에서 출발하여 '여자는 믿을 수 없어', '세상은 믿을 수 없어'로 무의식중에 결단할 수 있다. 또는 부모에게 자주 거부를 당한 경우 '내게 뭔가 잘못된 것이 있어'에서 출발하여 '사람들은 나를 싫어한다'로 무의식중에 결단할 수도 있다는 것이다. 영유아기인 각본 형성기 양육의 질은 앞으로 살아갈 삶의 질을 좌우하게 된다.

4) 각본 형성의 원리

우리의 삶은 자극과 반응의 연속이다. 어린아이들은 외부의 자극(Stimulus)을 받아 의미 있는 체험이나 학습을 반복하게 된다. 이러한 체험이나 학습의 자극이 반복되면 아이는 기본적 태도와 감정적 태도를 무의식중에 결단하여 살아가면서 동인(Driver)이 되어 반응(Reaction)하게 된다. 반응은 동인이 원인이 되어 나타난다. 즉, S−D(S₁, R₁)−R 하게 된다. 과거의 일이 현재에 연결되어 행동에 영향을 준다.

양육자는 어린아이의 각본 결단에 지대한 영향을 준다. 과거의 일이지만 양육자의 잘못된 양육태도는 아이에게 외상적 경험이 되어 현재에 연결되기도 한다.

5) 각본의 고무밴드 효과

과거의 일이 그 사람의 C 자아에 숨겨져 있다가 현재에 연결되어 과거의 감정으로 돌아가게 하는 것이 고무밴드(rebber bend) 효과이다. 정신분석의 전이와 같은 효과로써 과거 느꼈던 감정을 다른 사람에게 옮기는 것이다. 예를 들면, 화를 내고 있는 상사의 얼굴이 어린 시절 성난 아버지 얼굴로 대체되는 현상이다.

이러한 고무밴드의 시작점은 부모, 형제, 자매, 조부모, 삼촌 같은 인물이나, 소리, 냄새, 특정 환경 등은 어린 시절 스트레스를 주었던 것이라면 시작점이 될 수 있다. 교류분석에서 추구하는 변화의 목표 중 하나가 고무줄을 끊는 것이다. 고무밴드나 전이는 자기의 각본을 실행하고 있는 것이다. 고무밴드 끊기가 되어야 현실 사람들과 진실하게 살 수 있다. 고무밴드를 끊는 방법은 지금 여기에서 재경험을 통해 벗어날 수 있다. 이미 일어났던 과거의 사실은 바꿀 수는 없다. 다만 느끼고 있는 감정의 정화를 통해 과거의 집착으로부터 자유로울 수가 있다.

6) 부모의 영향과 유아의 정보

(1) 부모의 영향

부모의 스트로크 방식인 언행은 어린아이 마음 형성에 깊이 관여된다. 어린아이는 한 점의 오염되지 않는 존재로 이 세상에 태어난다. 그리고 사람은 누구나 무한한 가능성을 가진 존재이다. 정신적인 승자인 왕자나 공주로 태어난다. 이러한 무한한 가능성을 가지고 태어난 왕자나 공주를 부모는 한정된 유형으로 편향, 우물 안 개구리로 만들어 가능성을 빼앗아 버린다. 그러나 다른 측면인 긍정적인 시각으로 보면 현실 적응을 시키는 부분도 있다.

(2) 유아기의 정보

이 시기 무분별하게 모으고 비축한 지식과 체험은 일생 거의 소거되지 않고 그 후의 인생에 영향을 미치게 된다. 유아기 정보는 인생각본의 기본적 정보원이다. 과거에 배운 것은 강화되기 쉽고 자각하지 않으면 수정되는 경우는 드물다. 유아기 정보는 인생에 있어서 삶의 대처 방식이 되어 생존과 욕구 충족의 방법으로 쓰게 되며 인생태도를 결정한다. 이러한 인생태도는 인생각본, 심리게임, 인정자극, 디스카운트, 시간의 구조화 등의 기반이 된다.

7) 어린이 자아의 형성

최초의 각본은 어린이 자아상태가 형성되면서 이루어진다. 세 가지 자아상태(P, A, C)인 마음의 형성 과정을 순차적으로 살펴보기로 하자. 최초의 자아상태는 자연스런 어린이(Natural Child)만 형성된 상태이다. NC에서 C_1인 신체적 어린이(Somatic Child)와 작은 교수(Little Professor)가 형성된다. 그 후 LP는 A_1으로 되고, A_1은 P_1(Magical Parent)으로 발달되어 C_2인 어린이 자아가 완성된다.

C_2인 어린이 자아 속에 있는 C_1, A_1, P_1는 각각 분화되어 세 가지 자아상태(P, A, C)인 마음이 완성된다. 즉, C_2는 세 가지 자아상태의 모체이다.

8) 인생각본의 성립

인생각본은 맨 처음 부모와의 이면 교류를 통해서 그 사람의 C 자아 속에 짜여진다. 아직 P 자아와 A 자아는 형성되기 전이다. 욕구를 충족하기 위한 각종의 경험과 부모의 금지령과 허용, 인생태도와 같은 비언어적인 자세에 의해 결정된다. 자신의 욕구 충족과 생존을 위해 부모와 관계 속에서 인생 초기의 결단에 의한 것이다.

파괴적인 각본은 부모의 미해결된 문제가 부모의 C 자아에서 아이의 C 자아로 전달된 3수준 금지령에 의한 것이다. 아이는 표면적인 말보다는 이면에 있는 부모의 기분 쪽을 더 강하게 느낀다.

9) 인생각본 메시지

(1) 각본 메시지 조성 환경

① 언어적·비언어적 메시지

어린아이가 지각하는 메시지들은 성인이 받아들이는 지각과는 다르다. 아이들은 언어 습득 이전에는 느낌에 의한 감각으로 받아들이기 때문에 성인의 논리적 감각과는 다르다.

언어를 배우기 이전인 어린아이는 비언어적 측면에서 사람들의 표정, 신체 긴장, 움직임, 어조, 냄새에 대한 민감한 지각을 가지고 있다. 이러한 지각으로 어린아이는 주로 비언어적인 측면에서 각본 메시지를 받게 된다. 부모는 가장 영향력 있는 존재이고, 가정 환경 또는 주위 환경도 언어적·비언어적 측면에서 반복되면 하나의 각본 메시지로 받아들인다.

어린아이가 언어를 이해하는 유년 시절에도 비언어적 의사 전달은 각본 메시지의 한 요소로써 여전히 중요하다. 또는 반복적으로 자주 들었던 말들도 언어적 메시지 형태로 각본 메시지가 된다.

② 모델링

모델링은 '~하는 법'이다. 어린아이는 사람들이 행동하는 방식에 대한 예리한 관찰자다. 부모나 가까운 사람들이, 상징적인 모델의 대상이 된다. 예를 들면, 어머니가 아버지와 싸우면서 눈물을 흘린다. 이후 아버지에게 사과를 받아 내는 모습을 관찰한다. 이러한 각본 메시지를 통해, 아이는 커서 같은 방법을 결단할 수도 있다.

③ 명령과 속성

명령과 속성은 언어적 형태로 전달되는 각본 메시지이다. 명령이 반복되면 직접적인 각본 메시지가 될 수 있다. 대부분의 부모들은 수많은 명령을 아이들에게 한다. 이러한 명령을 얼마나 자주 되풀이하는가와 또한 이러한 명령과 더불어 행해지는 비언어적 메시지가 영향을 준다. 예를 들면, 성공해야 한다. 열심히 노력해라, 서둘러라, 강해져라, 다른 사람들을 기쁘게 해라 등 이러한 명령은 자주 반복되면서 직접적인 각본 메시지가 된다.

속성은 어떤 존재인가에 대한 정의이다. 아이들은 평소에 어떤 존재인가에 대한 말을 자주 반복해서 듣게 된다. 속성들의 내용은 긍정적이거나 부정적일 수 있다. 속성의 내용에 따라 긍정적이거나 부정적인 각본 메시지가 전달된다. 예를 들면, 철수는 잘생겼어, 너는 귀여워, 영희는 어리석어 등 이러한 속성들의 반복적인 자극을 받음으로써 각본 메시지로 작동하게 된다.

또한 속성의 내용과 그 메시지에 따른 비언어적 신호에 따라 각본 메시지가 다르게 전달되기도 한다. 예를 들면, 때리면서 나쁜 놈 하는 것과 미소를 띠며 나쁜 놈 하는 것은 각본 메시지가 다르게 전달될 수 있다는 것이다.

속성은 때때로 간접적으로 전달되기도 한다. 아이가 말을 직접적으로 듣지 않고 간접적으로 반복해서 듣는 경우에도 각본 메시지가 될 수 있다. 예를 들면, 그 사람은 믿을 수가 없어, 민철이는 너무나 민감해, 영수는 착해 등 간접적으로 자주 반복해서 듣게 되면, 각본 메시지가 될 수 있다.

④ 외상적 경험과 반복적 경험

단 한 번의 경험이라도 큰 위협을 느꼈다면 외상적 경험(trauma)으로 각본 결단에 강력한 영향을 미치게 된다. 어린 시절 성적 학대를 받는 경우 이성에 대한 불신의 각본 메시지를 갖게 되거나, 양육자의 분리로 인한 외상적 경험은 누구도 믿을 수 없다는 강력한 각본 메시지로 작동하게 된다. 이러한 경우는 유일한 외상적 경험이지만 삶에 있어서 강력한 영향을 주게 된다.

대부분의 결단은 아이가 반복적으로 경험하는 각본 메시지에 대한 반응으로써 일정한 시기를 지나서 이루어진다. 예를 들면, 아이가 어머니에게 다가갔으나 어머니가 반복적으로 외면하는 각본 메시지를 받게 되면, 아이는 결단을 하게 된다. '어머니는 나를 가까이 하기를 원치 않아'라고, 결단한다. 그리고 어머니와 대상관계를 통해 무의식적으로 일반화하게 된다. '사람들은 나를 싫어한다'라고 결단할 수도 있다.

(2) 각본 메시지 형태

① 대항금지령

부모의 P 자아상태에서 아이의 P 자아상태로 전달된 메시지를 대항금지령이라 부르는데 그 이유는 이 메시지들이 금지명령에 반대하여 오는 것으로 생각하기 때문이다. 지금은 반드시 금지명령에 반대하는 메시지는 아니다. 중요한 형성기는 3~12세 사이에 언어적으로 주어진다.

금지명령에 대항하는 것과 같은 슬로건을 내걸면서 실제로는 각본의 진행에 가담한다. 아이로 하여금 대항각본을 가지게 하기 때문이다.

대항금지령은 양육적 어버이 자아상태(Nurturing Parent)에서 발신되는 교훈적이고 일반 사회에 통용되는 가치관으로 NP 메시지는 '훌륭한 사람이 되어라', '성공해라', '다른 사람을 기쁘게 해라' 등으로 긍정적인 드라이브나 스트레스 상황에서는 강박적 행동인 대항각본이 되면 부정적 상태가 되어 각본 진행에 가담하게 된다.

② 프로그램

행동 범례로 부모의 A 자아상태에서 아이의 A 자아상태로 전달되는 메시지이다. 각본을 어떻게 수행하는지에 대한 메시지로써 모델링(~하는 법)을 통해서 구체화된다. 보통 자녀들은 자신의 행동 모델을 동성 부모에게서 구하는 경향이 있다. 부모에게 인정을 받으려는 욕구나, 생존하기 위한 심리적·신체적 욕구에 합당하게 모델링을 한다.

③ 금지명령과 허용

부모의 C 자아상태에서 아이의 C 자아상태로 전달되는 메시지이다. 각본 형성의 근간을 이루는 메시지로 대항지령보다 먼저 이루어진다. 중요한 형성기는 출생~7세 사이 비언어적으로 주어진다. 성인이 되어서 C 자아상태에 저장 최종적인 운명을 지배한다. 금지령들 하나하나는 그것과 상응하는 허가(허용)를 가진다. 금지령은 '~안 된다'라는 의미이다. 이것과 상응하는 허가는 '~해도 좋다'라는 의미로써 금지령과 반대의 의미가 아니라 선택해도 좋다 라는 의미이다. 금지령이나 허가는 비언어적 이면 교류로 전달된다.

10) 인생각본의 장치와 법칙

(1) 인생각본의 장치

에릭 번은 각본을 일곱 가지 요소로 나누어 분석하였다. 그 전체를 각본 장치라고 한다. 각본 장치의 일곱 가지를 정리하고 사례를 들어 각본을 분석하겠다.

① 결말

당신이 인생을 어떤 형태로 끝나는가, 그 종언의 모습이다. 일반적으로 운명이라고 불리는 것이다. 어린 시절부터 초등학교에 들어가는 시기까지 부모로부터 몇 번이고 말한 저주와 같은 말, 예를 들면 '죽어라 이 녀석!', '변변치 못한 녀석!'과 같은 말은 장래 비극적인 결말을 초래할 가능성이 있다. 똑같이 과도한 체벌이나 학대 행위도, 성인기의 파괴적인 각본의 원천으로 될 수 있다. 이러한 아이의 심신 발달에 바람직하지 않은 부모와 자녀 간의 교류를 자녀 자신이 어떻게 받아들이는가 하는 것이 장래 어떤 결말을 맞이할까 하는 열쇠로 된다. 예를 들면, '죽어버려 이 녀석!'이라는 부모의 저주를 정면으로 받아들여 자녀가 '어쨌든 나는 없는 편이 좋은 것이다'라고 마음을 결심했다고 하면 인생 도중에 불행한 결말로 갈 가능성이 충분히 있다고 말해도 좋을 것이다.

② 금지령

일반적으로 금지령은 부모가 자녀에게 주는 명령 중 불공평하고 부정적인 의미를 가진 명령인 경우가 많다. 예를 들면, '불평을 말하는 것을 그만해!', '쓸데없는 것을 생각해선 안 돼!', '결코 손님 앞에서 웃어선 안 돼!'와 같은 것으로 거듭 반복하다 위반하면 벌을 주기도 한다. 성인이 되어서 C 자아상태에 저장 최종적인 운명을 지배한다. 또한 금지령은 대물림할 수도 있는데 이것을 초각본(episcript)이라고 한다. 그러나 금지령이 모두 부정적인 것만은 아니다. 승자각본에 기여하는 긍정적 금지령도 있다. 금지령들 하나하나는 그것과 상응하는 허가를 가진다.

금지령은 세 가지 수준의 금지령으로 구분된다.

제1수준 금지령은 사회적으로 인정받고 있는 온건한 것으로 승자각본에 기여하는 금지령이다. 예를 들자면, '너무 무리해서 탈내서는 안 돼.', 너무 큰 야망을 갖지 마라.' 등을 들 수가 있다.

제2수준 금지령은 평범하고 순응하는 각본에 기여하는 금지령이다. 예를 들자면, '이것을 아빠에게 보여서는 안 돼.', '입 다물고 말하지 마라.' 등을 들 수가 있다.

제3수준 금지령은 명확히 불합리한 내용을 가지고 타인에게 공포심을 주는 패자각본을 초래하는 금지령이다. 특히, 제3수준 금지령은 강력한 부정적 메시지로 부모의 해결되지 않는 부모 자신이 경험한 불안, 분노, 좌절, 불행감 등의 갈등이 비언어적 이면 교류로 전달된다(골딩의 12가지 금지령).

골딩(Goulding) 부부는 치료가로 일하면서 금지령을 경험하였다. 사람들은 부정적인 초기 결단을 하는 데 기초로써, 반복하여 12가지 금지령이 나타난 것을 알았다. 다음은 12가지 테마의 제3수준 금지령에 대해서 살펴보겠다.

- 존재해서는 안 된다.

  어린 시절 거절, 학대, 존재 무시와 같은 언동 등에서 메시지가 발신하며, 아이는 '내가 죽어 주겠어. 그렇게 하면 부모님은 나를 사랑해 줄 것임에 틀림없어.'라고 결단을 한다.

- 남자(여자)여서는 안 된다.

  부모가 바라지 않는 성으로 태어난 아이에게 발신하며, 아이는 성적 통일성 부정과 혼란의 인생으로 연결된다.

- 아이들처럼 즐거서는 안 된다.

  지나치게 엄격한 부모로부터 전달되는 메시지로, 아이는 '고통을 참고 견디어라.'는 결단을 하게 된다.

- 성장해서는 안 된다.

  보통 가족의 막내를 향해 발신한 경우이며, 아이는 '안전을 위해 부모로부터 떠나고 싶지 않다.'라는 결단을 하게 된다.

- 성공해서는 안 된다.

  실패가 주의를 환기시키며 길어질 때 발신되며, 아이는 '나는 어딘가 반드시 실수할 것이다.'라고 결단을 한다.

- 실행해서는(아무것도 하면) 안 된다.

  뭔가 하려고 하면 강력한 브레이크가 걸리는 사람에게 발신하며, 아이는 '다른 사람이 지시할 때까지 기다린다.'는 결단을 한다.

- 중요한 인물이 되어서는 안 된다.

  언제나 억압되어 자기주장이 허용되지 않은 가정에서 발신하며, 아이는 '다른 사람은 나보다 훌륭하다.'라는 결단을 하게 된다.

- 모두의 무리 속에 들어가선 안 된다.

  부모에게 엘리트 의식이 강하거나, 뭔가 소외감이 있거나 하여 가족이 고립된 생활방식을 하고 있는 경우 발신되며, 아이는 '나는 어디에도 소속되지 않는다.'라고 결단을 하게 된다.

- 사랑해서는 안 된다./신용해서는 안 된다.

친절한 애정 표현이 거의 보여지지 않는 가정에서 발신되며, 아이는 '사랑은 반드시 도중에 깨진다.', '타인을 절대로 신용해서 안 된다.'라는 결단을 하게 된다.

- 건강해서는 안 된다./제정신이어서는 안 된다.

　질병에 걸렸을 때만 부모로부터 귀염을 받는 체험이 전달되는 메시지이며, 아이는 '나는 다른 사람보다 약하다.'라고 결단을 하게 된다.

- 생각해서는 안 된다.

　아이들의 자연스런 호기심이 무시되는 가정에서 발신하며, 아이는 '생각하는 것은 위험하다.'라고 결단을 하게 된다.

- 자연스럽게 느껴서는 안 된다.

　희로애락의 자유로운 표현이 금지되는 경우, 가정이 너무 지적이어서 정서적 교류가 결핍된 경우에 발신되며, 아이는 '감정을 말로 표현해서는 안 된다.'라고 결단을 하게 된다.

다음은 제3수준 금지령 진단 분류표(최영일, 2018b)이다.

표 5-1　제3수준 금지령 진단 분류표

금지령(무의식)	발신된 환경	메시지(비언어적) 사례	성향
존재하지 마라. (생명을 소중히 여기지 마라.)	거절, 학대, 존재 무시, 같은 언동 등 환경에서 발신	너만 아니였으면…… 못난 놈.	자신의 몸이나 생명을 소중히 여기지 않은 경향
너 자신이 되지 마라. (여자/남자여서는 안 돼.)	부모가 원하지 않는 성으로 태어난 아이에게 발신	딸을 원했는데…… 아들 낳아 봤자 소용없어.	성적 혼란, 자신에 대해 자신감을 갖지 못함
즐기지 마라. (아이처럼 굴지 마라.)	지나치게 엄격한 부모로부터 발신	어른스럽게 행동해. 형이니까 울면 안 돼.	고지식, 융통성이 부족한 사람이 되는 경향
나를 떠나지 마라. (성장해서는 안 돼.)	과잉보호/과잉간섭하는 환경에서 발신	엄마가 다 해 줄게. 너는 시키는 대로 하면 돼.	자기가 결정 못하고 타인에게 자주 의존하는 성향
성공하지 마라. (성취하지 마라.)	실패한 결과만 주의를 환기시키는 환경에서 발신	꼭 중요한 순간에 망쳐. 그럴 줄 알았다.	추진력, 신념이 없고 자신감이 없어 실패하기 쉬운 사람

아무것도 하지 마라. (실행해서는 안 돼.)	뭔가 실행하려고만 하면 제동을 거는 환경	쟤하고 놀면 안 돼. 축구하면 안 돼! 다치니까.	적극성이 부족하고 타인의 의견을 따르는 순종적임
중요한 존재가 되지 마라. (나서지 마라.)	억압되어 자기주장이 허용되지 않는 환경에서 발신	어른이 말하면 듣고 있어. 참견하지 마라.	리더십이 부족하고 나서지 않고, 책임지려 하지 않음
함께하지 말라. (무리 속에 들어가지 안 돼.)	가족이 고립된 생활방식을 하고 있는 경우 발신	사람들은 귀찮게 해. 내 일에 간섭하지 마라.	공동체에 녹아들지 못하고 외톨이가 되기 쉬움
친해지지 마라. (사랑/신용해서는 안 돼.)	애정 표현이 거의 보이지 않는 가정환경에서 발신	타인에게 속을 보이면 안 돼. 예뻐하면 버릇이 없어져.	애정 표현, 자신의 생활이나 본심을 드러내지 못함
잘되려고 하지 마라. (건강하지/제정신이지 마라.)	문제가 있을 때나 질병에 걸릴 때만 관심 가진 환경	네가 아프니까 돌보지. 무슨 일이 있어야 봐 주지.	건강에 주의하지 않고 생활습관도 고치지 않음
생각하지 마라. (알려고 하지 마라.)	아이들의 자연스런 호기심이 무시되는 환경	잠자코 듣기나 해. 쓸데없는 생각하지 마라.	논리적·합리적·이성적으로 판단하기 어려움
감정을 느끼지 마라. (자연스럽게 느끼면 안 돼.)	자유스런 표현이 금지되거나 정서 교류가 결핍된 환경	참을성이 있어야지. 약한 모습 보이면 안 돼.	자신의 감정을 억누르고, 무감각하고 무관심함

③ 유발자극

당신을 결말로 모는 행동을 억지로 도발하는 작용이다. 구체적으로는 내심으로 악마같이 속삭이는 '어버이 자아'가 내는 소리이다. 예를 들면, 알코올 의존증 환자가 '좋지 않을까, 한 잔 정도 마셔도 아무 일도 없을 거야.' 또는 도박에 말려든 사람이 '손해 본 채 끝낼 건가, 다시 한번 소신껏 도박해 보자.'라고 하는 유혹의 속삭임이다.

④ 대항각본

얼핏 보아 금지령에 대항하는 것과 같은 슬로건을 내걸면서 실제로는 각본의 진행에 가담하는 작용을 말한다. 대항각본의 지령은 부모의 '양육적 어버이'에서 발신되는 매우 교훈적이고 상식적인 메시지로, 예를 들면 '착한 아이는 울지 않는 것이야', '쓸데없이 쓰지 말고 저축을 하라', '열심히 해라'이다. 어느 것도 자녀의 건전한 성장을 바라는 부모의 소리이다. 대항각본은 사회적으로 받기 좋은 삶의 태도를 연출한다.

⑤ 행동 범례(모델링)

부모의 '어른 자아'에서 자녀의 '어른 자아'로 향하여 보이는 행동 모델이다. 실제의 일상생활에 있어서 부모의 사고방식, 문제해결 방식에서 말로 묻는 태도, 돈을 버는 방법까지 구체적으로 어떻게 대항각본을 실천하는가를 나타내는, 이른바 프로그램이다. 예를 들면, 부친이 "여자는 여자답게 해야지."라고 딸에게 말하면 딸은 어떻게 하면 부친이 요구하는 바와 같은 여자다운 아이로 될까를 생각하고 그 모델을 모친 속에서 찾는다. 모친의 행동거지, 남자(부친)를 대하는 방식, 가사에 대처하는 방식, 손님 다루는 방식 등 실제의 방법을 배우고, 몸에 익혀 간다. 이같이 통상 자녀는 자신의 행동 모델을 동성의 부모에게 구하는 것이다.

⑥ 각본 충동

각본으로부터 탈출을 바라며 노력하고 있는 사람이 그 도중의 중요한 단계에서 완전히 역전 현상을 나타내며 그때까지의 태도 전체가 반전하고 마는 악마적인 작용이다. 예를 들면, 금주이건 다이어트이건 '자신의 몸을 중시하시오'라는 소리를 지키며 상당한 기간 성공을 거두고, 효과도 거두고 있기 때문에 '이만하면 좋지 않을까, 어디 마시고 보자!'라고 압박하는 것이다. 그래서 다시 본래의 각본으로 돌아가게 되는 것이다.

⑦ 내적 해방

금지령에서 해제되고 각본에서 자유롭게 되는 힘이다. 이상적으로 말하면 유능한 치료자와 만나서 지금까지의 생활방식의 조종 장치에 자각하고 각본을 연출하는 것이 아니고 본래의 자신을 살려도 좋은 것이라는 허가증을 얻을 때 당신은 자기 자신이 된다. 사람에 따라서는 특별한 일이나 시간을 거쳐 패자각본으로부터 해방되는 경우도 있다.

어느 세일즈맨의 각본 분석 사례

J씨에게는 정직은 없는데, 그는 그 지역에서도 손꼽을 정도의 세일즈맨이며, 판매 성적은 항상 톱클래스를 차지하고 있었다. 그런데 왠지 경제적으로 안정되지 않고 언제나 밑바닥에 가까운 생활 속에서 발버둥 치는 것이다. J씨 자신도 이 점에 대해서 몇 번이고 생각해 보았다고 한다.

그에 의하면 마차를 끄는 말처럼 열심히 일해서 수입이 점차 올라가면 '반드시'라고 해도 좋을 만큼 거기서 뭔가가 일어난다는 것이다. 그것은 마치 주기적으로 찾아오는 것 같다. 어느 때는 축하의 술을 사서 돌아오는 길에 중요한 서류를 분실하여 회사를 사직했다고 한다. 저번에는 어렴풋이 알고 있던 여성과 함께 살았는데(J씨는 부인이 질병으로 죽었다.), 그때까지 고분고분하던 장남이 반항하기 시작하면서 집안에 대소동이 일어났다.

그런데 불가사의한 것은 떨어질 때까지 떨어지면 J씨의 몸속에서 뭔가 힘이 끓어올라 순식간에 실패를 만회하고 다시 톱의 수익을 올리는 것이다. 이러한 반복이 확실히 생각나는 것만도 다섯 번은 있었다고 말한다. J씨는 내분비계의 질병을 갖고 있었지만 그 질병의 재발도 이같이 산통을 깨어 빈곤으로 돌아가는 도중에 언제나 일어나고 있다고 한다. 이 같은 반복 패턴에 대해서 이야기하면서 J씨는 "'본디(나쁜)의 상태로 돌아간다'라는 속담이 있는데, 나 같은 사람을 위해 만들어진 것이 아닐까?" 하고 자신을 나쁘게 말하는 조소를 하는 것이다.

다음으로 J씨의 생육사를 보기로 하자. 그의 어린 시절은 결코 행복했다고는 할 수 없을 것 같다. 세 살 때 어머니를 잃고 이후 친척 집을 전전했다. 먹는 것에는 모자람이 없었지만 어디에 가도 마음으로부터 사랑받는다는 기분을 맛볼 수가 없었다고 한다. 특히, 초등학교 시절을 보면 숙부의 집에서는 아침 일찍부터 일을 시켰지만 무엇을 해도 만족할 줄 모르고 언제나 "변변치 못한 녀석!"이라고 호통을 들었다. J씨는 왠지 아직도 이 소리가 뇌리에 박혀 있어서 무엇을 해도 결국 최후에는 실패하고 만다는 것이다. '나는 역시 쓸모없는 자이다'라고 자신에게 말을 걸지 않고는 끝나지 않는 것이라고 말한다.

J씨의 이야기를 듣고 있으면 어린 시절에 체험한 고독이나 소외를 견디는 감정을 반복하여 맛보기 위해 지금까지 살아온 것은 아닐까 하는 느낌을 받는다. 그러면 J씨의 케이스를 각본 장치에 입각해서 분석해 보기로 하자.

① 결말(종언, 운명): 본디로 돌아간다.
② 금지령: 자신을 중요시해서는 안 돼, 성공해서는 안 돼, 어디에도 소속해서는 안 돼.

③ 대항각본: 충분히 일해라, 정상급 세일즈맨으로 되어라, 돈을 모아라.

④ 프로그램(모델링): 일생 열심히 일해라(대항각본을 실천하기 위한 구체적 방법).

⑤ 유발자극: 이만큼 벌었으니 여유를 가지자(어버이 ⑨의 유혹).

⑥ 각본 충동: 남이 버는 것만큼 벌었으니까, 조금 즐겨볼까(어린이 ⓒ의 유혹).

⑦ 내적 해방: '쓸모없음'이란 자기상과 '본디 상태로 되돌아간다'라는 줄거리에 따라 강박적으로 살아간다. 이것에서 해방되는 것이다.

(2) 인생각본의 법칙

에릭 번은 최후의 저서 『안녕이라고 말한 후 뭐라고 말합니까?』 중에서 각본 법칙을 소개하고 있다. 각본인 것과 각본이 아닌 것(자율성)을 구분할 수 있다고 언급하고 있다. 각본은 앞에서도 다루었듯이 일정한 패턴의 일방통행으로 시작이 있고, 전개 과정과 결말로 순서에 따라 반복적인 형태를 띠고 있다. 반면에 각본이 아닌 것은 공식화할 수는 없지만 과거의 부모의 영향이나 환경의 영향에 의해 일정한 패턴화가 되어 있지 않는 것이다. 다음은 에릭 번의 인생각본의 법칙(Berne, 1970)을 구체적으로 살펴보겠다.

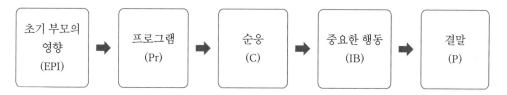

[그림 5-1] 에릭 번의 각본 법칙

- EPI(Early Parental Influence): 초기 부모의 영향으로 J씨의 예로 보면 모친이 그를 남기고 죽거나 숙부 부부로부터 차가운 대우를 받는 등 10세 정도까지 주어진 체험을 의미한다. 정신분석에서 말하는 인생 초기의 심적 외상 체험(trauma)이 여기에 해당한다.

- Pr(Program): 프로그램으로 J씨의 예로 보면 쓸데없는 역할을 연출하거나 돈을 몽땅 잃고 마는 등 패자각본의 연출을 한다.

- C(Compliance): 순응으로 주어진 각본 줄거리를 연출할 것을 승인하는 것을 말한다. 아무리 부모의 영향하에 인생 프로그램이 작성되어도 그것에 따르겠다는 결심이 서지 않으면 각본으로 되지 않는다. J씨는 '나는 틀림없이 쓸모없는 사람이다'라고 프

로그램에 따라서 행동하고 있었던 것이다.

- IB(Important Behavior): 중요한 행동으로 인생의 중요한 상황에 있어서 행동의 존재 방식을 의미한다. 구체적으로는 결혼, 직업, 육아, 죽는 방식 등에 나타난다. J씨의 예에서 보면 직장을 쉬는 적이 없고 아이를 기숙사에 맡기고 물건을 팔고, 일하지만 좀처럼 돈이 붙어 있지 않는 행동 양식을 한다.
- P(Pay off): 결말로 인생 설계의 마지막에 맞는 결단을 말하며, 운명의 최종 단계라고 할 수 있을 것 같다. J씨의 각본에서 상상하면, 무일푼으로 되돌려 자기멸시의 생각에 잠기거나 나아가서는 재기 불능인 데까지 건강을 해쳐서 어딘가 시설에서 고독한 인생을 마감한다는 형태로 될 것이다.

각본은 소위 자율성과 정반대의 의미를 갖는 것이라고 생각해도 좋다. 자율적인 사람도 물론 여러 가지 실패를 하지만 자신의 행동을 재고하고 그것을 수정하여 궁지에 빠지는 경우가 없도록 앞으로의 생활을 다시 세울 수가 있다. 그런 의미에서 자율적인 사람의 행동은 다시 바꿀 수가 있는 가역적이라고 할 수 있다. 각본의 지배하에 있는 사람은 상기 법칙에 붙들려 결말로 향해서 일방통행 식으로 달려가는 것이다. 즉, 다시 바꿀 수가 없는 불가역적인 행동 양식을 갖는 것이다. 그것은 실험실에서 길러지고 훈련받는 쥐와 비슷한 것이다. 쥐는 실험자가 마련한 조건반사의 프로그램대로 행동한다. 그것은 이미 야생 쥐하고는 크게 다르며, 일종의 자동화된 기계 같은 것이라고 할 수 있다. 각본에 따르는 사람도 이와 유사하다. 많은 경우 그 사람을 조작하는 것은 본인 마음속의 부모들이며, 본인도 또한 그들의 영향을 거부하고 스스로의 인생을 걸겠다는 결단을 하고 있지 않을 것이다.

(3) 각본 메시지와 각본 모형

최초의 각본은 유아기 주위 사건들에 의해 각본 메시지가 형성된다. 각본 메시지는 언어적 · 비언어적으로 또는 혼합해서 전달되고, 메시지는 명령과 속성 형태로 전달된다. 말을 배우기 전 유아기는 다른 사람들의 메시지를 비언어적 신호 측면에서 해석한다. 이와 같은 각본 메시지로는 대항지령, 금지령과 허용, 프로그램이 있다.

스타이너(Claude Steiner, 1861~1925)는 각본이 형성된 과정을 도식화하여 각본 모형을 고안했다. 이러한 도식화한 각본 모형은 각 개인의 각본에 깔려 있는 메시지들을 분석하는 표준 방법을 제공한다. 부모는 각자 자신의 세 가지 자아상태에서 각본 메시지를 전

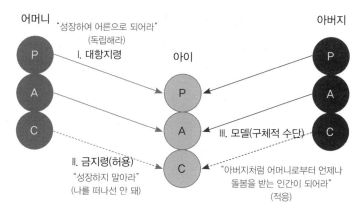

어머니　　"성장하여 어른으로 되어라"
　　　　　　(독립해라)
　　　　　　Ⅰ. 대항지령　　　아이

아버지

Ⅲ. 모델(구체적 수단)

Ⅱ. 금지령(허용)
"성장하지 말아라"
(나를 떠나선 안 돼)

"아버지처럼 어머니로부터 언제나
돌봄을 받는 인간이 되어라"
(적응)

[그림 5-2] 인생각본 모형

달하고, 아이는 이러한 메시지들을 받아 자신의 세 가지 자아상태에서 정리한다.

3. 축소각본

1) 축소각본의 이해

축소각본은 헤지스 캐퍼스(Hedges Capers)와 타이비 칼러(Taibi Kahler)가 1977년에 발표한 이론으로, 스트레스 상황에서 강력한 드라이버에 걸리면, "짧은 시간에 일어나는 일련의 강박적 행동패턴이며, 인생각본을 강화하는 것"이라고 정의하고 있다. 축소각본에 빠졌다는 것은 탓을 하는 것으로, 결국은 라켓 감정을 경험하게 된다. 이 축소각본은 드라이버(몰이꾼)라 불리는 일곱 가지 대항지령에 의하여 시작된다. 드라이버에는 '완벽하게 하라', '열심히 노력하라', '서두르라', '다른 사람을 기쁘게 하라', '강해지라', '꼭 이루어 내라', '주의하라' 등 대항지령 일곱 가지가 있다. 드라이버에 속박되어 있을 때에는 드라이버의 명령에 충실히 실행하는 한 나는 OK라고 믿고 있다. 그러나 현실적으로는 아무리 노력해도 드라이버의 요구를 충분히 채울 수가 없다고 느끼는 경우가 많다. 이 경우 현재 있는 그대로의 모습을 받아들이지 않고 '만약 ～이라면 OK'라는 사고방식으로 시작할 때, 강력한 드라이버에 걸리며, OK가 아닌 축소각본에 빠진다. 드라이버 자체는 좋은 평판과 좋은 인간관계를 형성하는 데 도움이 되나 스트레스 상황에서는 축소각본으로 이어져 라켓 감정을 경험하게 된다. 사람은 이 같은 경과를 밟아서 인생각본을 단

시간에 소규모로 재현하여, 자신의 각본을 강화한다. 축소각본은 항상 몰이꾼(Driver)으로 시작하지만 반드시 제지꾼(Stopper), 비난꾼(Blamer), 낙담꾼(Despairer)의 순서로 진행한다고 할 수는 없다. 예를 들면, 어떤 사람이 '타인에게 완벽하라'의 드라이버에서 제지꾼(Stopper)으로 이행하는 경우, 자신의 탓을 하며 부적절한 라켓 감정을 맛본다. 때로는 제지꾼(Stopper)의 입장에서 바로 낙담꾼(Despairer)의 입장으로 이행하여 절망감, 모든 것에 회의를 느끼며, 타인들로부터 존경을 받지 못한다는 감정을 갖는 경우도 있다.

2) 축소각본에서 벗어나기

이러한 축소각본에서 벗어나기 위해서는 드라이버 행동에서 벗어나야 한다. 각 드라이버는 그것과 상응하는 '허가자'라고 부르는 교정 수단이 있다. 드라이버와 상응하는 허가자의 예를 들어 보면, '완벽하게 하라'는 '당신은 있는 그대로 충분하다'로 허가를 줄 수 있으며, '다른 사람을 기쁘게 하라'는 '너 자신을 기쁘게 해라'로, '강해지라'는 '네가 원하는 것을 공개하고 표현하라'로, '열심히 노력하라'는 '그것을 그냥 해도 좋다'로, '서두르라'는 '너의 시간을 가져라'로 '꼭 이루어 내라'는 '자신에게 진솔하고 할 수 있는 만큼 해도 좋다'로 '주의하라'는 '솔직하게 개방하고 믿음을 가져도 좋다'로 허가자로 바꾼다.

허가자가 취하는 태도는 자발적 목표, 구체적 목표, 실현 가능한 목표를 지향한다. 자신의 생각이나 감정과 상대방의 생각이나 감정을 구별한다. 상대방의 기대가 지나치다면 자신에게 자유로이 해도 좋다고 허가를 부여한다. 즉, 있는 그대로 해도 좋다는 태도이다. 강력한 드라이버 행동에서 벗어나 각 드라이버에 상응하는 교정 수단인 해독제로써 허가자를 활용하여 축소각본에서 벗어난다.

4. CKDP 심리검사

1) 드라이버의 이해

드라이버(Driver)는 1970년대 초 임상심리학자인 타이비 칼러에 의해 발견되었다. 칼러와 그 동료들은 특정 각본행동이나 감정에 빠져들기 전에 일관성 있게 드러나는 일단의 행동들이 있다는 사실을 알게 되었고, 이 순간순간 드러나는 다섯 가지 행동을 '드라이버(Driver)'라고 불렀다. 지금 현재는 드라이버 종류를 일곱 가지로 보고 있다.

- PO (Please Others, 다른 사람들을 기쁘게 하라. −타인을 기분 좋게 하려고 한다.)
- TI (Take It, 꼭 이루어 내라. −반드시 이루어 내려고 한다.)
- BS (Be Strong, 강해지라. −욕구나 감정을 드려내지 않고 잘 견디려고 한다.)
- BC (Be Careful, 주의하라. −약점을 보이지 않기 위해 통제하려고 한다.)
- BP (Be Perfect, 완벽하게 하라. −정확하고 모범적으로 하려고 한다.)
- TH (Try Hard, 열심히 노력하라. −계속 부가적인 노력을 하려고 한다.)
- HU (Hurry Up, 서두르라. −신속하게 하려고 한다.)

　드라이버 형성과정을 보면, 인생 초기에 양육자의 어버이 자아상태 자극(대항지령)을 받아 의미 있는 체험을 하게 되고 반복되면 기본적이고 감정적인 태도를 형성한다. 아이는 수많은 대항지령 중에 선택하여 대항각본을 결단한다. 이러한 대항각본들을 집약하면 일곱 가지가 되는데, 이 일곱 가지를 드라이버라고 한다. 사람들은 누구나 일곱 가지 드라이버 행동을 다 나타낸다. 그러나 대부분의 사람은 가장 흔히 나타내는 한 가지의 드라이버를 가지고 있다. 이것은 상대방과 교류를 할 때 상대방이 보내는 자극에 대해 가장 먼저 나타내는 반응일 것이다. 이것을 그 사람이 가장 많이 활용한 1차 드라이버라고 한다. 1차 드라이버를 제외한 나머지 여섯 가지 드라이버도 개인마다 정도 차이가 있으나 모두 나타난다. 그 사람이 가장 활용하지 않는 드라이버가 7차 드라이버이다.

　드라이버는 사람마다 특정한 방식으로 행동하게 만드는 무의식적 내적 동인으로 충동적으로 따르려고 하기 때문에 몰이꾼이라고 한다.

　드라이버 자체는 좋은 평판과 좋은 인간관계를 형성하는 데 도움이 되며, 스트레스 상황에서는 도움이 되지 않는 강박적 행동인 축소각본으로 이어진다.

　사람들의 행동에 대한 통찰을 제공하며 일곱 가지 드라이버는 각각의 구별된 드라이버 행동을 수반한다. 드라이버 행동(말, 어조, 몸짓, 얼굴 표정, 태도)의 효과적인 탐색을 위해서는 드라이버 내용보다는 행동 과정에 중심을 두는 것이 중요하다. 드라이버를 통해서 한 개인의 각본에 효과적으로 개입할 수 있다.

2) CKDP 심리검사 이해

한국교류분석상담협회에서는 최영일 박사가 개발한 표준화 심리검사지인 CKDP 심리검사지를 활용하고 있다. CKDP 심리검사란 'Choe's Korean standard Driver Pattern'의 약자로 교류분석 이론 중 드라이버 행동에 의한 심리적 현상을 측정하기 위한 한국형 표준화 드라이버 검사이다. 이 검사지는 2013년 9월부터 2015년 7월까지 1년 10개월간에 걸쳐 전국 단위 23,100명을 표집하고 통계연구소에 의뢰 통계분석을 통해 개발된 교류분석이론에 의한 표준화 심리검사이다.

본 심리검사는 총 70문항으로 구성되어 있고, 개인의 드라이버 탐색을 통해 개인의 인생각본을 진단하여 상담, 심리치료, 의사소통 그리고 인간을 이해하는 데 효과적인 도구로 활용한다.

CKDP 심리검사 방법은 먼저 CKDP의 70문항 질문지를 통해 검사 결과를 응답지에 체크하고 각각 일곱 가지 드라이버 점수 합계를 낸다. 그리고 이 값을 CKDP 체크리스트에 꺾은선 그래프로 작성한다. 자신의 일곱 가지 드라이버 합계 점수 중 가장 높은 점수가 각각 1차, 2차 드라이버이며, 가장 낮은 점수가 7차 드라이버이다. 다음으로 한국 연령 성별 CKDP 규준 점수표를 참고로 자신의 전국 연령 성별에 따른 등급을 찾는다. 그 후에 다음 CKDP 심리검사 해설지에 의해 자신의 검사 결과를 중점적으로 해석한다.

CKDP 심리검사 해석 방법을 구체적으로 이 교재에서 다루기에는 제약이 따르므로 원하시는 독자들께서는 저희 한국교류분석상담협회에 문의 바라며, 교재는 2020년도 학지사에서 출판한 『교류분석과 CKDP 심리검사 사례분석』(최영일 외, 2020)을 참고하기 바란다. 다음은 CKDP 심리검사 해석 방법의 핵심 내용만 살펴보겠다.

3) CKDP 심리검사 해석

(1) CKDP 심리검사 해석 방법
① 드라이버에 따른 성격의 특성
② 드라이버 등급에 따른 성격의 기술
③ 주 드라이버와 2번 드라이버의 순기능과 역기능
④ 드라이버와 관계된 조기 결단과 부정적 인생태도와 경계
⑤ 드라이버에 따른 성격적응 유형과 반응

⑥ 드라이버에 따른 선호하는 의사소통 방식

⑦ 드라이버와 선호하는 적응 방식

⑧ 불건강할 때 전형적인 심리게임과 금지령 그리고 라켓

⑨ 드라이버에 따른 과정각본과 축소각본 그리고 허용

⑩ 드라이버에 따른 디스카운트와 상담의 쟁점

⑪ 드라이버와 양육 방식에 따른 오염과 치료의 핵심

(2) CKDP 심리검사에 의한 자기분석

CKDP 심리검사에 의한 자기분석 서식은 다음과 같다.

CKDP 심리검사에 의한 자기분석

검사일:

1. 나의 기본 정보

1) 고민거리 및 문제:

2) 행동 관찰:

3) 나의 자원:

4) 가족관계(3세대 가계도 및 자신 문제와 관계된 가족 성향, 특이 사항 기재):

5) 생태도:

2. 나의 검사 결과

Dr ＼ 구분	PO	TI	BS	BC	BP	TH	HU
점수							
순위							
등급							

체크리스트	해석

3. 드라이버에 따른 성격의 특성 및 기능

1) 드라이버에 따른 성격의 특성

Dr＼특성	성격 기술
1	
2	
7	

2) 1번과 2번 드라이버의 순기능과 역기능

Dr＼특성	기능
1	
2	

4. 1번과 2번 드라이버에 따른 성격특성과 해석

1) 드라이버에 따른 조기 결단과 부정적 인생태도와 경계

Dr＼특성	조기 결단	인생태도	경계	
			자기감	인간관계
1				
2				

• 나의 해석

　① 조기 결단:

② 인생태도:

③ 자기감 경계:

④ 인간관계 경계:

2) 드라이버에 따른 성격적응 유형과 반응

특성 Dr	성격적응 유형	양면성		타인에 대한 반응	문제 해결에 대한 반응
		긍정성	부정성		
1					
2					

• 나의 해석

① 성격적응 유형:

② 양면성:

③ 타인에 대한 반응:

④ 문제 해결에 대한 반응:

3) 드라이버에 따른 선호하는 의사소통 방식

특성 Dr	Ware의 의사소통 방식			Kahler의 의사소통 채널	
	개방문	표적문	함정문	채널	자아상태 기능
1					
2					

• 나의 해석

① Ware의 의사소통 방식:

② Kahler의 의사소통 방식:

4) 드라이버와 선호하는 적응 방식

특성 Dr	타인과 관계 맺는 방식	위협에 대한 반응	만족을 주는 시간구조화	실행적 · 생존적 적응
1				
2				

- 나의 해석

  ① 타인과 관계 맺는 방식:

  ② 위협에 대한 반응:

  ③ 시간 구조화의 선호:

  ④ 실행적 · 생존적 적응:

5) 불건강할 때 전형적인 심리게임과 금지령 그리고 라켓

Dr＼특성	심리게임	금지령	라켓
1			
2			

- 나의 해석

  ① 심리게임:

  ② 금지령:

  ③ 라켓:

6) 드라이버에 따른 과정각본과 축소각본 그리고 허용

Dr＼특성	과정각본	축소각본	허용
1			
2			

- 나의 해석

  ① 과정각본:

  ② 축소각본:

  ③ 허용:

7) 드라이버에 따른 디스카운트와 상담의 쟁점

Dr＼특성	전형적인 디스카운트	상담의 쟁점
1		
2		

• 나의 해석

　① 전형적인 디스카운트:

　② 상담의 쟁점:

8) 드라이버와 양육 방식에 따른 오염과 치료의 핵심

Dr＼특성	양육 방식	불건강할 때		문제점	치료의 핵심
		태도	자아상태		
1					
2					

• 나의 해석:

　① 양육 방식:

　② 불건강할 때:

　③ 문제점:

　④ 치료의 핵심

5. 총평

　① 현재 상태:

　② 개선 방안:

---

5. 인생각본의 종류

1) 승자각본과 패자각본

　생활방식으로서의 승자각본을 가지고 있는 사람과 패자각본을 가지고 있는 사람이 있다. 교류분석에서 승자라고 하는 경우는 자기가 선언한 목적을 성취하고 더 낫게 세상을 만드는 사람이다. 그러면 패자는 단순히 경쟁이나 전쟁에 진다는 것은 아니다. 스스로 선언하고 설정한 목적을 달성하지 못하고 끝날 때 패자라고 부르는 것이다. 그리고 승자도 패자도 아닌 평범한 각본도 있다. 평범한 각본은 매일매일 어떤 성취를 얻고자 하는 것도 아니고 손해도 보지 않으려고 하면서 살아가는 현실에 순응하는 사람이다. 여기서는 승자각본을 가지고 있는 사람과 패자각본을 가지고 있는 사람의 특징에 대해서 알아보도록 하자.

(1) 승자각본을 가지고 있는 사람의 특징

① 승자각본을 가지고 있는 사람은 자아존중감이 강하며, 자신이 많은 잠재 능력을 가지고 있다는 것을 알고 있다.

② 자신의 독특성을 이해하고 그것을 실현하며, 인간으로서 도리를 흥행에 두거나 체면을 유지하려고 하거나 다른 사람을 조종하는 데 사용하지 않는다.

③ 승자각본을 가지고 있는 사람은 사랑하고 있는 것과 사랑하는 체하는 것, 어리석은 것과 어리석은 체하는 것, 그리고 아는 것과 아는 체하는 것과의 차이를 자각하고 있다.

④ 승자각본의 사람은 가면 뒤에 숨지 않으며, 열등감이나 우월감이라는 비현실감인 자아상을 벗어던진다.

⑤ 적시성의 감각이 정확하여 그때그때 적절한 때 반응한다.

⑥ 이러한 사람은 지금 여기에서 시간을 소중하게 여기며, 인간으로서 자신의 과거를 알고 현재를 자각하며, 미래를 바라보면서 살아간다.

⑦ 자신의 감정과 한계를 이해하고 잘 활용할 줄 안다.

⑧ 타인들이 자신에게 무례할 때도 타인들에게 귀를 기울일 수 있다.

⑨ 승자각본의 사람은 자율적인 사람으로서 그들은 이미 고정된 방법으로 반응해야 한다고 생각하지 않고 필요하면 상황에 따라 그들의 계획을 변경시킬 줄 알며, 문제를 외면하지 않으며 관심과 동정하는 마음을 갖고 개선하려고 노력한다.

(2) 패자각본을 가지고 있는 사람의 특징

① 패자각본을 가지고 있는 사람은 자아존중감이 약하며, 진짜 행복과 가짜 행복을 구별하지 못한다.

② 개인으로서나 사회의 일원으로서도 신뢰받는 소질이 모자라며, 진실성을 품은 행동을 취하지 못하고 부당한 행동에 대해서 정당화하거나 궤변을 쓴다.

③ 현실의 자기를 체험하지 않고, 자신을 잘 알지 못하고 이렇게 있어야 할 것이라는

이미지가 지배하며, 진짜 자기를 표현하고 있지 않다. 지금 여기에서의 자기를 인식하지 못하고 끊임없이 과거나 미래에 얽매여 과거의 망상이나 미래의 환상에서 헤어나지 못한다.

④ 사이비의 겉모양을 내세우며, 그 가면을 유지하는 데 많은 에너지를 쏟는다.

⑤ 자신의 감정을 아는 것을 두려워하고 자신의 한계를 인정하지 않는다.

⑥ 성공해도 그것을 평가하지 않고 자신이 불안, 불행하다고 표현한다.

⑦ 미래 파국의 공포에 사로잡히고 동시에 마법과 같은 구제의 망상을 품으며, 현실을 인지하고 문제를 효과적으로 처리하려고 하지 않는다.

⑧ 자율적인 생활방식을 두려워하며, 다른 사람의 의견에 영향을 받기 쉬우며 자신의 생각을 갖지 않는다.

⑨ 자신의 생활방식을 책임지지 않으며, 다른 사람에게 크게 의존하거나 비굴한 태도를 취하고 다른 사람을 책망하고 자기를 변명하는 타벌적 자세를 연출한다.

⑩ 창조적인 행동을 할 수 없고 융통성이 없는 반응 양식을 반복하며, 자신이 선택한 길이 막혔을 때 다른 방식이 있다는 것을 깨닫지 못한다.

⑪ 다른 사람을 조작, 통제함으로써 자신의 안전을 얻으려고 하며, 상호 의존 관계를 두려워한다.

⑫ 사회 일반의 문제에 고립되고, 다른 사람이나 주위에 대하여 세심한 배려를 하지 않는다.

⑬ 인생을 즐기는 것을 알지 못하고 다른 사람의 성공을 기뻐하지 않으며, 다른 사람을 사랑하고 다른 사람으로부터 사랑받는 데 곤란을 느낀다.

지금까지 편의상 삶의 현장에서 각본에 따른 특징을 승자각본과 패자각본으로 나누어서 이분법으로 기술해 보았다. 확실히 삶의 현장에서 사람의 사고방식, 느낌 방식, 행동 방식에는 승자 그리고 패자의 각본이 보인다. 사람의 이러한 무의식적으로 형성된 각본은 하루아침에 변하지 않는다. 왜냐하면 오랜 시간에 거쳐 각본이 형성되었기 때문이다. 그러면 자신도 모르는 가운데 형성된 각본을 자율 각본으로 회복하고 증진시키기 위해 어떠한 노력이 필요할까? 한마디로 말하면 부단한 자기분석과 자기성찰과 자기통합이 필요하다.

2) 승자와 패자의 각본 진단

에릭 번은 승자를 "자기가 선언한 목적을 성취하는 사람"으로 정의하였다. 로버트 골딩(Robert Goulding)은 결과적으로 세상을 더 낫게 만드는 사람이라고 덧붙였다. 승리한다는 것은 선언한 목적이 편안하고 행복하게 그리고 부드럽게 이루어지는 것을 의미하지만, 반대로 패자는 선언한 목표를 성취하지 못하는 사람을 의미한다. 다시 말하면 그것은 단지 성취나 기타의 문제가 아니라 거기에 따르는 통합의 사고방식을 연출하느냐, 편집과 분열의 사고방식을 연출하느냐의 정도를 말하는 것이다. 평범한 각본은 항상 어떤 큰 승리를 얻고자 하는 것도 아니고 큰 손해도 보지 않으려고 하면서 살아가는 사람이다. 그는 위험을 겪지도 않는다.

승자, 순응자, 패자와 같은 각본에 대한 이런 분류는 단지 대략적인 것이다. 당신에게 순응자의 결말로 여겨지는 것이 나에게는 승자의 결말이 될 수도 있다. 나의 사회 집단에서는 받아들여질 수 없는 것이 당신에게는 긍정이 될 수 있다. 사실 우리들 대부분은 승자와 순응자 그리고 패자로 혼합된 각본을 결정한다. 어린 시절 나의 독특한 결단에서 아마 나는 정신노동에서 승자가 될 수도, 그리고 육체 활동에서는 순응자가, 인간관계에서는 패자가 될 수도 있다. 당신의 개인적인 결단들의 혼합은 완전히 다를 것이다. 가장 중요한 것은 어떤 각본이든 바꿀 수 있다는 것을 깨닫는 것이다. 나의 각본을 이해하게 됨으로써 나는 패자각본을 구성한 분야들을 알 수 있고 그것들을 승자 결단으로 바꿀 수 있다. 승자, 순응자, 패자의 분류는 과거에 대한 유용한 정보이다. 그것은 현재를 변화시키기 위한 가치 있는 지도를 나에게 제공해 준다.

6. 과정각본

1) 과정각본의 의미

과정각본의 여섯 가지 형태는 본래 에릭 번이 고안했다. 그 이후 타이비 칼러가 에릭 번의 분류를 일부 개정하여 제시하였다. 삶의 과정에 대한 사고방식의 패턴으로써, 사람들은 시간의 구조화 과정에서 과정각본을 무의식중에 쓴다. 과정각본은 보통 하나의 유형이 두드러지게 나타나지만 여러 가지 결합되어 나타나기도 한다.

이 각각의 과정은 고유한 주제를 가지고 있고 이 주제는 사람이 계속 자신의 각본을 유지하는 방식을 묘사하고 있다. 과정각본의 여섯 가지 형태는 다음과 같다.

2) 과정각본 유형

(1) '까지'식 각본
'……까지는 유보하겠다'는 각본으로, '좋은 것은 덜 좋은 것이 끝날 때까지 유보하겠다'라는 과정각본이다. 예를 들면, 철수는 자신에게 다짐한다. "좋아, 앞으로 여행을 많이 하고 살 거야, 그러나 내가 정년 할 때까지만 기다리자."라고 말했을 때 철수는 무의식적으로 이러한 과정각본에 있는 것이다.

만약 철수는 자신의 과정각본이 불편하다면 그것에서 벗어날 수 있다. 인격을 변화시키는 모든 것 가운데 교류분석은 실행이 가능한 것이며, 성취하기가 가장 쉬운 것 중의 하나이다. 자신의 주된 과정각본 유형이 무엇인가를 설정하여 시작하는 것이 필요하다. 일단 이런 통찰력을 가지면 철수는 'A 자아상태'의 통제를 간단히 실행하고 그 유형에서 벗어나는 방식으로 행동할 수 있다. 철수의 주된 과정각본 유형이 '까지'식이라면 앞으로 정년하기 전에도 계속 시간을 구조화해서 국내와 국외 여행을 동호인들과 즐겁게 지냄으로써 이 유형의 각본에서 벗어날 수 있다.

(2) '그 후'식 각본
'까지'식 과정각본 유형과 반대로써, 이 유형은 격조 높은 고기압으로 시작한다. 그 후에는 그 지점이 지나면 남아 있는 부분은 모두 저기압 상태를 유지한다는 유형이다. 예를 들면, S가 '오늘 즐겁게 보낼 수 있지만 내일 그것에 대한 대가를 지불해야 할 거야.'라고 생각한다면 S는 '그 후' 과정각본에 있는 것이다. 만약 S가 자신의 과정각본이 불편하다면 그것에서 벗어날 수 있다. '그 후'식 각본을 가진 사람에게 있어 과정각본으로부터 탈출은 계속 나아가 내일도 즐겁게 지낼 것을 먼저 결정하면서 오늘을 즐기는 것이다. 예를 들면, 만약 S가 동료 교사와 음주를 하고 있다면 즐거울 만큼 충분히 마시지만 다음 날 심한 두통으로 끝날 정도로 마시지 않는다.

(3) '결코'식 각본
이 유형은 '나는 내가 가장 원하는 것을 결코 얻을 수가 없어'라는 각본으로 언제나 배고프고 목마르다. 단지 어떤 노력을 하면 원하는 것을 얻을 수 있지만 그렇게 하지 않는다. 예를 들면, 영희는 어떤 사람과 좀 더 좋은 관계를 가지고 싶지만, 영희는 결코 방법을 알려고 하지 않는다. 만약 영희가 자신의 과정각본이 불편하다면 그것에서 벗어날 수 있다. '결코'식의 유형을 깨뜨리기 위해서는 자신이 무엇을 원하는가를 결정한다. 영희가 원하는 것을 가지기 위해 할 수 있는 특별한 일들을 열거한다. 그 후에 구체적으로 실천을 한다.

(4) '언제까지나(항상)'식 각본

이 과정각본 유형은 '왜 이런 일이 언제나 나에게 발생하지?'라고 묻는다. 즉, 결과는 항상 같게 계속 반복되는 유형이다. 예를 들면, 민수는 결혼을 하기 위해서 결혼 상대자를 찾고 있었다. 첫 번째 결혼 상대자는 조용하고 은둔적이며 매우 사교적이지 못한 남자였다. 민수는 그와 헤어졌고, 좀 더 활동적인 사람을 정말 원하기 때문이라고 친구에게 헤어진 이유를 말하였다. 그러나 민수가 곧 첫 번째 남자와 너무나 비슷한 성격을 가졌다고 보이는 다른 사람을 사귄다고 말하자 그 친구들은 놀랐다. 그 사귐도 오래 지속되지 않았다. 민수는 세 번째 남자를 사귀고 있으나 은둔적이고 조용하며 매우 활동적이지 못하여, 민수는 이미 자기 친구들에게 사귄 남자에 대하여 불평을 하고 있다. 만약 민수가 자신의 과정각본이 불편하다면 그것에서 벗어날 수 있다. 민수는 똑같은 실수를 되풀이할 필요가 없으며, 원하는 만남이 아니라면 처음부터 계속할 필요가 없다는 것을 이해해야 한다. 만약 원한다면 불만족스러운 관계에서 떠날 수 있으며 새로운 사람을 찾을 수 있다.

(5) '거의'식 각본

'거의'식은 '나는 그것을 거의 다 했어.'라고 말하는 유형으로 항상 완성하지 못하고 진행 중이다. 예를 들면, 선아는 친구에게서 책을 한 권 빌린다. 책을 돌려주면서 선아는 "책을 빌려줘서 고마워. 마지막 한 장을 빼고는 다 읽었어."라고 말한다. 선아가 자기 차를 청소할 때 선아는 빠뜨린 몇 군데의 진흙을 제외하고는 거의 깨끗하게 청소한다. 이와 같이 항상 완성하지 못하고 끝없이 진행선상에 있는 경우이다. 만약 선아가 자신의 과정각본이 불편하다면 그것에서 벗어날 수 있다. 선아는 자신이 하는 일을 완성한다고 확신함으로써 '거의'식 과정각본에서 빠져나올 수 있다. 만약 방을 청소한다면 완전하게 청소하고, 책을 읽고 있다면 모든 장을 읽는다. 또 어떤 일이 성취되었을 때 성취한 것에 대하여 스스로 칭찬하고 다른 목표로 출발한다.

(6) '무계획'식 각본

이 유형은 일단 시간 내 어떤 일을 성취하면 그 후에 무엇을 할지 모른다. 이 유형은 사건들이 변하는 분명한 분기점을 보여 주는 점에서 '까지'식 각본과 '그 후'식 각본과 비슷하다. 그러나 '무계획'식 각본을 가진 사람에게 있어 그 시점 후의 시간이란 단지 하나의 커다란 공백이다. 예를 들면, 경희는 회사에서 30년을 근무한 후 은퇴하였다. 이제 그는 특별한 여가를 기다렸다. 그러나 그는 그 여가를 즐기기보다는 이상하게 불편함을 느끼고 있다. 그는 무엇을 할 것인가? 시간을 어떻게 채울 것인가? 자신의 시간에 무엇을 할지 당황해하고 있다. 경희는 일단 은퇴 후에 다른 것을 알게 되기 전까지는 무엇을 할지 몰라서 허둥거린다. 만약 경희가 자신의 과정각본이 불편하다면 그것에서 벗어날 수 있

표 5-2 **과정각본의 요약**

시간 경과에 따른 각본 유형	관계된 드라이버	내용	성향
'그후'식	PO	오늘은 즐기지만 내일은 대가를 치러야 한다. 장래 생활에 불안해하는 사람 예) 결혼하고 나면 남은 것은 구속뿐이야.	불안, 근심 걱정, 의존, 과잉 반응, 충동적, 관계 중심
'항상'식	TH	자기 생각에만 잡혀 보다 나은 변화를 시도하지 않는다. 예) 왜 이런 일이 언제나 나에게 발생하지.	저항, 수동 공격적, 고집, 투쟁적, 탐색적
'까지'식	BP	어떤 것을 달성하기까지는 즐길 수 없다. 강박적·집착적 성향이 강하다. 예) 은퇴한 다음에나 여행을 해야지.	완벽주의, 과잉 성실, 사고의 경직, 의심
'결코'식	BS	내 욕구를 결코 실현시킬 수 없다는 생각으로 산다. 예) 내가 할 수 있을까? 생각해 볼게.	수동적, 타인과 거리를 둠, 부끄러움, 조용함
'거의 I, II'식	PO+TH PO+BP	PO+TH: 같은 일 반복 마무리 못함. PO+BP: 더 완벽을 찾아 마무리 못함. 예) 결과물이 곧 나와, 거의 다 했어.	불안, 수동적, 고집, 탐색적, 사고의 경직, 완벽주의
'무계획 (텅 빈)'식	PO+BP	삶에서 시간의 구조화를 못하며, 계획성 준비성이 없어 주도적인 삶을 살 수 없다. 예) 이것 안 되면 다른 것이나 하지 뭐.	의존적, 충동적, 의심, 사고의 경직, 태만

다. 이 유형에서 벗어나기 위해서는 경희는 미리 준비하고 설계를 해서 주도적인 삶을 살도록 한다.

다음은 시간 경과에 따른 과정각본 유형과 과정각본 축소판인 드라이버 관계 그리고 각 유형들의 성향을 요약한 표이다.

7. 인생각본과 병리적 현상

스타이너는 임상적 관점에서 인생각본에 의한 병리적 현상을 세 가지 기본형으로 분류했다. 각본은 우리를 통제하고 그로 인해 잘못된 관점이 스트레스를 만들고 번복되면 병리적 현상을 가져오게 한다.

1) 애정결핍형(억울형) 각본

교류 분석에서는 사람이 애정을 구하거나 그것을 주거나 하는 능력을 스트로크라는 개념으로 파악하고 있다. 스트로크란 '당신이 거기에 있다는 것을 알고 있다'고 하는 상대의 존재를 인정하는 각종 존재의 인지 자극, 즉 긍정적 · 부정적 · 조건적 · 무조건적 · 언어적 · 비언어적 자극을 말한다. 예를 들면, "안녕하십니까? 잘 되어 갑니다. 수고하셨습니다."와 같은 말을 거는 것은 상대를 인정한다는 것이기 때문에 상대는 좋게 느낀다. 이것을 플러스(+)스트로크라고 말한다.

스타이너에 의하면 억울형 각본의 지배하에 있는 사람들은 어린 시절부터 스트로크에 대해서 부모로부터 주어지는 다섯 가지의 금지령에 따르고 있다고 말한다.

'스트로크를 주어서는 안 돼', '스트로크를 구해서는 안 돼', '스트로크를 받아들여서는 안 돼', '갖고 싶지 않은 스트로크를 거부해서는 안 돼', '자신에게 스트로크를 주어서는 안 돼'

사람이 이들 금지령하에 있으면 만성적인 애정 기아의 상태에 빠지며, 자신이 관계하고 있는 사람들에게 플러스 스트로크를 줄 마음도 힘도 상실하고 만다. 그러면 상대방으로부터는 점차 스트로크가 오지 않는 것이다. 스타이너는 이것을 스트로크 경제의 법칙이라고 부르고 있다. 즉, 경제법칙과 유사하여 스트로크가 결핍한 사람은 점차 정신적으로 빈곤하게 되며, 그것에 충만해 있는 사람은 점차 정신적으로 풍요하게 된다는 것이다. 그런데 최근에는 다양한 방면에서 우울증 증상이 문제로 부각되고 있다. 성인의 자살이 증가하고 있는 점, 나아가서는 아이들에게까지 우울증이 나타나는 것이 보고되고 있다. 또 보통의 내과적인 질병을 취급하는 병원에는 불면이나 식욕 부진 등을 호소하는 소위 '우울증' 환자들이 증가하고 있다. 우울증의 증가와 더불어 심신의학은 그 원인의 규명과 치료법의 개발에 많은 공헌을 하고 있다. 여기서는 그들 연구나 정보 중에서 각본 분석에 관련된다고 생각되는 면을 검토해 보기로 한다.

우선 인생 초기(생후 6개월에서 1년)에 애정 박탈의 체험을 가진 사람이 많다고 하고 있다. 물론 이 같은 기억은 남지 않는 경우가 대부분이지만 아이는 신체적 레벨에서 '존재해서는 안 돼.' 혹은 '사랑받아서는 안 돼.', '사랑해서는 안 돼.'라는 금지령이 주어졌을 가능성이 충분히 있다.

또, 우울증은 자주 분리나 상실의 체험이 방아쇠가 되어 발병하는 것으로 알려져 있다. 하지만 본인은 그 상관을 의식하고 있지 않는 것이 보통이다. 다음으로 우울증 환자의 성격 경향으로서 집착 성격이나 강박 성격을 들 수 있다. 집착은 문자 그대로 '매달리다', '붙들고 늘어지다'는 경향으로 탐욕으로 스트로크를 구하고 있는 모습을 시사한다. 또 강박에는 강력한 비판적 어버이(CP)와 양가감정의 갈등이 포함되어 있다. 이들 경향은 우울증 환자의 대항각본과 금지령 사이에 큰 부조화가 있다는 것을 의미한다. 즉, 본인에게는 지칠 줄 모르는 스트로크 욕구가 있어서 대항각본(완전하게 하라, 근면하라)은 금지령(사랑받아서는 안 돼)도 이것을 지탱하지 못하는 것이다. 한국 문화적으로 말하면 '약간은 응석도 좋지 않을까?'라든지 '하여튼 대충해 두세요'와 같이 자신을 지탱하는 힘이 결여되어 있는 것이다.

이와 관련해서 우울증의 대항각본을 생각해 보기로 하자. 이것은 근면, 꼼꼼함, 책임감이 강하고 착실함과 같은 모습으로 나타난다. 그러나 이 라이프스타일이 본인을 몰아세워서 '인생을 즐겨서는 안 돼.'와 같은 식의 금지령을 도리어 활성화하고 마는 것이다. 우울증 환자의 행동 범례는 어떠할까? 착실함, 근면과 같은 행동 양식 외에 우울증인 사람은 자신만의 세계에 틀어박히는 경우가 곧잘 보인다. 여기에서 어린 시절에 부모 자신의 생활 태도 중에 비슷한 행동 양식이 보이는 것은 아닐까 하고 추측한다. 실제 많은 우울증인 사람의 이야기를 들어보면 어린 시절에 부모는 일 중심인 사람이고 친밀한 정서적 교류를 갖지 못했다고 한다. 또 다스리기 어려운 우울증 환자의 배우자에게는 강하고 단단한 성격의 사람이 많다는 것이 알려져 있다.

교류 분석적으로 이것은 비판적 어버이(CP)가 높고 양육적 어버이(NP)가 낮은 사람이라고 할 수 있다. 원래 우울증은 어머니와의 일체감을 구하는 병이기 때문에 부모나 배우자와도 몰래 동일화하고 그들과 비슷한 행동을 취하게 되는 것이라고 생각된다.

2) 사고결여형(정신장애형) 각본

우리 인생의 불행이나 비극은 사실을 올바르게 관찰하고 적절한 판단을 내리는 노력을 게을리하는 데서 생긴다. 과거 독일이나 일본이 일으킨 전쟁은 그 대표적인 예라고 할 수 있다.

개인의 인생에 있어서는 똑같은 것이 일어날 수 있다. 예를 들면, 최근 직장의 정신건강 문제가 주목받고 있는데, 거기에서의 적응 곤란에는 당사자의 반응 방식이 관계되어 있다. 어떤 사람은 직장에서는 전혀 문제되지 않는데 자신의 직무 내용이 나쁘다고 굳게 믿어 '잘될 수 없으므로 배치 전환시켜 주기 바란다'고 호소하는 것이다. 이것을 정면으로 받아들여 인사이동을 행하면 당사자의 인생에 중대한 영향을 미치게 된다. 그러나 이와는 반대로 직장에서 대부분의 사람이 어떤 사람을 어떻게 취급하고 있는가가 원인이 되어 결과를 낳기 때문에 해당된 본인은 전혀 그것을 알아차리지 못하고 더구나 누군가가 지적하려고 하면 '나만 부당하게 취급받는다'고 대드는 케이스도 있다.

스타이너는 이러한 노이로제나 자기 통제가 될 수 없는 사람들, 혹은 실제로 이성의 작용에 장애를 받아서 정신장애자로 되는 사람들의 각본을 연구하고, 거기에 사고나 판단력에 대한 금지령이 작용하고 있는 것을 알아차리게 되었다. 그는 특히 우리들의 합리적 사고와 직관력이 에누리와 허언이라는 두 가지 요인에 의해서 방해받는다고 주장하고 있다.

에누리는 상대의 직관이나 생각을 그대로 인정하지 않고 그보다도 가치를 낮게 평가하는 것을 말한다. 에누리를 구체적인 교류 양식으로 보면, 스타이너는 다음 세 가지 타입의 에누리에 대해서 기술하고 있다. 즉, 직관의 에누리, 개인적 감정의 에누리, 합리적 판단의 에누리이다. 아이가 본능적으로 생각한다든가 호소할 때에 그것을 무시하는 반응을 계속 나타내면 아이의 직감력은 점차 둔화되며, 이윽고 성인이 된 후, 때로는 살아가는 데 필요한 직관력이나 판단력을 사용할 수 없게 된다. 이것이 직관을 에누리한 경우의 예이다.

개인적 감정의 에누리 예로서는 "우는 아이는 싫어!"라고 꾸짖고 아이의 자연스런 감정 표현을 무시하거나 거부하거나 하는 경우이다. 그 결과 행동과 감정의 해리가 생기며, 자기 자신을 미숙하고 감정적인 인간으로 보게 되거나, 나아가 그 양쪽 반응을 몸에 붙이기 위해 혼란과 불안으로 가득 찬 사람이 만들어진다.

세 번째 합리적 판단의 에누리 중 대표적인 것은 아이가 부모를 잘 관찰하고 적절한 비판을 내림으로 도리어 부모의 마음을 거슬리는 것과 같은 체험이다. "두 번 다시 그런 건방진 말을 해 봐라. 다시 집에 들이지 않을 거야."와 같은 부모의 반응에 접하고 아이는 '더 이상 생각하는 것은 위험하다', '더 이상 생각하는 것을 중지하자'라는 마음으로 되는 것이다. 또한 다양한 가정 내외에서 생기는 트러블은 '양친이 어떻게 해결하는가, 일상생활에서 양친이 텔레비전을 끄고 어느 정도 책을 읽을까, 혹은 부모가 어떤 술을 어떻게 마실까'와 같은 것도 생각해서는 안 돼.'라는 금지령의 내용에 영향을 미치는 것이라고 생각된다.

스타이너는 아이에 대하여 진실을 왜곡하거나 그것을 숨기거나 하는 것은 에누리와 똑같은 정도로 바람직하지 않은 영향을 미친다고 한다. 이 같은 허언에는 크리스마스이브에 산타클로스가 온다는 습관적인 것에서, 텔레비전 세일즈맨의 판매 촉진, 나아가서는 부모나 교사의 언행 불일치와 같은 도덕적인 것까지 폭넓은 내용이 포함된다.

아이는 성장하여 사회인으로 되는 사이에 최종적으로는 윗사람에게 거짓말을 하며, 또 사람들로부터 거짓말을 하는 능력을 몸에 붙여가게 된다. 이 같은 거짓말에는 다음 세 가지의 요소가 포함되게 된다. 첫째, 의도적인 행위로서 거짓말을 한다. 둘째, 올바르지 못한 진술을 한다. 셋째, 올바른 진술을 생략하고 잘못된 인상을 수정하지 않는다.

허언과 비밀은 사고장애형 각본에 중요한 영향을 가져다준다는 것이 스타이너의 주장이며, 어린 시절부터 진실을 둘러싸고 부모-자녀 간에 교류의 혼란이 많을 때, 일종의 조현증이나 망상병이 생긴다고 한다.

정신장애형 각본이 사물마다 '올바르게 생각해서는 안 돼.'라는 금지령하에 있다는 점을 여기서 더욱 조금씩 살펴보기로 하자. 이것은 정신분석 관점에서 보면 자아의 현실 검토 기능이 왜곡되어 있거나 불완전한 것을 의미하며, 개인 자신이 내면의 세계에서 무엇이 일어나고 있는가, 외면의 세계 사람들과의 관계가 어떻게 되어 있는가를 올바르게 이해할 수 없는 상태라고 할 수 있다. 즉, 자신을 둘러싼 내적·외적 상황이 잘 이해되고 있지 않은 모습인 것이다.

3) 기쁨결여형(약물의존형) 각본

알코올이나 각종 약물에 과도하게 의존하는 인생이 얼마나 비참한 결말을 초래하는가 하는 것은 임상 체험은 물론 나날의 매스컴 정보에 의해서도 너무나 명확한 사실이다. 스타이너는 이 현상을 기본적 각본형의 하나로 생각했다. 그는 특히 약물 의존자에게 쾌락 체험을 구하는 경향이 있다는 점에 주목하고, 이것이 어린 시절부터 자연스런 정서나 신체 감각을 느끼는 것을 방해하는 금지령과 관계가 있다고 하여 세 번째의 기본적 각본으로 분류하고 있다.

스타이너에 의하면 심신 양면에 걸친 '느끼지 마.'라는 금지령은 옛날부터 서구 사회를 지배하는 '쾌락은 악, 기쁨은 죄'라는 사고방식에 뿌리를 가지며, 아이의 정서 표현을 과도하게 금지하거나 통제하거나 하는 가정교육을 통하여 발신된다는 것이다. 특히, 작금의 지성 편중의 교육은 감각과 의식의 관계를 끊고 시각이나 청각 등의 감각 기관의 작용을 대폭 제한하고 있다. 젊은 청년이 귀를 찢는 듯한 뮤직 쇼에 열광하는 것도 이러한 정동의 해리 상태를 때려 부수려고 하는 시도로 나타나는 것이라고 기술하고 있다.

약물의존은 위험하다는 경고에도 불구하고 왜 사람은 자기 파괴로 돌진할까? 여기에 각본이 관여한다. 신체 감각의 쾌감을 억제해 버린 사람들이 약물의 힘으로 그것을 맛보려고 쾌락 추구와 자기 처벌 사이의 악순환에 빠진다. 약물에 의해서 일시적으로나마 기쁨을 느끼고자 하는 것이다.

지금까지 스타이너가 제안한 임상적 관점에서 인생각본과 병리적 현상에 관해서 살펴보았다. 인생각본이 어떠한 과정에서 병리적 현상을 가져오게 하였는지 이해할 수 있었다. 어린 시절 불건강한 금지령으로 인하여 성인이 되어서 이러한 병리적 현상이 발생할 수 있는 것이다. 〈표 5-3〉은 인생각본에 의한 병리적 현상 세 가지 기본형을 요약한 것이다.

표 5-3 인생각본에 의한 병리적 현상 세 가지 기본형 요약

유형	금지령	성향	병리적 현상
애정결핍형 (억울형)	스트로크 금지령	애착 형성 어려움	우울증, 애착장애, 불안장애, 화병 등
사고결여형 (정신 장애형)	사고 판단을 둘러싼 금지령	합리적 사고 어려움	조현증, 강박장애, 신경발달장애 등
약물의존형 (기쁨 결여형)	정서나 신체감각 표현 금지령	즐기기 어려움	물질 관련 장애, 섭식장애, 성 관련 장애 등

8. 임패스

임패스(Impasse)란 길이 막힘, 혼돈, 진퇴양난, 갈등이란 의미로, 골딩 부부(R. Goulding & M. Goulding)에 의하면 마음속 갈등 상황에는 세 가지 정도가 있다고 보았다. 교류분석의 재결단학파에서는 개인의 심리적 증상이나 문제를 진단하는 데 임패스의 정도를 판단 기준으로 내렸다.

1) 제1유형 임패스

제1유형 임패스는 주로 아동기 이후에 부모의 대항지령에 대한 반항으로 아이의 P 자아와 C 자아 사이에 교착 상태를 말한다. 이 경우 해결 방안은 최근 재결단 작업으로, 최영일 박사에 의해 재개발된 'PAC 심상대화치료 기법'을 활용할 수 있다. 이 치료기법은 한 사람이 세 자아상태 역할을 하는 일인극(monodrama)으로 3막을 시연한다. 이 과정에서 아이의 P 자아와 C 자아 사이에 교착 상태인 임패스 상황이 해소되면서, 자신의 C 자아가 재결단함으로써 트라우마에서 벗어날 수 있다.

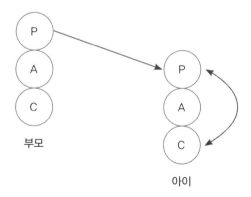

[그림 5-3] 제1유형 임패스

2) 제2유형 임패스

제2유형 임패스는 주로 아동기 때, 부모의 금지령에 대한 반항으로 C 자아 내부에 P_1과 C_1 사이 갈등이 보이는 경우이다. 제2유형의 임패스 또한 해결하기 위해서 'PAC 심상대

168

화치료 기법'을 활용할 수 있다. 아이의 C 자아상태에서 퇴행 작업을 통해 어릴 때에 있었던 어떤 구체적인 장면을 재연 'PAC 심상대화치료 기법'을 활용해서 자신의 C 자아가 재결단하도록 한다.

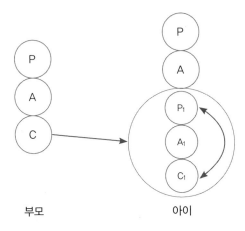

부모   아이

[그림 5-4] 제2유형 임패스

3) 제3유형 임패스

제3유형 임패스는 보통 5세 이전 영유아기 때 임패스로 뿌리 깊은 갈등이다. 내담자 자신이 살아 있는 이 모습 '이러한 것이 자신이다'라고 굳게 믿고 있는 상태에서 어린이 C 자아 중 순응하는 어린이(AC)와 자유스런 어린이(FC) 사이의 갈등을 말한다. 제3유형의 임패스를 해결하기 위해서는 'PAC 심상대화치료 기법'을 활용하여 순응하는 어린이

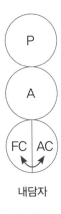

내담자

[그림 5-5] 제3유형 임패스

(AC)를 치료하여 재결단을 하도록 한다.

4) PAC 심상대화치료 기법(재결단 작업)

PAC 심상대화치료 기법은 재결단 작업을 하기 위해서 게슈탈트 빈 의자 기법을 참고하여 최영일(2017)에 의해 재개발된 치료 기법이다. 이 기법은 일인극으로 3막을 시연한다.

① 제1막: 임패스 상태 시연(지금 여기에서 과거 그대로 재연)
　• A 자아상태: 자신의 임패스 상태 표출(과거 어느 시점 임패스를 지금 여기에서 설명)
　• C 자아상태: 과거 어린이 자아상태인 나(욕구, 감정, 자발성, 본능, 순응, 의존 등 시연)
　• P 자아상태: 과거 어버이 자아상태인 나(가치, 원칙, 통제, 비난, 챙김, 돌봄 등 시연)
② 제2막: 잉여현실 시연(할 수 있었으나 못했던 현실로 자기 확장)
　• A 자아상태: 미해결된 과거의 일을 지금 여기서 표출(과거 어느 시점 미해결된 일 설명)
　• C 자아상태: 원했던 어린이 자아상태인 나(욕구, 감정, 자발성, 본능, 순응, 의존 등 시연)
　• P 자아상태: 새로운 어버이 자아상태인 나(가치, 원칙, 통제, 비난, 챙김, 돌봄 등 시연)
③ 제3막: 새로운 미래 상황 시연(앞으로 현실 만들기, 희망으로 재결단)
　• C 자아상태: 재결단을 함(선언문 작성 시연)
　• A 자아상태: 새로운 평가와 승인, 실천을 위한 계약 체결(설명)
　• P 자아상태: 어린이 자아의 재결단을 지지하고 용기를 북돋아 격려함(시연)

9. 각본을 통해 세상 보기(수동성)

수동성은 세상을 능동적으로 대처하는 것이 아니라 자신의 각본에 맞추는 것이다. 그러하기 때문에 수동성은 지금 여기에서 자각하고, 자발적이고, 친밀한 자율성을 발휘할 수 없게 한다. 그러므로 수동성은 성장을 위해서는 극복해야 할 대상이 되는 것이다. 수동성과 관련된 기제로는 에누리(Discount), 재정의(재규정; Redefinition), 공생(Symbiosis), 준거 틀(Frame Reference) 등이 있다(Schiff, 1977). 이러한 수동성의 기제들에 대해서 살펴보기로 하자.

1) 에누리

(1) 에누리의 정의

에누리(Discounting)는 깎아내림, 과소평가, 배제, 무시, 경시의 의미로, "문제 해결과 관련된 정보를 자신도 모르는 사이에 무의식적으로 무시하는 것"으로 정의된다. 지금 여기의 현실을 왜곡하는 것이다. 실제 생활에서 일상 대화가 에누리하는 경우가 많아 에누리에 무감각해져 있을 정도이다. 각본을 실행하고 있는 상태에서는 어떤 형태로든 에누리를 한다.

(2) 네 가지 수동 행동

각본을 실행하고 있는 상태에서는 어떤 형태로든 에누리를 한다. 에누리 그 자체는 눈에 보이는 것이 아니기 때문에 에누리를 하고 있다는 것을 알지 못하나 대표적인 네 가지 행동을 통해서 추정할 수 있다. 그럼 네 가지 행동에 대해 살펴보겠다.

① 아무것도 하지 않음

교류분석 집단의 구성원들이 원형으로 앉아 있다. 그 집단의 지도자는 다음과 같이 말한다. "집단을 한 바퀴 자연스럽게 돌아가면서 각자 오늘의 연습 활동에 대해서 어떤 것이 감사하고 어떤 것이 불유쾌한지를 말해 봅시다." 만약 당신이 참여하기를 원하지 않는다면, '통과'라고 말해도 좋다.

집단원들은 각자 자신의 생각을 나누거나, 한두 사람이 '통과'라고 말한다. 그 후에 민우의 차례가 되자, 침묵이 흐른다. 사람들은 민우가 뭔가를 말하기를 기다리고 있지만 그는 아무 말도 하지 않는다. 그는 공간을 응시하면서 움직이지 않고 조용히 앉아 있다. 그가 어떠한 감사나 평가의 말을 하고 싶지 않은 것으로 보이기 때문에, 그다음 사람은 그가 통과라는 말을 하기를 기다린다. 그러나 민우는 그 말도 하지 않는다. 그는 마치 벙어리처럼 계속 앉아 있다.

민우는 '아무것도 하지 않음(doing nothing)'이라고 불리는 수동적 행동을 보여 주고 있다. 문제 해결을 위해 행동하는 에너지를 사용하는 대신에 그는 행동을 하지 않으려는 데에 에너지를 사용하고 있다. 이러한 수동적인 행동을 나타내는 사람은 불편함을 느끼면서 생각하지 않는 자신을 경험한다. 그는 그 상황에 대해 아무것도 하지 않음으로써 자신의 능력을 에누리하고 있다.

② 과잉 적응

과잉 적응(Over adaptation)은 자신과 상대방이 무엇을 원하는지 고려하지 않고 행동하기 때문에 자신의 능력을 에누리하는 경우이다. 힘든 하루의 일과를 마치고 집에 돌아온 아내가 있다. 그녀의 남편은 앉아서 신문을 읽고 있다. 아내는 싱크대에 닦지 않은 쌓여 있는 그릇을 본다.

"어서 와요. 차 마실 시간이죠."라고 남편이 말한다. 아내는 외투를 벗고 바로 부엌으로 들어간다. 그녀는 쌓인 접시를 닦고 차를 준비한다. 남편은 아내에게 설거지하고 차를 만들도록 요구하지 않았다는 사실을 둘 다 주목하지 않고 있다. 일을 분담해서 해야 하는지 않은지 남편에게 묻지도 않았다. 아내는 자신과 상대방이 무엇을 원하는지 고려하지 않고 행동을 했다.

아내의 수동적 행동은 과잉 적응이다. 과잉 적응할 때 그녀는 C 자아상태에서 다른 사람이 원하고 있다고 믿고 있는 것을 따르고 있다. 그녀는 다른 사람들이 원하는 것이 무엇인지를 실제로 검토해 보지도 않고, 그리고 자신이 원하는 것이 무엇인지를 관련지어 보지도 않고 그렇게 한다.

과잉 적응은 네 가지 수동적 행동 가운데 알아내기가 가장 어렵다. 과잉 적응을 하는 사람은 자신의 선택에 따라 행동하는 능력을 에누리하고 있다. 대신에 다른 사람이 원한다고 자신이 믿고 있는 선택들을 따른다.

③ 흥분

수업 중에 학생들이 강사에게 귀를 기울이고 있다. 교실 뒤쪽에 동철이라는 학생이 앉아 있다. 강사가 다소 조용하게 말하고 있어서 동철이는 그의 말을 알아듣기가 힘들다. 강의가 계속 진행되면서 동철은 강사가 말하고 있는 것을 따라가는 데 점점 어려움을 겪는다. 그는 펜을 놓고 손가락으로 책상 위를 두드리기 시작한다.

동철이는 흥분(agitatoin)을 보여 주고 있다. 이러한 수동적 행동에서 개인은 문제를 해결하기 위해 행동할 자신의 능력을 에누리하고 있다. 그는 예민하게 불쾌감을 느끼고, 그리고 불쾌감에서 벗어나기 위해 무의미한 활동을 반복한다. 에너지는 문제를 해결하기 위한 행동보다는 흥분된 활동을 하는 쪽으로 향한다. 흥분하는 동안 그 사람은 생각하고 있는 자신을 경험하지 못한다.

만약 동철이가 명확한 A 자아상태를 사용하고 있었다면, 강사로 하여금 말을 크게 하도록 요청할 수 있었다. 실제로 손가락을 두드리는 것은 문제 해결을 위해 도움이 되지 못한다.

④ 무력화와 폭력

무력화와 폭력(Incapacitation and violence)은 직접적으로 문제를 해결하지 않고, 타인이 문제를 해결해 주기를 바라는 의존적 행동에서 나온다.

정희는 30대 후반이다. 그녀는 어린 두 딸과 나이든 어머니를 돌보면서 함께 집에서 살고 있다. 어머니는 나이에도 불구하고 실제로 상당히 건강하다. 뜻밖에 정희는 한 남자를 만나 그들은 서로 사랑에 빠지게 된다. 다행히 그녀는 그와 함께 살기 위해 떠나려고 하며 아마 결혼할 것이라고 어머니에게 알린다. 이런 일이 있은 지 며칠 후 어머니는 현기증이 나는 발작을 하기 시작하고 몸져눕게 된다. 의사는 그녀가 신체적으로 전혀 이상이 없다고 했다. 그러나 정희는 떠날 작정을 한 데 대해 죄의식을 느끼기 시작한다.

어머니의 수동적 행동은 무능력화이다. 문제를 해결하려는 자신의 능력을 에누리하면서, 어머니는 C 자아상태에서 자신을 무능하게 함으로써 다른 사람을 통해 문제를 해결해 주기를 바란다.

폭력의 예를 들어보자. 철수는 여자친구와 심한 말다툼을 하였다. 그는 집을 뛰쳐나가 오랫동안 거리를 돌아다녔다. 그리고 술을 마시고 술집 유리창을 모두 박살 내 버린다. 철수의 수동적 행동은 폭력이다. 폭력을 수동적 행동으로 간주하는 것은 좀 이상하게 여겨질 것이다. 그러나 그것은 수동적이다. 왜냐하면 문제를 직접적으로 해결하기 위해 도움이 되는 것은 아무것도 없다.

무력화는 폭력이 내적으로 지향된 것으로 볼 수 있다. 무력화와 폭력에서는 모두 문제를 해결하는 능력을 에누리하고 있다.

(3) 에누리와 자아상태

에누리는 역기능적 자아상태와 관련될 수 있다. 에누리는 오염의 상황에 있음을 나타내기도 한다. 즉, 에누리하고 있을 때 A 자아상태가 오염되는데, P 자아상태가 A 자아상태 오염시키는 경우, C 자아상태가 A 자아상태 오염시키는 경우, P 자아상태와 C 자아상태가 동시에 A 자아상태 오염시키는 경우 각본신념에 맞추기 위해 현실을 잘못 인식하고 있을지도 모른다.

배제는 에누리의 또 다른 원천이 될 수 있다. 여기서 나는 하나 또는 그 이상의 자아상태를 없애 버림으로써 현실의 측면을 무시하고 있는 것이다. 만약 C 자아상태를 제외하고 있다면, 나는 어린 시절부터 지녀 온 욕구나 감정 그리고 직관을 무시할 것인데, 이것은 실제로 현재 해결해야만 하는 문제들과 관련되어 있을지도 모른다.

P 자아상태를 제외시킨다면, 나는 문제 해결에 자주 유용하게 사용될 수 있더라도 부모와 같은 사람들로부터 배운 세상에 대한 규칙과 정의들을 배제시켜 버릴 것이다. 제외된 A 자아상태는 내가 지금 여기의 상황의 어떤 특성에 직접 반응하여 평가하고 느끼고 또한 행동하는 능력을 에누리하는 것을 의미한다. 예상할 수 있듯이 제외된 A 자아상태는 개인의 에누리 강도의 측면에서 세 가지 자아상태 제외 가운데 가장 부정적인 결과를 가져오게 한다.

(4) 에누리 알아차림

본래 눈에 띄지 않는 에누리는 그 사람이 네 가지 수동적인 행동 중 보여 주는 행동에 의해 추정할 수는 있다. 기타 많은 방법으로 에누리를 찾아낼 수 있다.

'드라이버 행동'은 언제나 에누리를 나타낸다. 내가 드라이버를 보여 줄 때는 다음과 같은 각본신념을 내적으로 재연하고 있다는 것을 기억해 보자. 즉, '다른 사람을 기쁘게 해라, 더욱더 열심히 해라, 완벽하게 해라 등등 그렇게 해야 OK이다' 그러나 현실은 내가 이러한 드라이버 메시지를 따르거나 따르지 않든 간에 나는 OK라는 사실이다.

그 외에 우리는 생활 속에서 각본을 따르는 경우, 무의식적이고 습관적으로 언어적 · 비언어적 행위를 통해 에누리를 하게 된다. 교류분석 상담에서는 내담자의 말을 경청함으로써 에누리를 찾아낼 수 있다. 일상적 대화에서 언어적 · 비언어적 에누리 단서를 알아차리기가 쉬운 것은 아니다.

① 언어적 단서

교류 분석 기술 가운데 하나는 사람들이 사용하는 말을 듣고 에누리하는 것을 알아내는 것이다. 일상 대화에서 에누리에 대한 언어적 단서들은 보통 좀 더 미묘한 형태를 띤다.

이론에서 우리가 듣는 것은 직접적인 것이다. 실재에 대한 정보를 무시하거나 왜곡되는 뭔가를 말할 때 화자는 에누리하고 있다고 우리는 알고 있다. 실제 생활에 있어서의 어려움은 일상의 대화가 에누리로 가득 차 있어서 우리가 그 에누리에 무감각하게 되었을 정도라는 점이다.

② 비언어적 단서

마찬가지로 비언어적 단서에서 에누리를 알아내는 기술이 중요하다. 여기에서 이야
기되고 있는 말들과 함께 이루어지는 비언어적 신호 사이의 짝이 서로 맞지 않을 때에 에
누리로 나타난다. 이렇게 서로 어울리지 않는 것을 부조화(불일치)라고 부른다는 것을 기
억할 것이다. 예를 들면, 선생이 학생에게 다음과 같이 질문한다. "내가 너에게 내 준 문
제를 이해하겠니?" 그 학생은 "예"라고 대답한다. 그러나 동시에 그 학생은 눈살을 찌푸
리며 머리를 긁적인다. 학생이 에누리하고 있다는 것을 알 수 있다.

(5) 에누리의 기능

에누리의 기능은 부정적 인생태도의 유지와 강화를 도모하고, 심리게임을 행하게 한
다. 지금 여기에서 능동적으로 대처하지 않음으로 인해서 인생각본을 진전 시킨다. 공생
관계에서는 각자 자신의 능력을 에누리하여 공생 관계를 강화한다.

(6) 에누리 모형

① 개요

에누리 모형(Discount matrix)이란 에누리한 정확한 위치 결정에 대한 체계적 방식을 제공
하는 에누리의 진단표이다. 에누리의 유형과 수준을 조합하여 12칸으로 구성되어 있다.

에누리는 문제를 미해결된 채 남겨 두는 결과로 된다. 그래서 우리가 에누리의 본질과
강도를 확인하는 체계적인 방법을 고안해 낼 수 있다면 문제 해결의 강력한 도구를 가질
수 있게 된다. 에누리 모형(discount matrix)은 켄 멜러(Ken Mellor)와 에릭 지크문트(Eric
Sigmund)에 의해 발전된 것으로 에누리 모형은 세 가지 범주인 '영역(범위: area)', '형태(유
형: type)', '수준(양식: level)'에 따라서 에누리를 분류할 수 있다.

② 에누리의 영역(범위)

사람들이 에누리할 수 있는 영역(범위)에는 세 가지, 즉 자신, 다른 사람 그리고 환경이
있다. 예를 들어보자. 종업원이 물을 가져다주지 않아서 의기소침한 상태로 음식점에 앉
아 있었던 나는 나 자신을 에누리하고 있었다. 원하는 것을 얻기 위해 행동으로 옮기는

자신의 능력을 무시하고 있었던 것이다. 화가 나서 종업원을 비난하기 시작한 내 친구는 자신이 아니라 다른 사람을 에누리하고 있었다. 잠시 동안 불평을 하던 내가 내 친구를 돌아보며 말한다. 다른 사람들은 서비스를 받고 있는데 우리는 그러질 못한다고 환경을 탓 한다. 여기서 나는 상황(환경 영역)을 에누리하고 있었던 것이다.

③ 에누리의 형태(유형)

에누리에는 자극, 문제 그리고 선택의 세 가지 형태가 있다. 자극을 에누리하는 것은 무엇이 일어나고 있다는 지각을 삭제하는 것이다. 내가 음식점에 앉아 있었을 때 내 자신이 단지 목만 마르다고는 생각하지 않았다. 나는 나의 갈증을 자극하는 것을 에누리하고 있었던 것이다. 아마도 내 친구는 부적절한 행동을 하는 종업원을 부르면서, 그 종업원이 실제로 다른 많은 손님들에게 계속하여 서비스하는 행동을 눈앞에서 보면서도 그는 종업원의 태도를 그런 식으로 보지 않았다.

문제를 에누리하는 사람은 어떤 일이 일어나고 있다는 것을 알고 있지만 그 일로 인해서 문제가 일어나고 있다는 그 사실을 무시한다. 음식점에서 갈증을 느끼며 나는 친구에게 이렇게 말했을지도 모른다. "나는 지금 당장 매우 갈증이 나. 그러나 그것은 문제가 되지 않아."

선택을 에누리할 때 사람은 무엇인가가 일어나고 있다는 것과 그것이 문제를 포함하고 있다는 것을 잘 알고 있다. 그러나 문제를 해결하기 위하여 무슨 일이든 행할 수 있다는 가능성을 간과하고 있다. 음식점에서의 처음 장면에서 내가 에누리하고 있었던 것이 바로 이것이다. 내가 기가 죽어 앉아 있을 때 나는 갈증을 느낀다는 것을 알았다. 나는 그 갈증이 나에게 문제가 된다는 것을 의식하고 있었다. 하지만 단지 앉아서 종업원이 반응해 주기를 바라는 것보다 내가 취할 수 있었던 많은 선택들을 무의식적으로 무시하고 있었다.

④ 에누리의 수준(양식)

수준(Level)이나 양식(mode)이란 용어는 서로 바꾸어 쓸 수 있는 것이지만 수준이란 용어가 의미하는 바를 좀 더 명확하게 나타낸다. 에누리의 네 가지 수준은 존재, 중요성, 변화 가능성과 개인적 능력이다.

이 네 가지 수준을 선택에 대한 에누리에 적용하여 보자. 처음의 장면에서 나는 문제를 해결하기 위한 나 자신이 선택의 존재를 에누리하고 있었다. 예를 들어, 종업원에게 손짓을 하는 대신에 그에게 다가가서 말을 하는 가능성을 생각조차 하지 않았다.

선택의 중요성을 에누리하고 있었다면 나는 친구에게 이렇게 말했을 것이다. "내가 그에게 다가가 부탁할 수도 있었다고 생각해. 하지만 그 종업원은 조금도 달라지지 않을 것임에 분명해." 여기에서 나는 내가 달리 할 수 있는 무엇인가가 있다고 믿고 있었다. 그러나 이러한 행동이 가져올 수 있는 어떤 효과에 대한 가능성을 배제하였다.

변화 가능성의 수준에서 선택을 에누리하는 나는 이렇게 말할 것이다. "물론, 나는 저쪽으로 건너가서 친구에게 콜라를 가져다줄 수도 있었어. 그러나 사람들은 음식점에서 그렇게 행동하지 않아." 이 경우에서 누구든지 실제로 선택을 실행에 옮길 수 있다는 가능성을 무시하면서도, 그런 선택은 존재할 수 있고 결과를 가져다줄 것이라고 스스로 알고 있었을 것이다.

개인적 능력 수준에서 "나는 건너가서 종업원에게 물을 좀 줄 것을 부탁할 수 있다는 것을 알아. 하지만 나는 그렇게 할 용기가 없어."라고 말함으로써 에누리를 하고 있었을 것이다. 여기에서 나는 선택이 존재하고 있으며 결과도 가져 올 수 있다는 것을 잘 알고 있다. 세상의 어떤 사람들은 그러한 선택이 존재하고 있으며 결과도 가져올 수 있다는 것을 잘 알고 있다. 세상의 어떤 사람들은 그러한 선택을 잘 사용할지도 모른다. 그러나 나는 그렇게 하는 나의 능력을 부정한다.

⑤ 에누리 모형 도해

에누리 모형은 에누리의 형태와 수준이 결합될 수 있는 가능성을 모두 열거하여 만든다. 그렇게 했을 때 그림에서 보는 바와 같은 도해를 얻을 수 있다. 모형은 세 가지 형태의 에누리에 대해 세 개의 칸을 가지고 있고 네 가지 수준이나 양식에 대해서는 네 개의 열을 가지고 있음을 볼 수 있다. 결과적으로 다음의 12개 박스 속의 글들은 형태와 수준의 결합을 가리키는 것이다.

모형의 의미를 설명하는 데 도움이 되는 다른 예를 들어보자. 두 명의 친구가 이야기를 하고 있다고 해 보자. 그들 중 한 사람은 애연가이다. 그가 벌써 다른 담배에 불을 붙이면서 마른기침으로 경련을 일으키고 있었다. 그의 친구가 "기침이 심하군. 걱정이 되는구나, 제발 담배를 끊어."라고 말한다. 그 흡연자가 모형의 12개의 각 상자에서 에누리하고 있다면 그가 대답할 수 있는 것은 무엇이겠는가?

만약 그 흡연자가 자극의 존재를 에누리한다면 그는 "무슨 기침? 나는 기침을 하지 않았어."라고 대답할 것이다.

수준 ＼ 유형	자극	문제	선택
존재	T_1　자극의 존재	T_2　문제의 존재	T_3　선택의 존재
중요성	T_2　자극의 중요성	T_3　문제의 중요성	T_4　선택의 중요성
변화 가능성	T_3　자극의 변화 가능성	T_4　문제의 해결 가능성	T_5　선택의 실행 가능성
개인적 능력	T_4　자극에 따라 행동할 개인적 능력	T_5　문제에 따라 반응할 개인적 능력	T_6　선택에 따라 해결할 개인적 능력

[그림 5-6] 에누리 모형

　문제의 존재에 대해 에누리한다면 "괜찮아, 늘 기침하는 걸 뭐."라고 말할 것이다. 그는 자기가 감기에 걸렸다는 것을 잘 아는 상태에 있지만 이것이 그에게 문제가 될 수 있다는 가능성을 배제하고 있다.

　이렇게 하고 있는 애연가는 또한 자극의 중요성도 에누리한다는 것을 주목하라. 그는 기침이 문제가 될지도 모른다는 가능성을 에누리하면서, 또한 기침이 그에게 어떤 의미(중요성)를 가질 것이라는 사실도 에누리하고 있다. 이것은 모형 도해에서 문제의 존재와 자극의 중요성에 대한 상자를 연결하는 대각선의 화살표로 나타내고 있다. 화살표는 이러한 하나의 에누리가 언제나 다른 것을 수반하고 있다는 것을 의미한다.

　도해에서 모든 대각선의 화살표는 이러한 의미를 가진다. 각 상자의 왼쪽 위에 기입되어 있는 T는 서로 다른 대각선들의 분류 표시이다. 예를 들어, 문제의 존재와 자극의 중요성에 대한 에누리는 대각선 T_2에 해당하는 것이다. 이것을 다음 대각선에 있는 T_3에서 실제로 해 보자. 이 대각선은 오른쪽 맨 위의 상자에 둘 수 있는데, 여기서 그 애연가는 선택의 존재를 에누리하고 있다. 그는 다음과 같이 대답하면서 이러한 사실을 보여 줄 것이다. "그래, 좋아, 하지만 우리 애연가들은 기침을 해, 당신도 알고 있지? 내가 말하고 싶은 것은 짧지만 행복한 삶이라는 거야, 하하." 이제 그는 자신이 기침을 하고 있다는 것과 기침이 문제, 즉 흡연이 사람을 죽일 수도 있다는 문제를 낳는다는 것을 인정하고 있다지만 그는 모든 사람이 흡연가의 기침을 피하기 위해 뭔가를 할 수 있다는 가능성을 배제하고 있다. 이렇게 하면서 그는 또한 흡연으로 죽게 되는 가능성이 자신이 염려해야 하는 일이라는 지각도 배제한다. 그는 문제의 중요성을 에누리하고 있다. 누구라도 애연가의 기침을 없애기 위한 행동을 하는 것이 가능하다는 사실을 부정함으로써 그는 자극에 대한 변화 능력을 에누리한다.

이와 똑같은 에누리가 또한 다른 대각선에도 적용될 수 있는지 검토하라. T_4에서 흡연가는 "그래 좋아, 나도 실제론 담배를 끊으려고 했어. 그러나 오랫동안 담배를 피워 왔고, 지금 내가 담배를 끊는다고 해서 달라질 것이 없다고 생각해."라고 말할지도 모른다.

T_5에서 그는 "그래, 당신이 옳아, 나도 담배를 끊어야겠어. 그런데 나는 그러려면 어떻게 해야 할지 모르고 있어."라고 반응할 것이다. 그리고 T_6에서 흡연가는 "그래, 나는 담배와 성냥을 내던져 버려야 한다고 오랫동안 다짐해 왔어. 그러나 당장 그렇게 할 수 있을 것 같지 않아."라고 말할 것이다.

도형의 또 다른 특징은 모든 상자에서 에누리는 그 박스의 오른쪽과 아래의 에누리를 수반한다는 것이다. 예를 들어, 한 사람이 문제의 존재를 에누리한다고 가정하여 보라. 그 사람은 문제가 존재한다는 것조차 자각하려고 들지 않기 때문에 문제가 중요하다는 데 대한 어떠한 인식도 분명히 무시하려고 할 것이다. 그는 자신이나 다른 사람이 문제를 해결할 수 있다고 생각하지 않는다. 그래서 그는 문제와 관련된 모든 세로 칸의 상자에서 에누리하고 있다.

문제의 존재를 무시하고 있는데 문제를 해결하기 위한 선택이 있는지를 왜 고려하겠는가? 왜냐하면 선택의 존재를 에누리하기 때문에 선택이라는 세로줄에 있는 다른 모든 상자를 또한 에누리할 것이다.

마지막으로, 문제의 존재를 에누리하는 것은 대각선 T_2를 따라 이어지는 자극의 중요성을 에누리하려는 것과 동일하다는 것을 상기하라. 그러므로 자극의 칸에서 자극의 중요성 아래에 있는 다른 두 개의 상자 또한 에누리될 것이다.

요약하자면, 어떠한 대각선 상황에서든, 에누리하고 있는 사람은 그런 대각선의 아래와 오른편에 있는 모든 상자도 에누리하게 될 것이다.

(7) 에누리 모형의 사용법

문제가 해결되지 않을 때는 언제나 그 문제의 해결과 관련 있는 몇몇 정보가 무시되고 있는 것이다. 에누리 모형은 우리에게 정보가 제공되고 있는 정확한 위치 결정에 대한 체계적인 방식을 제공한다. 다음으로 이것은 우리가 문제를 해결하는 데 취해야 할 특별한 행동에 대한 방침을 제시해 준다.

만약 한 사람이 모형에서 주어진 어떤 대각선을 에누리하고 있다면 그 사람은 역시 그 대각선의 오른쪽과 아래쪽의 모든 상자에서 에누리하고 있다는 것을 상기할 것이다. 이것은 우리에게 문제 해결의 과정에 중요한 단서를 제공한다. 문제를 해결하려는 노력에도 불구하고 해결되지 않는 문제가 남아 있을 때 이것은 흔히 그 사람이 에누리 모형의 너무 아래쪽 대각선에서 문제의 자리를 잡기 때문이다.

문제 해결의 도구로 모형을 사용할 때 우리는 먼저 제일 위의 대각선에서 에누리를 찾아 시작할 필요가 있다. 우리는 왼쪽 구석의 맨 위에서 모형으로 들어간다. 만약 그곳에서 에누리를 발견할 수 있다면 우리는 좀 더 밑으로 내려가거나 오른쪽으로 움직이기 전에 그 에누리를 다룰 필요가 있다.

이유는 우리가 그 처음의 에누리를 빠뜨리고 보다 아래의 대각선에 대한 에누리를 다루려고 한다면 우리의 개입 그 자체가 에누리될 것이기 때문이다.

흡연자와 그를 염려하는 친구에 대한 예를 다시 언급해 봄으로써 이것을 설명해 보자. 당신이 그의 친구라고 가정하여 보라. 당신이 흡연가의 마른기침을 들었을 때, 당신은 "만약 그가 담배를 끊지 않으면 죽게 될 거야. 이 일에 대하여 뭔가 대책을 강구하는 것이 필요해."라는 스스로에게 말한다. 그래서 친구에게 "나는 네가 걱정이 돼. 제발 담배를 끊어."라고 말한다.

개입을 통하여 당신은 상자의 제일 밑 대각선에 문제를 위치 지었다. 문제는 애연가가 어떠한 특별한 선택으로 행동하려고 하는지의 여부에 달려 있다. 그러나 애연가가 모형의 보다 더 높은 곳에서 에누리하고 있다고 가정할 수 있는가? 예를 들어, 그는 대각선 T_2에 있을 수도 있다. 이것은 그가 마른기침을 하고 있다는 것을 잘 알고 있음을 의미할 것이다. 그러나 그는 이것을 자기와 관계있는 것이라고 여기지 않는다. 그는 그것을 문제라고 받아들이지 않는다. 에누리 모형의 면에서 보면, 그는 자극의 중요성과 문제의 존재를 에누리하고 있는 것이다.

그 후에야 그는 당신이 방금 그에게 이야기한 것과의 관계도 에누리할 것이라는 점은 분명하다. 그가 흡연자의 기침이 문제가 되지 않는다고 알고 있는 한, 흡연을 멈추기 위해 어떤 투자를 하겠는가?

당신은 그의 마음을 알 수 없기 때문에 그가 당신에게 반응을 보일 때까지 에누리를 하고 있는지를 아는 방법은 없다. 여기서 중요한 점을 주목하라. 즉, 그는 에누리하고 있는 제일 위의 대각선에서 반응하지만 또한 그 아래에 있는 모든 대각선에서도 반응할 것이다. 예를 들어, 그의 대답을 가정해 보자. "음, 그래, 나도 끊어야 한다는 것을 알고 있어. 하지만 너도 이러한 습관을 가진 적이 있지. 너도 그런 습관에 매여 있어." 이것은 그가 대각선 T_4에서 에누리하는 것처럼 보이는 문제의 해결 가능성을 에누리하는 것이다.

당신의 시도는 사실 사람들이 담배를 끊을 수 있다는 분명한 증거를 제시하는 것으로 시작하는 것이다. 그러나 당신은 이 증거를 어디에서도 얻을 수 없을 것이다. 애연가는 실제로 T_2에서 에누리하고 있다. "그래서 인식 밖에서 그는 스스로에게 말하고 있다. 그래서 사람들은 담배를 끊을 수 없어. 나에게 무슨 일을 하라는 거야? 나의 이 기침은 어쨌든 아무 문제가 되지 않아."

이제 에누리 모형을 체계적으로 사용하여 당신이 흡연 친구를 돕기를 원한다고 가정하여 보라. 당신은 대각선 T_1에 있는 에누리를 조사하기 시작할 것이다. "너는 정말 심한 기침을 하고 있다는 것을 알고 있니?" 만약 그가 기침을 하고 있다는 것을 인정한다면, 다음 대각선으로 내려가야 할 것이다. "너를 괴롭히는 것이 기침이니?"라고 질문할 것이다. 그가 "아니, 정말 아니야. 그것은 의심할 여지가 없어."라고 대답한다면 당신은 그의 에누리 위치를 T_2에 잡을 것이다. 이 사실은 당신에게 다음과 같은 사실을 알려 준다. 즉, 흡연가 친구가 흡연의 습관을 그만두려면 그는 먼저 기침이 문제일 수 있다는 것을 알 필요가 있다는 것이다. 그는 또한 이러한 문제가 그의 걱정거리의 원인이 될 것임을 깨달을 필요가 있다.

에누리 모형은 근본적으로 심리치료에서 사용하기 위해 발달되었다. 그러나 그것은 조직과 교육에 있어서의 문제 해결에도 똑같이 효과적인 도구를 제공해 준다. 이러한 상황에서 에누리 모형의 너무 아래쪽 대각선에 문제들이 위치되고 있기 때문에, 문제가 해결되지 않은 채 남아 있는 일이 많다. 이런 치료에는 다음과 같은 과제가 남겨져 있다. 즉, 놓치고 있는 정보를 확인하기 위하여 모형의 왼쪽 모서리 맨 위에서 시작하여 대각선을 따라 아래쪽을 쭉 검토해야 한다. 사람들이 각본으로 빠져 들어가고 있기 때문이 아니라 그들이 잘못 알고 있거나 알지 못하기 때문에 흔히 에누리를 결심하게 된다는 것을 명심해야 한다.

예를 들면, 대학 강의실 안에 있는 대학 강사와 학생을 상상해 보라. 그는 최근에 강의한 것을 학생들이 이해하고 있는지를 알아보기 위하여 그들에게 질문을 한다. 놀랍게도 학생들은 어떠한 대답도 거의 할 수 없다. 수업이 끝났을 때 강사는 스스로에게 말한다. "학생들은 정말 공부를 하지 않았어. 문제가 무엇일까? 왜 그들은 동기 부여가 되지 않을까?" 학생들이 공부를 하지 않았다는 것을 생각함으로써, 그는 다른 영역인 에누리 모형의 대각선 T_5와 T_6에서 에누리 위치를 잡고 있다. 학생들은 공부를 하지 않으면 문제를 겪게 될 것이라고 알고 있지만 그들은 공부를 할 수 있다고 느끼거나 시작조차 하지 않는다고 그는 생각했다.

강사가 에누리 모형을 통하여 이것을 검토했다면 실제 문제는 아주 다르다는 것을 알게 될 것이다. 그것은 그가 강의를 할 때 중얼거린다는 사실이다. 학생들은 그가 말하는 것을 들을 수가 없다. 에누리는 대각선 T_2에 해당한다. 문제를 해결하기 위해서 강사는 큰 소리로 구체적으로 말할 필요가 있는 것이다.

2) 준거 틀과 재규정

(1) 준거 틀

① 준거 틀의 의미

시프(Schiff)에 의하면 준거 틀(frame of reference)은 "특수한 자극에 반응하여 다양한 자아상태를 통합시키는 것과 관련된 반응들의 구조"라고 정의하고 있다. 사람마다 자극에 대해 지각하는 방법과 반응하는 방법이 다르다. 기준점이 달라 사람마다 어떤 것은 걸러낸다. 현실에 대한 필터로써 현실여과기와 같다. 그러므로 개인마다. 세상을 보는 방법이 독특하게 나타난다. 인생각본은 준거 틀의 부분을 형성한 것으로 전체적으로 준거 틀은 많은 정의로 이루어졌다. 준거 틀은 현실에 대한 필터로써 그 사람의 정체성을 말해 준다. 각본을 유지하기 위해 틀에 맞지 않는 것은 걸러내고 재규정한다.

우리가 그 방을 보았을 때, 우리들은 각각 그 장면에서 어떤 부분들을 걸러내었다. 예컨대, 나는 카펫의 색깔을 주목하였지만, 그 방 안에 있는 사람들에 대한 정체는 걸러내었다. 다른 사람은 다른 사람의 준거 틀에 따라, 그 반대로 했다.

우리는 또한 그 방의 크기를 각자 다르게 규정한다. 나에게는 그 방이 아주 작았다. 다른 사람에게 그 방은 컸다. 나는 방이 모두 컸던 시골의 옛 집에서 자랐기 때문에 그렇게 보았다. 다른 사람은 어린 시절을 방들이 작은 도시 아파트에서 보냈다. 그래서 우리 각자의 준거 틀에서는 큰 방에 대한 정의가 다르다.

다른 사람은 다른 정의를 덧붙여서 다음과 같이 말했다. "전반적 분위기는 따뜻했다. 나는 분위기를 규정짓지 않았고, 그것을 장면의 부분으로 인식하지도 않았다."

이제 그 분위기가 따뜻했다는 점에서 내가 다른 사람의 의견에 동의하는지를 다른 사람이 내게 묻는다고 생각해 보자. 나는 "아니, 확실히 그렇지 않아."라고 대답할 것이다.

다른 사람은 내가 어떻게 그렇듯 단호하게 다른 사람의 의견에 반대할 수 있는지 의아해할 것이다. 그 방에서 얘기하면서 웃고 있는 가족들은 서로 솔직하지 않은가? 어떻게 그보다 더 따뜻한 분위기가 있을 수 있는가?

그러나 나는 덧붙인다. "따뜻한 분위기라고? 아니, 그 카펫은 아주 보기 싫은 색이야. 거기에는 오렌지색이나 붉은색이 필요해. 그리고 저 회색의 벽들을 봐!" 다른 사람과 나는 사람들의 준거 틀이 흔히 다르다는 또 다른 방식을 만나게 되었다. 우리는 서로 똑같은 단어들을 사용했다. 그러나 우리가 그 단어들에 두었던 의미들은 아주 다르다. 이 경우에, 다른 사람의 준거 틀과 나의 준거 틀 사이에서 따뜻한 분위기라는 정의는 서로 다르다.

② 준거 틀과 자아상태

준거 틀에 대한 이해를 좀 더 돕기 위하여, 시프는 그것을 자아상태를 둘러싸고, 함께 묶여 있는 외피로 간주할 수 있다고 주장하였다. 자신의 독특한 준거 틀에 따라 세계를 인식할 때, 세계를 인식하는 자신의 독특한 일련의 자아상태 반응들을 만든다. 준거 틀은 바로 이러한 다양한 자아상태를 통합하는 방식이다.

우리가 그 방을 봤을 때, 나는 A 자아상태가 되어, 지금 여기에서 본 형상과 크기, 색상에 관한 언급을 했다. 다른 사람은 C 자아상태가 되어, 어린 시절 즐거웠던 이와 같은 가족의 장면에 대한 행복한 기억을 재생했다. 이러한 자아상태를 내적으로 이동시켜, 우리는 우리가 선택한 자아상태에서 서로 외적으로 교류할 것이다.

준거 틀은 우리의 전반적인 성격을 나타내도록 자아상태 반응들을 통합하는 유형들을 제공해 준다.

③ P 자아상태의 역할

P 자아상태는 준거 틀의 형성에 특히 중요한 역할을 한다. 이것은 우리의 준거 틀이 세상과, 자신과 다른 사람들에 대한 정의를 구성하기 때문이다. 부모나 부모와 같은 사람들로부터 우리는 원초적으로 이러한 정의들을 배운다. 그것들을 받아들이는 연령에 따라, 그것들은 우리의 P_2 혹은 C_2 속의 P_1에 저장된다.

우리들 각각은 좋은, 나쁜, 그른, 옳은, 겁 많은, 쉬운, 어려운, 더러운, 깨끗한, 공정한 등등의 것에 대한 나름대로의 P 자아상태의 정의들을 가진다. 자신과 다른 사람들, 그리고 세상에 대한 우리의 견해에 바탕이 되는 것은 바로 이러한 정의들이다. 따라서 우리는 상황에 대한 우리의 반응들을 선택한다.

④ 준거 틀과 각본

각본과 준거 틀의 관계는 어떤 것인가? 그 대답은 각본은 준거 틀의 부분을 형성한다는 것이다. 전체적으로 준거 틀은 많은 정의들로 이루어진다. 이러한 정의들의 일부는 에누리를 수반하기도 하지만, 어떤 것들은 그렇지 않다. 각본은 에누리를 수반하는 준거 틀에서 모든 정의를 구성한다.

각본 상태에 빠져 있을 때, 어떤 문제의 해결책과 관계있는 지금 여기의 상황의 특성을 무시하고 있다. 에누리를 하고 있는 것이다. 그렇게 할 때, 그러한 에누리를 포함하는 자신과 다른 사람들, 세상에 대한 오래된 정의들을 재연하고 있다. 예를 들면, 어린아이일 때 내가 생각할 수 없었던 것을 말해 주는 나의 부모로부터 메시지를 받을 수 있었다. 이제 어른으로서, 내가 막 시험을 치르고 있다고 생각해 보자. 만약 내가 이 시점에서 각본 상태에 빠져 들어간다면, 나는 "너는 생각할 수 없다!"라고 말하는 P 자아상태의 낡은 정의를 내적으로 재연하기 시작한다. C 자아상태에서 이것에 동의하면, 나는 나 자신의 사고 능력에 대한 에누리를 받아들인다. 나는 무력하고 혼란을 느끼게 된다.

(2) 재규정(재정의)

① 재규정의 본질과 기능

재규정은 기존의 각본에 맞추기 위해 현실에 대한 지각을 왜곡하는 것이다(Schiff, 1977). 디스카운트 단서들은 내면적으로 일어나는 재규정의 외적 표현이다.

따라서 현실의 어떤 특징이 각본 결정에 도전하는 것 같으면, 그것에 대항하여 방어할 것이다. 즉, 각본의 준거 틀이 위협을 받으면, 재규정을 함으로써 이러한 위협을 방어한다.

② 재규정의 교류

교류에 있어서 재규정을 할 때, 유일한 외적인 단서는 에누리하는 것을 보거나 듣는 것이다. 그래서 에누리의 신호들은 재규정이 내적으로 일어나고 있다는 외적인 표명이다. 모든 에누리는 현실의 왜곡을 나타낸다.

에누리에서, 어떤 사람이 에누리를 하고 있는 것을 나타내 주는 전 영역의 행동적 단서들을 인식하는 법을 배웠다. 그러면, 이러한 똑같은 단서들은 또한 그 사람이 재규정을 하고 있다는 것도 알려 준다. 우리는 또한 어떤 사람이 만약 과장과 생각의 혼란을 보여 준다면 재규정하고 있다는 것을 알 수 있는데, 그것은 에누리에 대한 전형적인 수반물들이다.

두 가지의 명백한 교류가 재규정에 대한 분명한 언어적 증거를 제공해 준다. 그것들은 동문서답 교류와 차단 교류이다.

동문서답 교류는 자극과 반응이 다른 문제를 전하거나, 혹은 다른 시각에서 똑같은 문제를 전하는 것이다. 즉, 다른 말을 한다. 예를 들면,

> **치료자**: "기분이 어떻습니까?"
> **내담자**: "글쎄요, 어제 집단에서 이것에 관해 이야기를 할 때, 나는 화가 났어요."

반응과 함께, 내담자는 자신이 어떻게 느꼈는지에 대한 문제를 얘기하지만, 오늘의 관점 대신에 어제의 관점에서 얘기한다.

사람들은 동문서답 교류의 교환에 들어갈 때, 그들의 대화가 '아무 소용이 없다'거나, '쳇바퀴를 돌고 있다'는 불편한 느낌을 갖는 경향이 있다. 심리학적 수준에서는, 그것은 의도된 것이다. 이와 같은 대화는 오랫동안 계속될 수 있다.

차단 교류는 문제의 정의에 대해 동의하지 않기 때문에 문제를 제기하는 목적을 회피한다. 즉, 말을 막아 버린다. 예를 들면,

> **치료자**: "기분이 어떠세요?"
> **내담자**: "감정적인 것을 의미합니까, 아니면 신체적인 것을 말합니까?"

차단 교류는 오래 지속되지 않는다. 처음 차단한 뒤에 문제의 정의에 대해 세세하게 논쟁하기 시작한다. 또는 한 사람이 완강하게 차단하면, 상대방은 말문이 막혀 대화가 중단되고 말 것이다. 심리학적 수준에서 방해 교류의 목적은 동문서답 교류의 목적과 똑같다. 준거 틀에 위협이 되는 문제를 피하기 위한 것이다.

3) 공생

시프주의자 이론에서 공생(symbiosis)은 두 사람 혹은 더 많은 사람들이 마치 그들 사이에서 한 사람을 형성하는 것처럼 행동할 때 일어나는 것을 말한다(Schiff, 1977).

이와 같은 관계에서, 관련된 사람들은 자신의 자아상태들을 충분히 보완하여 사용하지는 못할 것이다. 전형적으로, 그 사람들 가운데 한 사람은 C 자아상태를 배제하고 다만 P 자아상태와 A 자아상태만을 사용할 것이다. 다른 사람은 C 자아상태에 머물면서 다른 두 자아 상태를 배제해 버리는 반대 입장을 취할 것이다. 그리하여 그들은 그들 사이에 전체적으로 단 세 가지 자아상태에만 접근하는 것이다. [그림 5-7]과 같다.

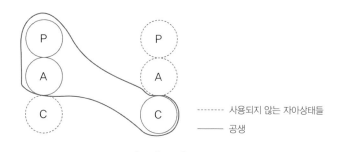

[그림 5-7] 공생

예를 들면, 학생들과 수업을 하고 있는 강사를 생각해 보라. 그들은 몇 가지 연습을 통하여 이론을 공부하고 있다. 강사는 칠판에 연습문제 하나를 쓴다. 학생 가운데 한 명을 향하여 그는 질문한다. "좋아, 상호군. 자네는 어떻게 이 다음 단계를 공부하여 그 해답을 얻을 수 있겠나?"

상호는 아무 말도 못한다. 대신에, 그는 잠시 동안 조용히 꼼짝 않고 앉아 있다. 그러고 나서 발을 빠르게 아래위로 흔들면서 머리를 긁적이기 시작한다. 여전히 그는 한 마디도 못한다. 침묵이 오래 계속된다. 그 반의 다른 학생들도 마찬가지로 마음을 졸이기 시작한다. 드디어 강사가 말한다. "자네는 이것을 모르는 것 같군, 상호군. 자네는 또 이런 상태가 되지 않도록 하기 위해 정말 더 열심히 공부해야 하네. 자, 우리가 그 해답을 얻기 위해 할 일이 있다……." 그리고 그는 칠판에 그 연습문제를 푼다. 상호는 긴장이 풀리며 발 흔들기를 멈추고, 강사가 풀어준 해답을 충실히 기록한다.

이 지점에서, 학생과 강사는 공생으로 들어갔다. 답을 생각해 낼 수 있는 자신의 능력을 부인함으로써, 그리고 강사가 해답을 찾도록 은밀히 조종함으로써, 상호는 그 자신의 P 자아상태와 A 자아상태를 에누리한 것이다.

강사는 상호에게 그의 교정에 관한 의무를 부여해 주는 동시에 친절하게 해답을 제시해 주면서 A 자아상태와 P 자아상태의 보완적 역할로 나아갔다. 그렇게 할 때, 강사는 자신의 C 자아상태를 에누리했다. 그가 자신에게 C 자아상태의 자원을 사용하는 것을 허용했다면, 상호와 그 사이에 계속되는 교환으로 그는 불편하고 불만족스럽게 느끼고 있다는 것을 자각하게 되었을 것이다. 그는 직관에 의존했을 것이다. "이봐, 나는 이 부분의 모든 연구를 상세히 해 왔는데, 나는 이것을 좋아하지 않아!" 그러한 C 자아상태의 지각을 사용함으로써, 그는 상호를 돕는 창조적인 방법을 발견할 수 있었고 다른 학생들이 스스로 그 문제를 풀게 할 수 있었던 것이다. 즉, 그 강사는 불안하게 느끼는 자신의 C 자아상태를 그만두었다. 대신에 그는 그의 친숙한 A 자아상태와 P 자아상태의 친근한 공생적 역할을 수행함으로써 편안함을 추구했다.

상호 또한 그가 친숙한 C 자아상태의 역할로 들어가자마자 긴장을 풀고 더욱 편안하게 느끼게 되었다.

그것이 공생의 문제이다. 일단 공생이 확립되면, 참여자들은 편안하게 느낀다. 모든 사람들이 그들에게 기대되는 역할 속에 있다는 것은 의미가 있다. 그러나 편안함은 상당한 대가를 요구한다. 즉, 공생에서 사람들은 자신의 성인의 전체 자원 영역을 서로 가로막고 있다.

일상적 관계에서, 사람들은 때때로 서로 공생의 안팎으로 이동한다. 또한 장기적인 관계는 때때로 공생에 토대를 둔다. 이것이 '성철'이와 '은미'에게 있어서 사실로 보이는데, 그들은 '전통적인' 결혼을 한 부부를 보여 주는 좋은 예이다. '성철'은 강하고 과묵한 유형의 사람이다. 파이프에 턱을 고정시키고, 불퉁거리며 자신을 표현한다. 즐거운 일이나 재앙이 오면 '성철'은 완고한 외관 뒤에 감정을 굳게 유지한다. 그는 가계의 재정을 전부 돌보며 '은미'에게 주마다 일정액을 준다. 결정을 내릴 것이 있으면 '성철'이가 결정을 하고 나중에 '은미'에게 말한다.

'은미' 편에서 보면, 그녀는 생활에서의 임무를 남편을 즐겁게 해 주는 것으로 간주한다. 그녀는 남편의 결정을 따르는 것이 행복하다. 왜냐하면 그녀는 친구에게 "여자는 강한 남자에게 의지하는 것을 좋아한다."고 말하기 때문이다. 만약 가정에 급한 상황이 발생하면, '은미'는 울거나 쩔쩔매거나 또는 킬킬 웃는 것으로 해결하고, '성철'이 집으로 와서 그것을 분별해 주기를 기다린다.

그들의 친구 중 어떤 친구들은 어떻게 '성철'이가 '은미'의 무능함에도 용케 살아가는지 때때로 의아해한다. 다른 사람들은 '성철'이가 기분이 아주 좋지 않을 때, '은미'가 그와의 관계를 유지할 수 있는 것을 놀랍게 생각한다. 그러나 사실, 그들은 공생으로 안정을 얻은 것이다. '성철'은 '은미'의 C 자아상태에 대해서 P 자아상태와 A 자아상태의 역할을 한다. 그러한 공생 내에서 서로는 다른 사람을 필요로 한다. 그리고 공생에서 언제나 그렇듯이, 그들이 체험하는 안정은 각자 능력의 일부를 에누리하는 대가를 치르고서 얻어진다. 시간이 지나면, 그들은 서로 에누리해 왔던 것에 원망을 쌓게 될 것인데, 이것은 그들의 관계에 어느 정도 거리를 두는 원인이 될 것 같다.

(1) 건강한 공생 대 건강하지 못한 공생

사람들이 공생을 하는 것이 적절한 몇몇 상황이 있다. 예를 들어, 내가 수술 후 마취에서 막 깨어났다고 상상해 보자. 나는 병원 복도로 실어 나르는 운반 침대 위에 누워 있다. 나는 아직 내가 어디에 있는지 전혀 모르지만 하나는 확실하다. 즉, 나는 아프다는 것이다. 고통과는 별도로 내가 의식하고 있는 주된 것은 간호사가 내 옆에서 따라 걸으면서, 내 손을 잡고 나에게 이야기하고 있다는 것이다. "당신은 괜찮을 거예요. 내 손을 잡으세요."

그 시점에서 나의 A 자아상태와 P 자아상태는 별 소용이 없다. 나는 지금 여기의 문제들을 판단할 형편이 안 된다. 나는 나 자신을 돌보는 방법에 대해서 P 자아상태로부터 받은 메시지에 접근할 기력이 없다. 나는 내가 적절히 해야 할 것을 하고 있다. 이것은 그의 일이며, 그래서 또한 적절하게 공생적 위치에 있는 것이다.

시프의 용어로, 우리는 간호사와 내가 건강한 공생에 있다고 말한다. 이것은 건강하지 못한 공생과 대조된다. '공생'이라는 단어가 단독으로 사용될 때, 그것은 보통 건강하지 못한 공생을 암시한다.

우리는 공식적으로 건강한 공생과 건강하지 못한 공생을 어떻게 구별하는가? 그 답은 공생이 에누리를 포함할 때는 언제나 건강하지 못하다는 점이다. 학생과 강사 사이와, '성철'과 '은미' 사이의 공생의 예에서, 이 두 부류의 사람들은 마치 그들 사이의 단 세 가지 자아상태만을 가지는 것처럼 행동함으로써 각자가 현실을 에누리하고 있었다. 대조적으로 내가 병원 운반 침대 위에 실려 가고 있었을 때는, 현실은 나의 A 자아상태와 P 자아상태가 상처와 마취 효과 때문에 행동할 수 없었던 것이다. 그 간호사는 실제로 A 자아상태와 P 자아상태를 사용하고 있었다. 그러나 그녀가 그렇게 하고 있을 때 자신의

C 자아상태를 분명 에누리하지 않았다.

(2) 공생 대 정상적 의존

건강한 공생의 한 가지 분명한 예는 아이와 그의 부모 사이에 존재하는 것이다. 아기가 태어날 때 그는 완전한 C 자아상태이다. 그는 아직 문제를 해결하거나 자신을 보호할 능력이 없다. 이러한 기능들은 P 자아상태들에 의해 수행될 필요가 있는데, 그들은 그렇게 할 때 A 자아상태와 P 자아상태를 적절히 사용할 것이다. 스탠 울램스(Stan Woollams)와 크리스티 후이지(Kristy Huige)는 이러한 건강한 부모-자녀 공생을 의미하는 말로 정상적 의존이라는 용어를 제안했다.

건강한 공생에서, 각 당사자들은 그들의 어떠한 자아상태도 에누리하지 않는다는 것을 상기하자. 유아는 아직 역할을 할 수 있는 P 자아상태와 A 자아상태가 없으므로 자아상태가 에누리될 수 없다. 그러나 부모는 C 자아상태를 가지고 있다. 건강하지 못한 공생으로 빠지는 것을 피하기 위하여 그녀는 유아를 돌보는 데 아주 전념하면서도, 자신의 C 자아상태의 욕구들을 의식하고 그 욕구에 대처할 수 있는 몇 가지 방법을 찾을 필요가 있다.

(3) 공생과 각본

① 공생과 각본관계

이상적인 육아에서 어린아이를 돌보는 사람은, 여전히 그녀 자신의 C 자아상태를 에누리하지 않으면서, P 자아상태와 A 자아상태의 자원을 적절히 사용하게 될 것이다. 어린아이가 성장함에 따라, 부모는 각 발전 단계를 완성시키는 데 필요한 것을 아이에게 제공할 것이다. 각 단계에서 어린아이는 자원을 점점 더 많이 습득하게 되고, 그래서 부모에게 의존할 필요는 점점 더 적어진다. 이상적으로, 부모는 어린아이가 여전히 필요로 하는 영역에 지원을 계속하면서, 이렇게 적절히 거리를 둠으로써 아이를 고무시킨다. 이러한 이상적 과정에서 처음의 어린아이와 부모 사이의 강한 공생은 점차로 무너지게 된다. 최종적 결과는 어린아이가 젊은 성인기에 도달할 때, 양 당사자는 공생 없이 관계를 맺는다는 것이다. 각자 자립할 수 있고 뜻대로 접촉을 하거나 그만둘 수 있다.

문제는 이상적인 부모가 없다는 것이다. 어머니와 아버지가 양육을 하는 데 아무리 좋은 직업을 가졌다 하더라도, 모든 어린 자녀는 그 길을 따라가서는 충족시킬 수 없는 몇

몇 욕구들을 가지고 성장 과정을 거친다.

이러한 사실은 성인 생활에서 공생의 각본 기능을 나타낸다. 모든 공생은 개인이 어린 시절 동안 충족시킬 수 없었던 것을 충족시키려는 발전적 요구를 얻으려는 시도이다.

여느 때와 같이 각본 행동과 함께, 공생에 있는 사람은 그의 요구를 충족시키려는 시도로 낡은 전략들을 사용한다. 이러한 전략들은 그가 어린아이로서 행할 수 있는 최선의 것이지만, 성인 생활에서는 이미 더 이상 적절하지 않다. 공생에서 그 사람은 성인의 선택권을 에누리하고 있는 것이다. 그 에누리는 그의 인식을 벗어나 있다.

우리가 공생에 들어갈 때면 우리의 욕구가 충족되지 않았다고 느낀 옛날 어린 시절의 상황을 부지중에 재연하고 있는 것이다. 우리는 우리 자신과 부모나 부모와 같은 사람 사이에 과거에 존재했던 관계를 또다시 수립하고, 충족되지 않은 욕구를 만족시키려고 다른 사람들을 조작하려는 시도에서 상황을 재연한다.

② 공생적 태도의 선택

우리는 다음과 같이 생각할 수 있다. "좋아, 그래서 공생이 옛날 어린 시절 상황의 재연이라면, 나는 왜 사람들이 공생에서 C 자아상태의 역할로 들어가는지 알 수 있어. 하지만 왜 어떤 사람들은 P 자아상태의 역할이 되기를 선택해야 하는가?" 그 답은 어떤 어린아이들은 다음과 같이 초기의 결단을 내린다는 것이다. 즉, 여기서 양육은 너무 쓸모 없어서 나의 최선의 선택은 스스로 P 자아상태로써의 몫을 하는 것이야. 아마도 어머니는 C 자아상태에서, 아이들에게 완고한 경계를 설정하는 것을 두려워했던 것이다. 대신에, 그녀는 아이들에게 다음과 같이 말함으로써 윽박지른다. "너, 그것을 하면 혼난다." 혹은 "이봐, 너는 아버지를 화나게 하고 있잖아!" 그 아이는 부모의 감정과 복지에 책임이 있다고 요청받고 있었다. 그는 생활에서 그의 일이 부모를 돌보는 것이라고 결정함으로써 반응할 것이다. 그리하여 사실상, 그는 스스로 어린 부모가 된다. 성인의 생활에서 그는 공생에서 이러한 역할로 다시 들어갈 것이다.

그들의 부모가 학대를 하거나 억압적이라고 여기는 다른 어린아이들은 나는 OK이고, 당신은 NOT-OK라는 생활 자세를 취하고 그들의 부모를 부모의 위치에서 끌어내리는 공상을 할지도 모른다. 다시 이것은 그들의 성인의 공생관계를 재연한다.

(4) 공생적 초대

사람들이 만날 때는, 그들이 취하고 싶어 하는 공생적 역할이 무엇인지 서로에게 신호하는 경향이 있다. 이러한 공생적 초대(symbiotic invitation)는 흔히 말없이 전달된다. 보통, 여러 번의 수동적 행동이 보일 것이다.

앞에서 본보기에서, '상호'는 아무것도 하지 않고 그저 안절부절못함으로써 그의 공생적 초대를 처음 행하였다. 그가 말없이 앉았다가 불안해하기 시작했을 때, 그는 강사에게 다음과 같은 암암리의 메시지를 전달하고 있었다. "나는 당신에게 나에 대해서 생각하고 사정이 어떤지를 나에게 말해 주기를 요구합니다." 그의 공생적 초대는, 그가 C 자아상태를 취하고 있는 동안, 그 강사가 P 자아상태와 A 자아상태의 역할을 취하는 것이다.

그 연습을 계속해서 이제 완결했을 때 그 강사는 다음과 똑같은 심리학적 수준에 의견을 같이하고 있었다. 즉, "그래, 네가 옳아. 넌 내가 너를 위해 생각하고 사정이 어떤지를 네게 말해 주기를 요구한 거야." 그렇게 함으로써 그는 '상호'의 공생적 초대를 받아들인 것이다.

때때로 공생적 초대는 말로 전달되기도 한다. 이런 일이 일어날 때, 개인은 바로 묻기보다는 그녀가 원하는 것이 무엇인지를 다루어 보는데 귀 기울이게 될 것이다. 이것은 흔히 미묘하게 행해진다. 예를 들어, 치료 집단의 한 성원이 바닥을 쓸쓸하게 내려다보며 "나를 껴안아 주기를 바라."라고 말할지도 모른다. 집단의 다른 성원들이 그 유혹을 받아들여, 그녀가 요구하는 것으로 보이는 포옹을 해 준다. 그들이 그렇게 한다면, 그들은 그녀의 공생적 초대를 받아들이게 된 것이다. 그녀가 비공생적 태도로 포옹을 요구했다면, 그녀는 한 특별한 집단 성원을 보고 다음과 같이 말했을 것이다. "나를 좀 껴안아 주시겠어요?" 그러나 두 사람 모두 똑같은 공생적 역할을 위하기를 원하는 사람이 만날 때마다 어떤 일이 일어나겠는가? 만약 그들이 모두 P 자아상태가 되기를 원하거나, 아니면 둘 다 C 자아상태의 행동을 하려고 한다면 어떻게 되겠는가?

그럴 경우 당사자들은 그들이 선호하는 공생적 역할을 취하기 위해 자기가 유리한 입장을 취하기를 시작할 것이다. 예를 들면, 당신은 두 사람이 식사를 마친 후 돈을 지불하려고 할 때 음식점에서 다음과 같은 종류의 의사 교환을 하는 것을 들을 수 있을 것이다.

"자, 그 돈은 넣어둬요. 내가 지불할 거예요."
"아뇨, 됐어요. 자, 내가 낼 게요."
"정말 내가 낼 거예요! 다른 말은 마세요!"

이러한 교류는 각자가 돈을 지불하려고 강력히 주장함으로써 한동안 계속될 것이다.

각자는 다른 사람에게 P 자아상태가 되려고 노력하고 있는 것이다. 그들은 이 경우에 서로 P 자아상태의 위치를 차지하려는 경쟁적 공생 상태에 있는 것이다.

본래 경쟁적 공생은 변하기 쉽다. 이와 같은 교환은 보통 비교적 짧은 시간 동안만 지속된다. 그들은 두 가지 가능한 방법으로 결말을 맺을 것이다. 당사자들은 나갈 때 문을 '탕' 하고 닫고 서로 사라져 버릴 것이다. 아니면, 그들 중 한 사람이 물러서서 다른 한 사람에게 원하는 공생적 위치를 양보할 것이다. 그러면 한 발 물러선 사람은 공생에 있어서 상보적 입장을 취하는 것이다. 예를 들면, 음식점에서의 의사 교환은 두 사람 가운데 한 사람이 "아, 예, 정 그러시다면……"이라고 말하고 마지못해함을 보여 주면서 자기 지갑을 치우는 것으로 끝날 것이다. 그는 다른 사람이 자신을 돌봐 주도록 하면서 C 자아상태의 위치로 한 발 물러선 것이다.

(5) 이차 공생

어떤 경우 공생관계에서는, 일차의 아래쪽에서 계속되는 이차 공생(second-order symbiosis)이 있다. 그것은 그림에서 그 형태를 보여 주고 있다. 이러한 유형의 공생은 C 자아상태의 이차 구조 내에 서 일어나기 때문에 이차 공생이라고 불린다.

'성철'과 '은미'와 같은 부부 사이의 관계는 종종 이차 공생을 수반한다. 우선 느낌으로는 그들의 공생에서 '성철'이 P 자아상태와 A 자아상태의 역할을 하고, '은미'는 C 자아상태를 연기하는 것이 명백한 것처럼 보인다. '성철'은 통제를 하고 실제의 문제를 다루게 된다. '은미'는 통제를 받고 감정을 표현하게 된다. '성철'은 다음과 같은 초기의 결정을 재연하고 있다. 즉, 내가 해나갈 수 있는 유일한 방식은 나 자신을 포함한 모든 사람들의 책임을 맡고 잘 통제하는 것이다. '은미'의 결정은 인생에 있어서 내 임무는 다른 사람들, 특히 남자들을 즐겁게 하는 것이며 일에 대해서 생각하지는 않는 것이다. 일차 공생은 이러한 각본 결정에 따라 그들의 요구를 충족시키려는 공동의 노력을 표현한다.

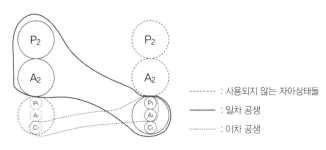

[그림 5-8] 이차 공생

그러나 '성철'은 아직 다른 요구를 가지고 있다. 그것은 책임과 통제를 하려는 욕구보다 그의 인식의 훨씬 더 아래에 있는 것이며, 그의 성장 과정의 초기 단계에서 유래하는 것이다. 신체적인 스트로크와 안락함에 대한 욕구가 바로 그것이다. 우리는 이것을 '성철'의 C_1 내용 부분, 즉 C 자아상태의 초기 C 자아상태로써 보여 준다.

'성철'에게 있어서 문젯거리는 그러한 초기의 C 자아상태의 욕구들을 차단하고, 그의 후기의 각본을 결정하는 데 있다. 그러면 이제 그가 어떻게 초기의 C 자아상태의 욕구들을 충족시킬 것인가? 그 대답은 그가 이차 공생에서 상보적 역할을 취해 줄 누군가를 적절히 선택하는 일로, 그의 공생적 파트너로써 '은미'를 선택하는 데 있는 것이다.

'은미'와 마찬가지로 '은미'의 어머니도 신체적 스트로크를 주는 데 인색하며 강하고 과묵한 사람과 결혼을 했다. '은미'가 유아였을 때, 그녀의 아버지는 옆에 많이 있어 주지 않았다. 아버지는 일을 하거나 친구들과 함께 술을 마시는 데 시간을 보내기를 더 좋아했다. 어머니는 스트로크와 보살핌을 받으려는 자신의 초기의 C 자아상태의 욕구를 만족시키기 위한 다른 A 자아상태을 가지고 있지 않았다.

기민한 유아의 자각으로 '은미'는 말없이 속으로 결정했다. "어머니를 내 주위에 좋은 모습으로 보이기 위해서는, 내가 그녀를 돌보는 것이 더 나을 것이야." 자신의 초보적인 P 자아상태와 A 자아상태 즉, P1과 A1을 사용함으로써, 그녀는 어머니의 신체적인 '어린이 ⓒ' 상태를 돌보는 사람이 되었다. 이제 성인의 공생에서 그녀는 '성철'과 이러한 유형을 재연하고 있는 것이다.

이와 같은 공생은 특히 깨닫기가 어려운 것이다. 그러한 스트로크는 초기의 C 자아상태의 생존의 문제임을 상기해 보자. 그래서 이 예에서 만약 '은미'가 공생에서 갑자기 벗어나려고 한다면, '성철'은 신체적인 C 자아상태에서 치명적인 두려움을 체험할 것이다. 그의 C 자아상태의 신념은 신체적 스트로크의 유일한 근원을 상실할 것 같고 곧 그것은 죽음을 의미한다는 것이다.

동시에 초기의 C 자아상태의 수준에서 '은미'는 공생의 파괴가 곧 어머니의 상실을 의미하는 것으로 여길지도 모른다. 유아에게 이것은 또한 죽음의 선고를 의미한다.

'성철'이나 '은미'는 그들의 인식 속에서 이러한 초기의 C 자아상태의 두려움을 허용하지 않을 것 같다. 그들은 대신에 그들의 공생관계를 계속 유지해야 할 합당한 이유를 찾을 것이다. 만약 그들이 그 관계를 깨고자 원한다면, 그들은 각본 통찰력과 치료상의 도움을 필요로 할지도 모른다.

10. CKFR 심리검사

1) 준거 틀 이해

준거 틀(Frame reference) 이론은 현실에 대한 필터로써 하나의 현실 여과기이며 시프가 제안한 이론이다. 사람마다 자극에 대한 지각하는 방법과 반응하는 방법이 다르다. 특정한 자극에 대해 특별한 방법으로 반응하게 된다. 인생각본은 준거 틀의 부분을 형성하는 것으로 전체적으로 준거 틀은 많은 정의로 이루어졌다. 따라서 한 사람의 다양한 인생각본은 그 사람의 준거 틀을 형성하기 때문에 준거 틀은 그 사람의 정체성을 말해준다.

2) CKFR 심리검사 이해

한국교류분석상담협회에서는 최영일 박사에 의해 개발된 표준화 심리검사지인 CKFR 심리검사를 활용하고 있다. CKFR 심리검사란 'Choe's Korean standard Frame Reference'의 약자로 개인의 준거 틀 탐색을 통해 개인의 심리적인 현상을 측정하여 상담, 심리치료, 의사소통, 그리고 인간을 이해하는 데 효과적인 도구로 활용한다. CKFR 심리검사는 한국형 준거 틀 심리검사로 총 90개 문항으로 구성되어 있다.

CKFR 심리검사는 2016년 2월부터 2017년 12월까지 1년 10개월간의 연구와 준비를 하여, 전국 단위 21,360명을 표집하고 부산대학교 통계연구소에 의뢰, 통계분석을 통해 개발된 교류분석 이론에 의한 심리검사이다.

CKFR 심리검사 방법은 먼저 CKFR의 90문항 질문지를 통해 검사 결과를 응답지에 체크하고 각각 아홉 가지 핵심 인생각본 점수 합계를 낸다. 그리고 이 값을 CKFR 체크리스트에 꺾은선 그래프로 작성한다. 자신의 아홉 가지 핵심 인생각본 합계 점수 중 가장 높은 점수가 각각 1차, 2차 핵심 인생각본이며, 가장 낮은 점수가 7차 핵심 인생각본이다. 다음으로 한국 연령 성별 CKFR 규준 점수표를 참고로 자신의 전국 연령 성별에 따른 등급을 찾는다. 그 후에 다음 CKFR 심리검사 해설지에 의해 자신의 검사 결과를 중점적으로 해석한다.

3) CKFR 심리검사 해석

CKFR 심리검사 해석 방법을 구체적으로 이 교재에서 다루기는 제약이 따르므로 심리검사 도구와 해석을 원하시는 독자들은 한국교류분석상담협회에 문의 바란다. 교재는 2024년도 학지사에서 출판한『교류분석과 CKFR 심리검사를 활용한 준거 틀 사례분석』 (최영일 외, 2024)을 참고하기 바란다. 다음은 CKFR 심리검사 해석 방법의 핵심 내용만 살펴보겠다.

(1) CKFR 심리검사 해석 방법
① 준거 틀의 건강한 정도
② 준거 틀의 성향에 따른 승자각본과 패자각본
③ 준거 틀의 등급에 따른 기술
④ 준거 틀에 따른 인간관계 스트로크 성향
⑤ 준거 틀의 조기 결단과 집착 그리고 두려움
⑥ 준거 틀에 따른 양육 방식과 각본신념 그리고 방어기제
⑦ 준거 틀에 따른 드라이버, 라켓, 디스카운트
⑧ 준거 틀에 따른 임패스와 병리적 인생각본
⑨ 준거 틀에 따른 효과적 교류패턴
⑩ 준거 틀의 함정과 3P 활용
⑪ 준거 틀과 진로
⑫ 자율성 회복과 발휘

(2) CKFR 심리검사에 의한 자기분석
CKFR 심리검사에 의한 자기분석 서식은 다음과 같다.

CKFR 심리검사에 의한 자기분석

검사일:

◆ 나의 기본 정보

1) 고민거리 및 문제:

2) 행동관찰:

3) 나의 자원:

4) 가족관계(3세대 가계도 및 자신 문제와 관계된 가족 성향, 특이 사항 기재):

5) 생태도:

◆ 나의 검사 결과

FR \ 구분	LS1	LS2	LS3	LS4	LS5	LS6	LS7	LS8	LS9
점수									
순위									
등급									

체크리스트	해석

◈ 준거 틀에 따른 특성과 해석

1) 준거 틀의 건강한 정도

FR ＼ 특성	상	중	하
1			
2			
9			

- 나의 해석
  ① 건강할 때:
  ② 불건강할 때:
  ☞ 개선 방안:

2) 준거 틀의 성향에 따른 승자각본과 패자각본

FR ＼ 특성	성향	승자각본	패자각본
1			
2			
9			

- 나의 해석
  ① 성향:
  ② 승자각본 쓸 때:
  ③ 패자각본 쓸 때:
  ☞ 개선 방안:

3) 준거 틀의 등급에 따른 기술

FR ＼ 특성	등급에 따른 기술
1	
2	
9	

- 나의 해석

  ① 순기능:

  ② 역기능:

  ☞ 개선 방안:

4) 준거 틀에 따른 인간관계 스트로크 성향

FR \ 특성	긍정적일 때	부정적일 때
1		
2		

- 나의 해석

  ① 긍정적일 때 스트로크 방식:

  ② 부정적일 때 스트로크 방식:

  ☞ 개선 방안:

5) 준거 틀의 조기 결단과 집착 그리고 두려움

FR \ 특성	조기 결단	집착	두려움
1			
2			

- 나의 해석

  ① 조기 결단의 의미:

  ② 집착의 성향:

  ③ 두려움의 성향:

  ☞ 개선 방안:

6) 준거 틀에 따른 양육 방식과 신념 그리고 방어기제

FR \ 특성	양육 방식	각본신념	방어기제
1			
2			

• 나의 해석

  ① 양육 환경:

  ② 각본신념의 성향:

  ③ 방어기제의 의미:

  ☞ 개선 방안:

7) 준거 틀에 따른 드라이버, 라켓, 디스카운트

FR＼특성	드라이버	라켓	디스카운트
1			
2			

• 나의 해석

  ① 드라이버의 의미:

  ② 라켓의 성향:

  ③ 디스카운트 성향:

  ☞ 개선 방안:

8) 준거 틀에 따른 임패스와 병리적 인생각본

FR＼특성	금지령	대항지령	핵심 임패스	병리적 각본
1				
2				

• 나의 해석

  ① 금지령:

  ② 대항지령:

  ③ 임패스 상태:

  ④ 불건강의 극단:

  ☞ 개선 방안:

9) 준거 틀에 따른 효과적 교류패턴

FR＼특성	효과적 교류패턴
1	
2	

- 나의 해석
  ① 순기능적 교류패턴:
  ② 역기능적 교류패턴:
  ☞ 개선 방안:

10) 준거 틀의 함정과 3P 활용

FR＼특성	함정	허용	보호	잠재 능력
1				
2				

- 나의 해석
  ① 함정의 의미:
  ② 허용의 상황:
  ③ 보호의 상황:
  ④ 잠재 능력 발휘:
  ☞ 개선 방안:

11) 준거 틀과 진로

FR＼특성	성향	적성	대표적 직업
1			
2			

- 나의 해석
  ① 성향 통찰:
  ② 적성 찾기:
  ③ 원하는 직업:

☞ 개선 방안:

12) 자율성 회복과 발휘

FR＼특성	자율성 회복과 발휘
1	
2	

- 나의 해석
  ① 자율성의 회복의 의미:
  ② 어떻게 자율성을 발휘:
  ☞ 개선 방안:

13) 전체적인 준거 틀의 개선 방안

패턴＼상태	현재	개선점
LS1		
LS2		
LS3		
LS4		
LS5		
LS6		
LS7		
LS8		
LS9		

◆ 총평
  ① 현재 모습:

  ② 개선 방안:

11. 라켓

1) '라켓'과 '라켓 감정'의 정의

'라켓(Rackets: 부적절한, 대체된, 가짜, 대리)'과 '라켓 감정(racket feeling)'이라는 용어의 의미에 대해서는 교류분석 문헌에서도 많은 혼란이 있었다. 일부 저작가들은 두 용어를 서로 바꾸어 쓸 수 있는 것이라고 한다.

이 책에서는 그렇게 사용하지 않는다. 우리는 라켓과 라켓 감정 사이에는 유용한 구분이 이루어질 수 있다고 말하는 다른 학파의 사고를 따르고자 한다.

우리는 라켓 감정을 "어린 시절에 배우거나 장려받고, 많은 스트레스 상황에서 경험한 친숙한 정서이나 성인의 문제 해결의 수단으로써 적합하지 않은 것"으로 정의한다.

그리고 라켓은 "환경을 조장하고 개인이 라켓 감정을 경험하는 것을 수반하는 수단으로써 의식 밖에서 사용되는 일련의 각본 행동들"로 정의한다. 다른 말로 하면, 라켓은 개인이 라켓 감정을 느끼도록 장면 설정을 하고 그 감정을 느끼는 과정이다. 이러한 장면 설정은 개인의 의식적 자각 밖의 무의식에 있다.

사람들은 라켓 감정을 느끼기 위해 항상 라켓을 설정할 필요가 있을까? 아니다. 우리는 진정으로 아무것도 설정하지 않은 스트레스 상황을 일으키는 데에 독자적으로 반응하여 라켓 감정을 경험할 수 있다. 예를 들어, 당신이 목적지에서 만나기 위한 제한된 시간을 가지고 어떤 형태의 공공 수단(비행기, 기차, 버스)으로 여행을 한다고 상상해 보라. 기계의 결함으로 여행이 지연된다. 시계의 초침이 똑딱거리며 지나가는 것을 보며 앉아 있을 때, 당신은 어떤 기분을 느끼는가? 아마 나는 운송 회사에 화난 감정을 느낄 것이다. 당신은 당황스러워할 것이며, 또 다른 사람은 몸이 찌뿌듯함을 느낄 것이다.

라켓 감정의 예를 보면 다음과 같다.

> **라켓 감정**
>
> 노여움, 공포, 열등감, 우울, 죄악감(죄의식), 안절부절, 우월감, 절망감, 허무감, 버려진 기분, 혼란, 자기비하, 상심, 라이벌 의식, 낙담, 비애, 연민, 응석받고 싶은 기분, 불안, 걱정, 무력감, 결핍감, 분노, 긴장감, 혐오감, 완고(옹고집), 한, 시기심, 고독감, 불뚱이(핏대), 초조감, 동정, 연모, 의무감, 패배감

2) 라켓과 각본

(1) 라켓과 각본의 관계

각본과 라켓 사이의 일반적인 관계, 즉 라켓 감정을 경험할 때는 각본 상태에 빠져 있다는 것을 인식해야 한다.

왜 라켓 감정은 각본 기제에서 그러한 중요한 부분을 차지하는가? 그 대답은 가족 속에서 어린아이들이 그들의 욕구를 충족시키는 수단으로써 라켓 감정을 사용하는 법을 배웠기 때문이다. 우리는 라켓 감정이 어린 시절에 배우고 장려된 것임을 보아 왔다. 모든 가족은 감정을 허용하는 그 자체의 고유한 제한된 범위를 가지고 있다. 그리고 실망시키거나 금지되는 다른 폭넓은 범위의 감정들도 가지고 있다.

때때로 허용된 감정들은 어린아이가 소년이거나 소녀에 따라 다를 것이다. 종종 어린 소년들은 화를 내고 공격적인 것은 OK이지만 두려워하거나 눈물을 자아내는 것은 안 된다는 것을 배운다. 어린 소녀들은 화를 내고 싶은 마음이 들더라도 눈물을 흘리거나 애교를 부리며 인정받는다는 것을 배울 것이다.

그렇다면 만약 어린아이가 계속해서 금지된 감정들 가운데 하나를 보여 준다면, 무슨 일이 일어날까? 예를 들어, 어린 소년이 두려움을 가지고 그러한 감정을 보여 준다고 가정해 보자. 그는 어머니에게 달려가서 공포로 떨고 어머니의 보호를 기대한다. 어머니는 어린아이를 멸시하며 "이제 용감한 사내가 되어야 해! 맞붙어 싸워야지."라고 말한다. 그러고 나서 어머니는 허드렛일을 계속한다.

어린아이는 "만약 내가 두려워하고 그런 감정을 보인다면, 이 주위에서 내가 원하는 결과들을 얻지 못할 거야. 나는 보호를 원했지만 그 대신에 무시를 당했어."라고 생각한다.

예민한 '작은 교수(LP)'의 상태에서 그 소년은 자기가 원하는 방식으로 결과들을 얻을 수 있는 방법들을 찾는다. 그는 스트레스 상황에 대한 반응으로 매일 감정들의 모든 영역을 실제로 시험해 볼 것이다. 그는 슬픔, 환호, 공격, 혼란, 멍청함 그리고 이름 붙일 수 있는 많은 상이한 감정들을 철저히 시험해 볼 것이다. 공격성이 어머니로부터 최상의 반응을 얻는다는 것을 그가 알았다고 가정해 보자. 만약 자신보다 힘이 센 아이하고 싸우고 상처를 입을지라도, 적어도 그는 어머니로부터 "그래 잘했어, 멋진 사내는 울지 않아!"라는 칭찬의 말을 듣는다.

그는 '대개 그가 원하는 결과들을 가져다주는', 즉 부모로부터 인정을 받는 감정을 발견했다. 원하는 스트로크를 얻기 위해서 그는 공격을 보여 줄 필요가 있다. 확실히 그는 이러한 스트로크들을 얻기 위해서 상처의 대가를 치를 것이다. 이러한 일련의 사건들은 어린 소년이 계속 성장할 때 되풀이하여 반복되는 것 같다. 반복할 때마다 그는 감정과 그 결과들에 대해서 점차 더 나아진 결론에 이르게 된다. 즉, "공격성을 제외한 다른 종류의 감정은 여기서 사용되어서는 안 되는 것 같다. 사실 내가 다른 어떤 감정을 보여 준다면 나의 부모는 나를 지지하지 않을 거야, 그것은 위험스러운 일이야. 그러므로 나는 공격성을 제외한 어떤 감정들도 느껴서는 안 되는 거야." 이제 두려워하거나 슬퍼할 때마다 그는 심지어 그 자신에게도 그 감정을 숨긴다. 대신에 그는 곧장 공격적인 감정으로 전환해 버린다.

(2) 라켓과 고무밴드

내가 그러한 어린 소년이었다고 가정해 보고, 지금 나는 마트의 계산대에 서서 점원에게 외상해 주기를 요구했는데, 거절당한 상황에 있다고 가정해 보자. 이러한 상황의 스트레스를 경험할 때 나는 고무밴드의 시작점으로 돌아간다. 나는 과거의 스트레스 상황으로 돌아가 아주 어린아이였을 때처럼 반응하기 시작한다. 그 점원과 온 세상은 나를 공격하는 것처럼 느낀다. 즉시 나는 어린아이일 때 그렇게 하도록 배운 것을 한다. 나는 공격적으로 바뀐다. 점원에게 맞서서 "참 수치스럽네! 내 말을 못 믿겠다는 건가요?"라고 고함지른다. 점원은 어깨를 으쓱해 보인다.

여전히 화가 나서 씩씩거리며, 나는 뻣뻣하게 마트에서 나온다. 점원에게 큰소리를 쳐서 잠시 동안은 후련함을 느낄지 모른다. 나 자신에게 "그래, 적어도 나는 나올 때 그 점원에게 따졌어!"라고 말한다. 그러나 동시에 내가 고함을 쳐도 물건을 살 수 없다는 것도 안다. 여전히 화도 나고 소화도 되지 않는다.

이러한 감정의 반응은 지금 여기의 문제를 해결하는 데 최소한의 도움도 되지 못한 것이다. 그러나 나도 모르게 그 문제보다 내게 훨씬 더 중요한 동기를 추구하고 있었다. 나는 이러한 라켓 감정들을 경험하고 보여 줌으로써 내가 어린 시절에 얻었던 부모의 지지를 얻기 위해 그 환경을 조작하려고 시도하고 있었다.

이것이 항상 성인 시절에서의 라켓 감정의 기능이다. 라켓 감정을 경험할 때마다 나는 오래된 어린 시절의 전략을 재연하고 있다. 다른 말로 하면 나는 각본 상태에 빠져 있는 것이다.

(3) 라켓 조성하기

앞의 사례로 되돌아가서, 나는 라켓 감정을 경험하는 것으로 나를 '정당화한' 일련의 사건들에 라켓을 조성하였다. 나는 '우연히' 돈을 가져오는 것을 잊어버렸다.

이제 라켓 감정들의 각본 기능을 알고 있는 우리는 내가 왜 그렇게 했는지를 알 수 있다. 나는 라켓 감정을 경험할 수 있도록 라켓을 조성한다. C 자아상태에서 나는 스트로크에 대한 욕구를 경험해 왔다. 그래서 나는 어린아이일 때 배운 방식으로 그러한 스트로크를 위해 조장하도록 조성했다. 나는 내가 가족 속에서 '결과를 얻은 것'과 똑같은 감정을 느끼는 것을 조성했다.

이렇게 하여 라켓 이론은 사람들이 왜 나쁜 감정에 이르는지에 대한 완전히 새로운 관점을 우리에게 제공해 준다. 마트의 예로 돌아가 보자. 이것에 대한 평범한 변명은 다음과 같은 것이 될 것이다. 즉, "필요한 물건을 구입하지 못하고 돌아왔어. 그래서 난 화가 났어."

그러나 라켓에 대한 지식을 알면, 우리는 그 대신에 다음과 같이 말할 것이다. 즉, "나는 화나는 감정을 정당화하기를 원했어. 그래서 필요한 물건을 구입하지 못하고 돌아오도록 조성하였다."

3) 라켓 감정과 진실한 감정

(1) 개요

우리는 어떤 감정들은 가족 속에서 장려받는 반면 다른 감정들은 못마땅하게 여기거나 금지된다는 것을 어린아이들이 어떻게 배우는가를 설명했다. 어린아이가 금지된 어떤 감정을 경험할 때, 그는 허용되는 대안적 감정으로 빠르게 전환해 버린다. 그는 금지된 감정을 인식하게 되는 것조차 허용하지 않을 것이다. 우리가 성인 시절에 라켓 감정을 경험할 때도 똑같은 과정을 거친다. 이렇게 하여 라켓 감정은 항상 어린 시절에 금지되었던 다른 감정에 대한 대체물인 것이다.

이러한 대체의 특성에 대한 의미를 전달하기 위하여 우리는 라켓 감정을 진실하지 않는 감정들로 설명한다. 반대로 진실한 감정들은 우리가 가족 속에서 실망시켜 잃게 되는 것으로써, 감정들을 통제하도록 교육받기 전인 아주 어린아이일 때 경험하는 감정들이다.

라켓과 진실한 감정들 사이의 이러한 구분은 패니타 잉글리시(Fanita English, 1972)에 의해 처음으로 제시되었다. 최초의 저작에서 그녀는 라켓 감정들에 대한 대조로써 '실제적 감정'이라는 말을 사용했다. 그러나 현재에는 '실제적' 감정보다는 '진실한' 감정을 이야기하는 것이 더 일반적이다. 요점은 내가 라켓 감정을 경험하고 있을 때 이 감정도 내가 실제로 느끼는 감정이라는 점이다. 점원에게 소리치기 시작했을 때 나는 화나는 감정을 가장하지는 않았다. 나는 실제로 화가 났다. 그러나 나의 화는 라켓 감정이었으며, 진실한 감정은 아니었다.

우리는 종종 라켓 감정이 진실한 감정을 가리기 위해 사용하는 것이라고 말한다. 예를 들어, 어린 소녀가 '가족 속에서 소녀가 슬퍼하는 것은 허용되지만, 화를 내는 것은 결코 허용되지 않는다'는 것을 배운다고 하자. 성인으로서 각본 상태에 있을 때 그녀가 누군가에게 화를 낼지도 모르는 상황에 있다고 가정해 보자. 예를 들어, 그녀가 만원 버스에서 누군가에 의해 무례하게 팔꿈치로 밀쳐진다고 가정해 보자. 그녀는 화를 내는 대신에, 거의 조건반사처럼 어린 시절에 배운 형태로 이동한다. 화를 내는 대신에 그녀는 슬픈 감정을 느끼기 시작하고, 아마도 눈물을 흘릴 것이다. 그녀는 진실한 감정인 화를 진실하지 않은 라켓의 슬픔으로 덮어 가린 것이다.

일부 사람들은 진실한 감정을 라켓 감정으로 덮어 가릴 뿐만 아니라 하나의 라켓 감정을 다른 라켓 감정으로 가린다. 예를 들어, '민철'이는 어머니가 그를 버리고 떠날지도 모르는 경우를 생각하여 그의 초기 어린 시절의 많은 시간을 두려운 감정으로 보냈다. 그가 두려움을 느낄 때마다 화를 낸다면 적어도 어머니로부터 어떤 스트로크를 얻는다는 것을 말없이 배웠다. 그래서 유아였을 때 그는 두려움을 화로 덮어 가리기 시작한 것이다.

조금 더 나이가 들자, 아기를 제외하고는 가족이 어떤 감정도 드러내서는 안 된다는 것을 배웠다. 가족의 기준에 맞추기 위하여 '민철'이는 참고 표정 없이 있어야 했다. '민철'이는 이렇게 결단했다. '나는 화난 감정조차 그만두는 것이 더 나아. 왜냐하면 내가 화를 낸다면 결국 가족으로부터 소외되는 위험에 처할 것이기 때문이야.'라고 생각했다. 그래서 그는 처음 두려움을 화로 가리듯이 화도 멍한 심정으로 가렸다.

이제 '민철'이가 성인이 되어 두려움을 느낄 상황에 있다고 가정해 보자. 즉, 그는 관계를 맺고 있는 여자친구가 떠날 것 같은 느낌이 들었다. 그는 어린이일 때 혼자가 되는 것을 원치 않은 상황에 그를 혼자 남겨두는 위협을 겪고 있다고 생각할 것이다. 순간적으로 '민철'이는 이러한 일에 대해 위협을 느끼기 시작하고, 그 두려움을 화로 가려 버린다. 바로 그때 그는 빠르게 화를 멍한 심정으로 가린다. 그가 의식하는 한, 그 멍한 심정은 그의 '실제적' 감정이다. 그가 어떻게 느끼는지를 묻는다면, "난 정말 별 감정이 없어요."라고 대답할 것이다.

(2) 라켓과 진실한 감정의 명칭

우리가 통제받지 않고 있을 때 느끼는 정서들인 진실한 감정들은 무엇인가? 교류분석에서는 그것을 보통 네 가지로 열거한다.

'성난(mad)'
'슬픈(sad)'
'두려운(scared)'
'기쁜(glad)'

이런 네 가지 단어 외에도 어린아이가 느낄 수 있는 다양한 신체적인 감각, 예를 들면 편안한, 배고픈, 충만한, 피곤한, 흥분된, 졸음이 오는 등등을 추가할 수 있다.

진실한 감정들의 이름에 대한 목록은 짧지만, 대조적으로 라켓 감정들에 부여하는 이름들은 페이지를 가득 채울 수 있다. 아마 스스로 자신이 이것을 시험해 보려고 할 것이다.

당신은 당황, 질투, 의기소침, 죄의식 등등의 '정서들'로써 보통 범주화되는 진실하지 않은 감정들을 가지고 시작할 수 있다. 그 후, 당신은 사람들이 각본 상태에 있을 때 자신들에 대해서 어떻게 느끼는지를 표현하는 모호한 용어들, 즉 마음이 팔린, 고착된, 걱정하는, 절망적인 등등을 덧붙일 수 있다. 몇몇 라켓 이름들은 감정보다는 사고와 더 관련이 있다. 즉 혼동된, 마음속이 텅 빈, 당황한 등등.

모든 라켓 감정들이 그것들을 경험하고 있는 사람들에 의해 '나쁜' 것으로 범주화되지는 않을 것이다. 정말 화가 날 때조차도 애교 있고 기운 차도록 되어야 한다고 배운 어린 소녀의 예를 상기해 보자. 성인일 때 그녀는 '모든 사람의 햇살'처럼 각광받는 존재로 평판이 날 것이다. 그녀는 바로 어린아이이었을 때 그랬던 것처럼 자란 뒤에도 라켓 감정의 표현으로 많은 스트로크를 얻을 것이다. '좋은' 것으로 경험될지도 모르는 라켓 감정들은 의기양양함, 공격성, 결백함 또는 행복감을 들 수 있다. 그럼에도 불구하고 이러한 모든 감정들은 진실한 것일 수 없는 것이다. 그것들은 어린 시절 동안 배워 온 것이며, 환경으로부터 지지를 만들어 내려는 시도로써 성인의 생활에서 사용된다.

감정들의 이름을 붙이는 데 있어서 다른 복잡한 일은, 진실한 감정들에 부여된 이름들은 또 라켓 감정들에게도 부여된다는 것이다. 예를 들어, 분노나 슬픔은 진실한 감정일 수도 있고, 라켓 감정일 수도 있다. 아마도 내가 어린아이일 때 분노를 혼동으로 가리도록 배운 반면에 당신은 분노를 슬픔으로 가리도록 배웠을 것이다. 당신의 라켓 감정은 진실한 감정들 중 하나와 똑같은 이름을 가지게 된다. 나의 감정은 그렇지 않다. 그러나 당신의 진실하지 않은 슬픔과 나의 혼동은 둘 다 라켓 감정이다.

4) 라켓 감정, 진실한 감정, 그리고 문제의 해결

그래서 라켓 감정들이 항상 '나쁜' 것으로 경험되지 않는다면, 라켓과 진실한 감정들 사이를 구분하는 것이 중요한 이유는 무엇인가? 그 대답은 진실한 감정들의 표현은 지금 여기의 문제를 해결하는 수단으로써 적절한 반면에 라켓 감정들의 표현은 그렇지 않다는 것이다.

다른 말로 하면, 우리가 진실한 감정을 표현할 때는 우리가 상황을 끝내는 데 도움이 되는 어떤 일을 한다는 것이고, 라켓 감정을 표현할 때는 그 상황을 미완성인 채로 남겨 둔다는 것이다.

조지 톰슨(George Thomson)은 세 가지 진실한 감정들, 즉 공포, 화, 슬픔의 문제 해결의 기능을 설명했다. 그는 이 감정들을 각기 미래, 현재, 과거를 다룬다고 지적했다.

내가 진실한 공포를 느끼고 그 정서를 표현하는 어떤 방식으로 행동할 때 미래에 일어나리라고 예상하는 문제를 해결하는 데 도움을 얻는다. 내가 길을 건너면서 그 길이 자유로이 통행할 수 있는지를 살펴본다고 가정해 보자. 갑자기 아주 빠르게 운전한 차가 길 쪽으로 질주해 와서 내 쪽으로 미끄러진다. 공포에 질린 나는 한쪽으로 껑충 뛴다. 나는 차에 부딪히게 되는 미래의 사건을 피한 것이다.

진실한 화는 현재에서의 문제를 해결한다. 예를 들어, 가게에서 서비스를 받기 위해 줄을 서서 기다리고 있다고 하자. 한 여성이 쇼핑 바구니를 가지고 한쪽으로 나를 밀치면서 내 앞으로 들어오려고 한다. 나는 화를 내면서 현재 위치에서 나 자신을 지키기 위해 적절히 반응한다. 나는 똑같은 힘으로 그녀의 등을 밀고 "내가 당신 앞에 있었어요, 제발 줄 끝으로 가세요."라고 고함친다.

내가 진정으로 슬퍼한다면, 과거에 일어난 고통스러운 사건을 잊는 데 도움이 될 수 있다. 이것은 결코 다시는 얻지 못할 어떤 것이나 어떤 사람을 잃은 그런 종류가 될 것이다. 내 자신이 솔직히 슬퍼하고, 한동안 울고, 그리고 나의 상실에 대해서 이야기하도록 함으로써 나는 과거의 고통에서 자유롭게 된다. 나는 그 상황을 끝내고 벗어나게 된다. 그다음 나는 현재와 미래에 내게 제공되는 것이 무엇이든지 간에 그것에 대해서 계속해서 준비한다.

조지 톰슨은 행복의 기능을 논의하지 않았다. 진실한 행복은 '변화시킬 필요'가 없는 것이기 때문이다. 이러한 의미에서 행복감은 시간을 초월한 특성을 지닌다. 그것은 '과거에 일어난 일이 현재에도 일어나고 계속해서 미래에 일어나는 것은 OK이다.'를 의미한다. 진실한 행복의 표현은 느슨하고, 편안함을 느끼며, 현재를 즐기는 것이고 충분히 채워졌을 때는 잠드는 것이다.

진실한 감정들의 이러한 문제 해결의 기능과 아주 대조적으로 라켓 감정들은 상황을 끝내는 데 결코 도움이 되지 않는다. 당신은 앞에서 든 많은 예들 가운데서 이러한 사실을 검토할 수 있다. 내가 점원에게 고함쳤을 때는, 미래에 내가 구입한 물건을 집으로 가져오는 데 아무런 도움이 되지 못했다. 나는 현재에서 어떤 생산적인 결과도 얻지 못한 것이다. 그리고 마트의 문을 닫기 전에 물건을 구입하는 과거의 가능성을 끝내는 데도 도움이 되지 않았다. 적절한 시간을 벗어나 표현하는 공포, 화 또는 슬픔은 모두 라켓 감정이다. 예를 들어, 일부 사람들이 과거에 일어난 일들에 대해서 화난 감정으로 살아간다. 그러나 과거는 변화될 수 없다. 그러므로 이러한 화는 문제를 해결하는 수단으로써는 비생산적인, 즉 그것은 라켓 감정이다. 감정과 기간이 맞지 않은 사례를 적용해 보자.

소개하고 있는 예에서 당신에게 그 상황을 끝내는 데 도움이 되었을 진실한 감정은 무엇이라고 말하겠는가? 물건을 구입하지 못할 것이라는 것을 알았을 때 당신은 진정으로 화나거나 슬프거나 두렵거나 또는 행복했는가? 이러한 감정들 각각이 당신이 그 상황을 끝내는 데 도움이 되었겠는가를 검토해 보자.

라켓들은 낡은 C 자아상태의 전략의 재연을 나타내기 때문에, 지금 여기에서의 라켓 감정들의 표현은 똑같은 불만족스러운 결과를 되풀이하여 만족스럽지 못한 결과를 초래한다. 각본 상태에 빠져 있는 동안 개인은 그 환경으로부터 어떤 스트로크들을 조작해 냄으로써 일시적으로 만족하게 될 것이다. 그러나 진실한 감정을 표현하는 데 나타나게 되는 근본적인 욕구는 여전히 충족되지 않은 것이다. 그래서 그 사람은 각 스트레스 상황에서 다시 그것을 연출해 내면서 전체적인 유형을 재순환하게 될 것이다.

5) 라케티어링

패니타 잉글리시는 사람들이 라켓 감정에 대한 스트로크를 얻는 수단으로써 사용하는 교류 방법을 설명하기 위해 '라케티어링(racketeering)'이라는 말을 만들어 냈다.

라켓하는 사람(Racketeer)은 다른 사람을 그가 라켓 감정으로 표현하는 대화로 끌어들이고, 다른 사람으로부터 그 감정에 대한 스트로크를 얻어 내고자 한다. 이러한 교류는 다른 사람이 라켓하는 사람에게 기꺼이 스트로크를 주려고 하는 한, 계속될 것이다.

패니타 잉글리시는 라케티어링은 P 자아상태와 C 자아상태 간의 평행 교류를 수반하는 두 유형으로 될 수 있다고 말한다. 유형 I에서 라켓하는 사람은 처음으로 C 자아상태의 역할을 취한다. 그의 인생태도는 '나는 NOT-OK이고, 당신은 OK'이다. 유형 II에서 그는 '나는 OK이고, 당신은 NOT-OK'라는 인생 태도를 가지고 P 자아상태에서 이루어진다.

유형 I의 라켓하는 사람은 슬프고 애처롭게 생각될 것이다. 이는 패니타 잉글리시가 유형 Ia라고 이름 붙이고 '무력한 사람(Helpless)'이라고 부른 라케티어링의 한 양식이다. 예를 들어, 당신은 다음과 같은 종류의 대화를 듣게 될 것이다.

> **라켓하는 사람**(C-P): "나는 오늘 또 기분이 좋지 않아요."
> **상대자**(P-C): "오, 그런 소리를 들으니 유감이군."
> **라켓하는 사람**: "그런데 상사는 또다시 나를 놀리고 있었어요."
> **상대자**: "쯧쯧, 안됐군."

결과적으로 C 자아상태의 라켓하는 사람은 애처로운 소리를 내고 불평하는 자세로 나올 수 있을 것이다. 이것은 유형 Ib인 '건방진 사람(Bratty)'이다. 전형적으로 상대는 부정적으로 '양육적인 어버이(NP)' 상태 대신에 부정적으로 '통제적인 어버이(CP)' 상태에서의 스트로크로 반응할 것이다.

> **라켓하는 사람**: "그리고 당신은 많이 도와주지도 않았어요."
> **상대자**: "흥, 당신은 스스로 일어설 수 없어요?"
> **라켓하는 사람**: "당신은 내가 무엇을 할 것을 기대합니까? 그는 상사예요, 그렇지 않아요?"
> **상대자**: "당신은 왜 노동조합에 불평하지 않았나요?"

유형 II의 라켓하는 사람은 작용할 수 있는 두 가지 양식을 가진다. 유형 IIa의 '도움이 되는 사람(Helpful)'에서, 그는 P 자아상태에서 다른 사람으로부터 감사의 스트로크를 얻어내려고 하면서 부정적으로 '양육적인 어버이(NP)' 자세를 취한다. 즉,

> **라켓하는 사람**(P-C): "당신은 확실히 충분히 먹었어요?"
>
> **상대자**(C-P): "오, 그래요. 고맙습니다."
>
> **라켓하는 사람**: "이제 여기로 와서 이 파이를 더 먹는 게 어때요?"
>
> **상대자**: "아니요. 솔직히 그것은 훌륭했습니다만, 지금은 충분합니다. 고맙습니다."

'으스대는 사람(Bossy)'은 부정적으로 '통제적인 부모(CP)' 상태에서 교류를 시작하는 유형 IIb의 라켓하는 사람을 묘사한다. 그는 그의 상대자로부터 변명하는 C 자아상태의 스트로크를 추구한다.

> **라켓하는 사람**: "또 늦었군!"
>
> **상대자**: "죄송합니다."
>
> **라켓하는 사람**: "죄송하다는 것은 무슨 뜻이지? 이 일이 이번 주 들어 네 번째야……."

라케티어링은 라켓 감정의 임무를 수행하는 교환이 이루어지는 일종의 잡담(기분 전환)이라는 것을 알 것이다. 평행 교류는 단지 참여자 가운데 한 사람이 교류를 폐쇄하거나 교차할 때 그만두게 될 것이다. 흔히 교차를 시작하는 사람은 상대자가 아닌 라켓하는 사람이 될 것이다. 그것은 평소의 라켓하는 사람은 다른 사람이 교환에서 폐쇄하려고 할 때 그것을 알아채는 데 익숙하기 때문이다. 이렇게 하여 라켓하는 사람은 스트로크 자원을 다 써버리기 보다는 오히려 독창력을 계속 유지하려 할 것이다.

흔히 있는 결과는 라케티어링의 교환이 게임으로 변형된다는 것이다.

6) 심리적 교환권

(1) 개요

교환권(Stamp)이란 물품을 살 때 덤으로 받은 것, 또는 카드 결제 때 포인트 적립과 흡사하다. 여기서 물품을 살 때나, 카드 결제할 때처럼 심리적 교환권은 대인관계에서 교류할 때 덤으로 받는 라켓 감정을 말한다.

라켓 감정을 경험할 때 할 수 있는 일은 두 가지이다. 라켓 감정을 바로 표현하든가 아니면 나중을 위해 저장하는 것이다. 나중에 사용할 때는 스탬프(심리적 교환권)를 모아 두게 된다고 말한다.

지난주에, 당신이 라켓 감정을 느끼고 그것을 거기서 그때 표현하는 대신에 모아 둔 경우가 있었는가?

만약 그렇다면, 당신은 스탬프를 모아 둔 것이다. 이러한 스탬프 위에 쓴 라켓 감정의 이름은 무엇이었는가? 그것은 질투, 승리, 화난, 신난, 우울한, 무력한 스탬프였는가? 아니면 무엇이었는가?

당신은 이러한 종류의 감정을 얼마나 많이 수집해 놓고 있는가?

당신은 이런 종류의 감정들을 얼마나 오래 수집해서 쌓아 놓으려고 하는가?

당신이 수집한 것을 현금으로 대체하려고 결정할 때, 그것을 무엇과 대체하려고 하는가?

'스탬프'라는 말은 '심리적 교환권'의 약자이다. 그것은 1960년대에 슈퍼마켓에서 고객에게 스탬프를 주는 것이 유행이었는데, 당시에는 사람들이 구매한 물품에 따라 색깔이 다른 스탬프를 주었다. 이러한 교환권들은 스탬프 책 속에 붙여 끼워 둘 수 있고, 일정 수가 모아지면, 수집한 것으로 상품을 사기 위해 현금으로 교환할 수 있었다.

일부 사람들은 자주 작은 품목으로 스탬프를 현금으로 교환하려고 한다. 다른 사람들은 책들을 모아 두고, 아주 큰 상품을 위해 그것들을 채워서 현금으로 교환한다. 사람들이 심리적 교환권들을 모을 때, 그들은 그것들을 청산하는 것에 대해 똑같은 종류의 선택을 한다. 예를 들어, 내가 화난 스탬프들을 모은다고 가정해 보자. 일할 때 상사는 나를 비난한다. 나는 그에게 화가 나지만, 그러한 감정을 보여 주지는 않는다. 나는 그날 밤 집에 도착할 때까지 그 스탬프를 계속 가지고 있다. 그다음 나는 내 발쪽으로 들어오는 개에게 소리친다. 여기서 나는 단지 하나의 스탬프만을 모으며, 그것을 그 날 안으로 청산해 버린 것이다.

예는 스탬프의 현물화에 대한 다른 일반적인 특성을 설명하는 것이다. 결국 모아 두었던 스탬프를 사용하는 대상은 라켓 감정을 느끼게 했던 사람이 아니라는 사실이다. 나의 작업 동료도 화난 스탬프들을 모을 것이다. 그러나 그가 스탬프들을 청산하기 전에 더 큰 수집을 하려고 한다고 가정해 보자. 그는 몇 달 그리고 몇 년 동안이나 상사에 대해서 화를 수집할 것이다. 그다음 많은 화난 스탬프 책들을 모음으로써 그는 상사의 사무실에 들어가서 상사에게 소리치고 그래서 해고당할 것이다.

스탬프 색깔의 종류를 정리해 보면 〈표 5-4〉와 같다.

표 5-4 스탬프 종류와 의미

스탬프 색깔의 종류	감정의 의미
금색 스탬프	우월감, 유능감, 자기 중시
갈색 스탬프	상황에 맞지 않는 감정, 엉뚱한 감정
청색 스탬프	우울 감정
적색 스탬프	분노
회색 스탬프	무관심, 불쾌한 감정
황색 스탬프	공포
녹색 스탬프	질투
흰색 스탬프	결백, 독선

(2) 스탬프와 각본

사람들은 왜 스탬프를 수집하는가? 에릭 번은 그 대답을 제시했다. 즉, 사람들은 스탬프들을 청산함으로써 그들의 각본 결말로 이동할 수 있기 때문에 그렇게 한다. 만약 개인의 각본이 비극적이라면 그의 심각한 결말을 위해 현금으로 교환할 수 있는 더 큰 스탬프들을 수집하기를 좋아할 것이다. 예를 들어, 그가 해마다 우울 스탬프를 수집할 것이라면 결국 그것들은 자살함으로써 청산될 것이다. '다른 사람을 해치는' 범죄형 결말을 가진 사람은 거대한 격노의 스탬프들을 수집할 것이며, 그다음 살인을 '정당화하기' 위해 그 스탬프들을 사용할 것이다. 상실각본의 좀 더 가벼운 수준에서 사업 간부는 시달림 스탬프들을 모으고 그것들을 심장마비, 궤양 또는 고혈압으로 청산할지도 모른다.

평범한 각본을 가진 사람은 더 작은 스탬프들을 수집하기를 유지하고 그것들을 더 가벼운 결말로 교환할 것이다. 오해의 스탬프들을 모으는 여성은 남편과 큰 싸움을 벌이는 걸로, 몇 달 동안에 그것들을 청산할 것이다. 권위를 지닌 사람에 대해서 화난 스탬프들을 수집하는 나의 직장 동료와 같은 사람은 일할 때 논쟁하고, 때로 해고당하는 데 그 스탬프들을 교환할 것이다.

우리는 스탬프 축적이 진정으로 승자각본에는 조금도 필요하지 않다고 본다. 열심히 일하는 간부는 '일을 잘 해 나가기' 때문에 스탬프 수집이 필요 없을 것이다.

7) 스탬프 버리기

스탬프의 각본 기능에 대한 이러한 지식을 이해하고, 자신이 어떤 스탬프를 모으고 있는지, 그리고 이러한 스탬프를 어떤 결말로 청산하려고 하는지 검토해 보자. 당신은 여전히 이러한 결말을 원하는가?

아니라면, 당신은 수집한 것을 포기할 수 있다. 그러나 그것들을 포기하는 것을 결정하기 전에 당신이 기대한 결말을 포기하기를 진정으로 원한다는 것을 확실히 하라. 당신이 스탬프 수집을 포기하는 것을 선택한다면, 당신이 계획한 결말과 영원히 결별해야 한다는 것을 분명히 하라.

이러한 생각을 하면서, 당신은 여전히 스탬프들을 청산하길 원하는가?

만약 당신의 대답이 '예'라면, 영원히 스탬프들을 처분할 방법을 선택하라. 일부 사람들은 그것들을 불에 던져 버린다. 다른 사람은 그것들을 화장실에 쏟아부어 버린다. 또 다른 사람은 그것들을 빠르게 흐르는 강물에 던져 버리고, 바다로 떠내려가는 것을 지켜본다. 당신 자신의 방법을 선택하라. 당신이 무엇을 선택하든지, 당신이 스탬프를 도로 얻을 수 없는 방법이어야 한다.

당신이 처분 수단을 결정할 때는 편안하게 하고 당신의 눈을 감으라. 스탬프 수집을 억누르는 자신을 상상해 보라. 얼마나 많은 스탬프 책과 가방이 있는지 보라. 그것들의 이름이 스탬프들 위에 쓰여진 것을 보라.

당신은 스탬프를 놓을 준비가 되었는가? 그러면 계속해서 당신이 결정한 방법이 무엇이든지 간에, 스탬프들을 처분하라. 그것들을 불에 던지고 연기 속으로 사라질 때까지 지켜보라. 또는 그것들을 화장실에 쏟아부어 버려라. 아마 그것들을 모두 확실히 내려가도록 하기 위해서는 몇 번의 물을 쏟아부어야 할 것이다. 만약 강에 던져 버린다면, 마지막 스탬프가 당신의 시야에서 사라질 때까지 그것들을 지켜보라.

상상으로, 당신의 손을 살펴보고, 그곳에는 당신이 가져온 스탬프들이 없다는 것을 확인하라.

이제 당신이 주위를 돌아보고 호전되는 것을 상상해 보라. 당신은 이전에 보지 못했던 사람이나 어떤 일을 매우 기쁘게 보게 될 것이다. 어떤 사람이나 어떤 일에 대해 반갑게 인사말을 해라. 그것은 미래에 당신이 스탬프를 축적할 필요를 느끼지 않는다는 것을 의미할 좋은 스트로크를 얻을 수 있는 근거이다.

이러한 스트로크들을 환영하라. 더 이상 스탬프 수집을 수행하지 않아도 되므로 안도

감을 느끼라. 그런 후에 연습장에서 나오라.

8) 라켓 체계

(1) 개요

라켓 체계란 인생 각본의 본질을 설명하는 하나의 모델이며, 사람들이 어떻게 인생을 통하여 그들의 각본을 유지하는가를 보여 준다.

리처드 어스킨(Richard Erskine)과 매릴린 잘크맨(Marilyn Zalcman)이 이를 고안했다.

이 장에서 라켓 체계에 대한 도식적 제시와 그 도식의 의미에 대한 실제적 설명은 에릭 번 기념 과학상을 받은 어스킨과 잘크맨의 논문 「라켓 체계: 라켓 분석에 대한 모델」에서 인용한 것이다. 현재의 저작자들이 사례의 예증과 뒷받침하는 해석들을 보완해 가고 있다.

라켓 체계는 '개인이 자신의 각본을 유지해 나가기 위한 자신의 사고 감정 행동의 자기 강화 및 왜곡된 체계'라고 규정할 수 있다. 이는 내적으로 관련되면서 상호 의존적인 세 가지 요소를 가지고 있는데, 즉 각본신념과 감정, 라켓의 표현 그리고 강화하는 기억이 그것이다. 위의 그림이 도식적으로 보여 주고 있다.

각본 상태에 빠져 있을 때 나는 나 자신과 다른 사람들 그리고 삶의 질에 대한 오래된 신념들을 재연할 것이다. 어스킨과 잘크맨은 각본 결정이 미완성의 감정을 '교묘히 변명하면서 벗어나는' 수단으로써 어린 시절을 받아들이게 된다고 주장한다. 성인의 생활에

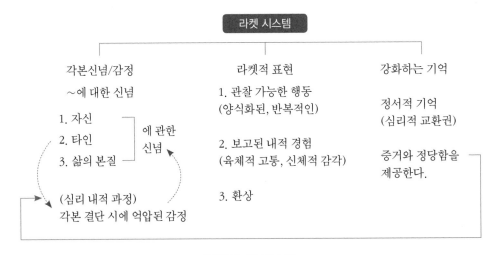

[그림 5-9] 악순환

서 스트레스를 받고 있을 때 나는 이러한 유아의 전략을 재연할지도 모른다. 그러한 감정 경험을 방어하기 위해 나는 어린 시절의 결론들을 되살려서 그것들을 현재에서도 사실인 것처럼 경험함으로써 정당화하려고 한다. 그 후 이러한 것들이 각본신념들을 형성한다.

어스킨과 잘크맨은 대체로 각본신념과 감정이 A 자아상태의 이중 오염을 표현하는 것으로써 설명한다.

각 표제하의 각본신념들은 핵심 각본신념과 지지 각본신념으로 나누어진다.

(2) 핵심 각본신념

핵심 각본신념은 어린아이의 초기의 가장 기본적인 각본 결단에 해당하는 것이다. 모든 유아에게는 통제되지 않은 감정의 표현이 그들의 욕구를 충족하는 데 실패할 때가 많다. 그렇다면 어떻게 어린아이가 부모의 관심이라는 측면에서 '결과를 얻을' 때까지 대리 감정의 영역을 시험해 보는지를 우리는 앞 장에서 살펴보았다. 이 대리 감정들은 라켓 감정으로 채택되며, 원래의 통제되지 않은 감정은 억눌려진다.

그러나 원래의 감정은 반응하지 않았기 때문에, 유아의 감정적 경험은 완성되지 않은 채 있다. 이것의 의미를 이해하려는 시도에서, 유아는 자신과 다른 사람들과 세상에 대한 결론을 내리게 된다. 이 결론이 핵심 각본신념을 형성한다. 어린아이들은 그들이 할 수 있는 구체적이고 마술적인 사고의 종류에 의존한다.

민수라는 한 내담자의 예를 들어보자. 20대 후반의 민수는 여러 번 여성들과 동거 경험이 있다. 매번 여성이 1년 정도 후에는 민수와 헤어져 버렸다. 그가 그의 여자친구에게 싸움을 걸고, 질투를 하고, 성미가 까다롭고 공격적으로 행동하기 때문에 이러한 결과를 초래했다는 것을 그 스스로 인정하였다. 이제 민수는 그가 사랑하고 소중히 여기는 한 여성과 또다시 관계를 맺고 있었다. 그는 이전과 똑같은 방식으로 관계가 깨지려고 한다는 점을 두려워했다. 자신의 공격성과 질투심을 인식하고 있었지만, 이러한 감정들을 느끼기 시작했을 때, 그는 스스로 그것을 통제할 수 없다고 느꼈다. 최근에 그는 여자친구를 때렸고, 그래서 그녀는 그를 떠나겠다고 위협하고 있었다. 바로 이때에 그는 치료를 받게 되었다.

이러한 문제에 관한 라켓 체계 분석은 바로 민수의 유년기를 회상하게 한다. 인생의 가장 초기 몇 달 동안에 민수는 갓난아기와 어머니 사이에 존재하는 아주 가까운 신체적 친밀감을 만끽했다. 그러나 민수가 좀 더 자랐을 때, 즉 그의 첫 번째 생일 바로 후에 어머니는 이젠 그가 더 어렸을 때 그랬던 것처럼 꼭 껴안고 싶은 갓난아기가 아니라고 느끼기 시작했다. 그는 이제 더 움직였고, 종종 지저분하기도 했다. 비록 어머니는 의식하지 않았지만 민수를 신체적으로 밀쳐내는 반응을 했다.

유아의 예민한 의식으로 민수는 어머니의 거절 신호를 알아챘다. 그는 충격을 받았으며 어리둥절한 기분을 느꼈다. "세상의 무엇이 잘못된 걸까? 끔찍하게도 어머니가 혼자 나를 남겨두고 떠나려고 하는가?" 그럴지도 모른다는 가능성을 생각하면서 민수는 완전한 공포와 참담한 고통을 느꼈다. 그가 위로받기 위해서 어머니에게 다가갔지만, 어머니는 여전히 그를 거절하는 것처럼 보였다. 두려움과 마음의 상처를 표현하면서 민수는 그의 욕구를 충족시키지 못했던 것이다.

어머니의 움츠림에 대한 실제적인 이유들을 이해할 수 없는 민수는, 다음과 같은 결론으로 자신의 미완결 감정에 대한 '의미를 이해했다'. 즉, "나는 귀엽지 않아. 내게는 뭔가 잘못된 게 있어." 그래서 그는 자신에 대한 하나의 핵심 각본신념을 형성하였다.

이것과 일치하여, 또한 그는 다음과 같은 하나의 핵심 각본신념들도 받아들였다. 즉, "다른 사람들(특히, 의미 있는 여성들)은 나를 거절해. 세상은 두렵고, 쓸쓸하고, 예측할 수 없는 곳이야."

마음의 상처와 두려움에 대한 표현이 그의 욕구를 충족시켜 주지 못했다고 결론 내린 민수는 얼마 후에 그것을 포기하고 차선의 전략을 채택했다. 그가 화난 것을 표현하면 어머니로부터 적어도 얼마간 관심을 끌 수 있다는 것을 알아냈다. 발끈하거나 떼를 씀으로써 적어도 어머니가 그에게 큰소리치거나 노려보도록 할 수 있었다. 비록 이러한 부정적인 관심이 고통스러웠지만 아무것도 하지 않는 것보다는 훨씬 더 나았다. 민수는 "나의 욕구를 충족시키기 위한 최선의 방법은 화를 내는 거야."라고 결단했다. 그는 분노의 라켓으로 두려움과 마음의 상처에 관한 자신의 진실한 감정을 숨기는 법을 배웠고, 그렇게 함으로써 자신의 라켓 표현에 대한 기초를 이룬 것이다.

(3) 지지 각본신념

일단 유아가 자신의 핵심 각본신념들에 이르면, 이러한 신념들과 맞추어서 현실의 경험을 해석하기 시작한다. 이 신념들은 그가 겪은 경험과 그 경험이 갖고 있는 의미, 그리고 그것들을 얼마나 중요하게 여길지에 영향을 미친다. 이런 식으로 그는 핵심 각본신념들을 재확인하고 정교화해 주는 지지 각본신념들을 보태기 시작한다.

민수에게는 두 살 위인 형이 있었다. 나이 차이 때문에 그는 자연히 민수보다 몸집이 더 클 뿐만 아니라 생각하는 능력도 훨씬 앞서 있었다. 걸음마하는 어린아이의 추리력으로 민수는 좀 더 앞지르는 결론을 내렸다. "내게는 너무나 잘못된 것이 있다는 걸 이제 알아. 그건 바로, 충분히 크지도 않고, 똑똑하지도 않다는 것이야. 난 이 사실을 나보다 크고 똑똑해서 모든 관심을 받고 있는 형으로부터 알았어."

그래서 민수는 다음과 같은 자신의 지지 각본신념들을 세우기 시작한 것이다. "나는 어리석어, 나는 신체적으로 나약하고 너무 작아. 나의 욕구는 중요하지 않아. 다른 사람들은 나보다 더 크고 똑똑해. 이 때문에 그들은 모든 관심을, 특히 의미 있는 여성들로부터 얻게 된다. 인생은 너무나 불공평해."

(4) 재순환하는 각본신념과 각본감정

이제 민수는 성인이다. 그가 스트레스를 받는 순간에는 각본 상태로 빠져들어 갈지도 모른다. 우리가 살펴본 바와 같이 이것은 특히 지금 여기의 상황이 어린 시절의 스트레스 상황과 어떻게든 유사한 것으로, 마치 고무밴드가 있는 듯하다.

그러한 때에 민수는 초기 어린 시절의 감정과 신념들을 재경험한다. 그들의 관계에서 여자친구가 '그를 떠나 버린 것'으로 그가 인지했다고 가정해 보자. 그리고 그는 어머니가 유아일 때 그를 밀어젖힌 경우에 그랬던 것처럼 반응한다. 의식 수준의 아래에서, 그는 마음의 상처와 공포를 경험하기 시작한다.

그렇게 할 때 그는 자신의 각본신념들을 재연한다. 그는 의식의 밖에서 마음속으로 다음과 같이 자신에게 말하면서 그가 감지했던 거절을 설명한다. "나는 귀엽지 않아. 그것은 근본적으로 나에게 뭔가가 잘못된 것이 있기 때문이야. 이 의미 있는 여성은 오로지 나를 거절하려고 하고 있어. 만약 그녀가 거절한다면, 나는 완전히 혼자 남게 될 거야."

민수가 자신에게 이러한 말들을 할 때, 그는 두려움과 마음의 상처에 대한 그의 감정들을 '정당화'한다. 그리고 이러한 감정들을 재경험할 때는 그가 어떻게 느끼는지를 자신에게 '설명'하기 위하여 각본신념들을 다시 진술한다. 이렇게 하여 각본신념과 감정들은 끊임없이 재순환된다. 그림에서 점으로 표시한 화살표가 이것을 설명해 준다. 어스킨과 잘크맨은 이러한 과정들이 심리 내적으로, 즉 개인의 마음속에서 진행된다는 것을 강조한다. 민수는 이미 거절로써 감지했던 것에 관해 내적으로 각본 '설명'을 하기 때문에, 그는 지금 여기의 현실을 새롭게 하는 데 유용한 각본신념들을 만들지 않았다. 반대로, 그가 이렇게 재순환하는 과정들을 반복할 때마다 그는 현실이 각본신념들을 '확인했다'는 그의 지각을 강화한다.

(5) 라켓의 표현

라켓의 표현은 각본신념과 각본감정들의 표현인 모든 명백하고도 내면적인 행동들로 구성된다. 그것들은 관찰 가능한 행동들, 보고된 내면적인 경험들과 환상들을 포함한다.

① 관찰 가능한 행동

관찰 가능한 행동은 개인이 심리 내적인 과정에 반응하여 만들어 내는 감정, 말, 어조, 제스처 그리고 몸의 움직임들의 표현들로 구성된다. 이러한 표현은 어린아이가 자기의 가족 속에서 '원하는 결과를 얻는' 하나의 방법으로써, 광범위한 상황 속에서 사용하기 위해 배운 각본 행동을 재생산하기 때문에 반복적이고 양식화되어 있다.

라켓의 표현들은 각본신념들과 일치하거나 그것들을 방어하는 행동들을 수반할 것이다. 예를 들어, 어린 시절에 '나는 어리석어'라고 결론 내린 민수는 성인으로서 이러한 각본신념을 재연할 때 혼란스럽고 어리석은 행동을 한다. 그러나 어떤 사람은 유아기 때 동일한 결론을 내려도 오랜 시간 동안 공부를 하고, 학교와 대학에서 높은 점수를 얻고 그 후에는 차례로 전문직 자격증을 무리해서라도 차례로 따냄으로써 그 신념을 방어할 것이다.

민수가 그의 여자친구를 향했던 공격의 라켓 표현들은 다음과 같은 초기의 결론에서 나온 것이다. 즉, "내가 나의 욕구를 충족시킬 수 있는 방법은 마음의 상처나 두려움을 느끼기 시작할 때마다 화를 내는 것이다." 그의 여자친구가 그가 경멸이나 거절로써 여기는 방식으로 행동할 때, 그는 핵심 각본신념들과 이에 따르는 공포와 고통의 감정들을 재연하기 시작한다. 그러나 그가 유아일 때 하도록 배운 것처럼 즉시 그러한 감정들을 화로 덮어 버린다. '조건반사'의 태도로 그는 화를 내고 공격적으로 된다. 그는 여자친구와 격렬한 언쟁을 시작하고 그녀에게 큰소리치거나 밀쳐내기도 할 것이다. 아니면 그는 화를 억제하면서 집을 뛰쳐나가 성을 내어 시큰거리며 거리를 걷기도 할 것이다.

이러한 행동은 그의 진실한 감정들이 고통, 두려움 그리고 친밀감에 대한 갈망이라는 것을 민수의 여자친구에게 알려 주는 방법이 될 수는 없다. 실제로 민수 자신은 이러한 감정을 의식적으로 억눌러 왔다. 그는 대신에 성미가 까다롭고 신체적으로 공격적인 사람으로 행동한다. 민수가 맺어 온 관계의 역사에서, 최종 결과는 그의 여자친구들이 결국엔 그를 버렸다는 것이다. 그때마다 민수는 그의 각본신념들, 즉 "나는 사랑스럽지 않고, 여자들은 나를 거절해. 나는 나 자신 때문에 버림받았어."를 '정당화'하기 위해 이런 반응을 사용해 왔다.

② 보고된 내적인 경험

유아가 미완결된 감정적 경험의 의미를 이해하려는 시도에서 각본신념들을 채택하고, 그가 할 수 있는 최선으로써 경험을 완결한다는 것을 우리는 보았다. 이러한 인지적 과정뿐만 아니라, 개인은 신체적으로, 즉 몸으로 행하는 측면에서도 유사한 과정을 경험할 것이다. 미완결된 욕구에서 에너지를 전환시켜 버리기 위해 유아는 어떤 신체적인 긴장이나 불쾌감의 형태를 설정하는 데 그 에너지를 사용할 것이다.

우리는 앞의 장에서 이것에 관한 예를 들었다. 반복적으로 어머니에게 다가갔지만 반응을 얻지 못한 유아를 기억할 것이다. 그래서 얼마 후 그는 스스로 접근하는 것을 그만두기 위해 어깨를 위로 긴장시킨다. 이것이 불쾌하긴 하지만, 그것은 어머니에게 계속 닿으려고 하면서도 어머니의 명백한 거절을 받게 되는 것만큼 괴로운 일은 아니다. 그다음에 그는 원래의 욕구에 관한 의식과 어깨에 긴장을 유지하는 의식 둘 다를 모두 억누른다. 성인이 되어 그는 어깨, 목 그리고 등뼈 상부에 아픔과 고통을 경험할 것이다. 이것은 우리가 든 예 가운데 민수에게 있어서도 그렇다.

사람들은 이런 식으로 각본신념에 반응하는 긴장, 불쾌함 그리고 신체적 고통의 영역을 가지고 있다. 이러한 것들은 관찰 가능한 행동으로 분명하게 나타나지 않을지도 모르지만, 그 사람에 의해 보고될 수 있다. 때때로 근육의 긴장이 너무나 억눌려져 있어서, 안마 중일 때를 제외하고는 그 사람은 근육의 긴장을 의식하지 못한다.

③ 공상

개인의 각본신념에 따라 행동하지 않을 때, 또는 다른 사람과 교류하고 있지 않을 때, 어떠한 공상이나 환각 상태가 될 수 있다. 그 상상된 행동은 자신이나 그 밖의 다른 사람의 행동일 수도 있다.

예를 들어, 민수는 때때로 여자친구에게 신체적인 폭행을 한 것 때문에 벌을 받거나 감금되는 것을 상상한다. 그는 사람들이 그에게서 잘못된 것을 찾아내 그 모든 것들을 강조하면서, 그를 등 뒤에서 얕잡아 보고 있다고 자주 상상한다. 때때로 그의 환상은 다음과 같이 '일어날 수 있는 최상의 것'에 관한 과장된 그림이다. 즉, 그는 완벽한 여자친구를 만나는 것을 상상한다. 그 여자친구는 그를 완전히 수용할 것이며, 그가 거절이라고 간주할 수 있는 방식으로는 결코 행동하지 않을 것이다.

(6) 강화하는 기억

각본 상태에 빠져 있을 때, 개인은 각본신념들을 강화하는, 모아진 기억들을 고려한다. 이러한 기억된 사건들 각각은 그 사람이 각본신념과 감정들을 재순환시킨 것 가운데 하나가 될 것이다. 그렇게 했을 때 그 사람은 라켓 감정을 경험하거나 자신의 라켓 체계를 정형화하는 다른 명백하고도 내적인 행동들을 시작함으로써 그에 따라오는 라켓의 표현에 들어갈 것이다. 사건이 기억될 때, 라켓 감정이나 다른 라켓의 표현은 그 사건과 함께 기억된다. 다른 말로 표현하면, 스탬프는 각각의 강화하는 기억을 동반하고 있다.

기억된 사건들은 여자친구들이 잇따라 성호의 공격적인 행동에 반응하여 그를 떠났을 때처럼 개인의 라켓 표현들에 대한 다른 사람들의 반응이 될 것이다. 그것들이 실제로 각본신념들에 대해 중립적이거나 반대될지라도, 그 사람이 내적으로 해석했던 반응들도 각본신념들을 확인해 주는 데 포함될 것이다. 예를 들어, 한 여자가 파티에 민수를 초대할지도 모른다. 내심 그는 자신에게 다음과 같이 말할 것이다. "정말 그런 뜻은 아닐 거야. 단지 내가 기분이 좋도록 그렇게 말했을 뿐이야." 이러한 해석을 하고는 또 다른 거절로 화를 낼 것이다. 그래서 그는 자신의 각본신념에 관한 또 다른 확인을 새겨 넣고, 모아진 교환권으로 다른 강화 기억을 수집할 것이다.

가장 영리한 '작은 교수(LP)'조차도 각본신념들과 일치하도록 해석할 수 없는 몇 가지 사건들이 있다. 그러나 그 경우에 개인은 그런 사건들을 선택적으로 잊어버리는 다른 전략을 채택할 수도 있다. 예를 들어, 한 여성이 솔직하게 민수에게 그녀는 그를 그 자신처럼 아주 존중하며, 그와 가까이 머물면서 사랑할 것이라고 말했던 경우가 있었다. 그러나 각본 상태에 빠져 있는 동안 그는 그러한 기억들을 기억력에서 삭제해 버린다.

우리는 또한 개인이 각본신념에 맞는 장면에 대하여 공상들을 구성한다는 것을 보아 왔다. 이러한 공상의 기억들은 바로 실제의 사건을 기억하는 것만큼 효과적으로 강화하는 기억들의 역할을 한다. 민수가 '그에게 잘못된' 무언가 때문에 등 뒤에서 그에 관해 이야기하고 있는 사람들을 정신적으로 상상할 때마다 그는 기억 속에 또 다른 강화하는 기억을 보태게 된다.

여기서 다시 라켓 체계가 어떻게 자기 강화하는가 하는 것을 알게 된다. 강화하는 기억들은 각본신념들에 대한 피드백으로 소용된다. 이것은 그림의 직선 화살표에서 볼 수 있다.

강화하는 기억이 회상될 때마다, 개인은 각본신념을 재연하는데, 각본신념 그 자체가 강화하는 기억에 의해 강화된다. 각본신념이 재연될 때 저변에 깔려 있는 억눌린 감정은 자극을 받고, 심리 내적인 '재순환'의 과정은 또 한 번의 움직임을 시작한다. 이러한 일이 일어날 때, 개인은 라켓의 표현들을 시작하게 된다. 라켓의 표현들은 관찰 가능한 행동들, 내적인 경험들, 공상들 또는 이 세 가지의 혼합을 포함한다. 다음 순서로 라켓 표현의 결과는 그 사람이 감정적 스탬프들을 동반한, 강화하는 기억들을 더 많이 수집하도록 할 수 있게 한다.

(7) 자신의 라켓 체계 만들기

큰 종이를 가지고 그림과 똑같은 것을 그린다. 각각 세 칸의 하위 표제 아래 많은 공간을 남겨 둔다. 이 빈 도해에 당신은 당신 자신의 라켓 체계의 내용으로 채우기를 시작한다.

만약 연습을 계속하기를 원한다면, 당신에게 불만족스럽거나 고통스러웠던 최근의 상황과 나쁜 감정으로 끝내 버린 일을 기억한다. 당신이 계속하기를 원하지 않는다면 이제 나쁜 감정을 다시 경험할 필요는 없다.

스스로 그 상황으로 되돌아가 생각해 보면서, 당신에게 적용되는 것으로 라켓 체계의 세부 사항을 채운다. 빨리 그리고 직관적으로 행한다.

각본신념들에 이르는 좋은 방법은 자신에게 다음과 같이 묻는 것이다. "그러한 상황 속에서 스스로에 대해 나는 마음속으로 무엇을 말하고 있었는가? 관련된 다른 사람들에 대해서는 무엇을 말하고 있었는가? 삶의 질과 일반적인 세상에 대해서 무엇을 말하고 있었는가?"

'각본 결단의 시기에 억제된 감정들'을 당신은 어떻게 기록하는가? 이러한 감정들은 당신이 라켓 체계에 있는 동안 억제되고 있다는 바로 그 사실 때문에, 당신이 분석하고 있는 그 장면 동안 그것들을 명확히 의식하지는 못했을 것이다. 그러나 당신이 사용할 수 있는 다양한 단서들이 있다. 때때로 당신은 라켓 감정으로 들어가기 전에 한 순간 진실한 감정을 경험했을 것이다. 예를 들어, 만약 그 장면에서의 라켓 감정이 화남이었다면, 당신은 그 순간 바로 전에 두려움을 느꼈을 것이다. 또 다른 방법은 자신에게 다음과 같이 묻는다. "만약 내가 유아였고 나의 감정의 통제에 대한 개념을 가지지 못했다면, 이러한 상황을 어떻게 느꼈겠는가? 격노함을 느꼈겠는가? 외로움? 슬픔? 공포? 황홀감?" 의문스럽다면 추측해 본다. 마지막 검토 때, '라켓 감정들, 진실함 감정들 그리고 문제 해결'에 대해 앞 장의 부분으로 되돌아가 살펴본다. 진실한 감정들 가운데 어느 것이 당신이 이러한 상황을 끝내는 데 적절하겠는가?

이제 라켓 표현들에 관한 칸으로 이동한다. 당신의 관찰 가능한 행동들을 열거하기 위해서, 당신 자신을 담은 비디오에서 그 장면을 보고 있다고 상상해 본다. 당신의 말, 어조, 제스처, 자세 그리고 얼굴 표정들을 적는다. 당신은 무슨 라켓 감정을 표현하고 있는가? 이것을 그 장면 동안 당신이 경험하였던 라켓 감정에 대한 기억과 대조하여 본다.

'보고된 내적 경험들' 아래에는 당신 신체의 어느 곳에 있는 긴장이나 불편함을 기록한다. 당신은 두통이 있는가? 위경련? 목에는 통증이 있었는가? '감각이 없다는 것'도 일종의 감각이라는 점을 명심한다. 돌이켜 생각해 볼 때, 당신이 의식으로 삭제하고 있었던 신체의 어떤 부분이 있었는가?

당신이 경험하고 있었던 공상들을 기입해 넣는다. 여기서 한 가지 좋은 방법은 그 장면으로 되돌아가 스스로를 생각해 보는 것이며, 그 후에 자신에게 다음과 같이 물어본다. "내가 느끼는 최악의 일이 여기서 어떤 일로 일어날 수 있었는가?" 그것이 아무리 공상적인 것으로 보일지라도 상관하지 말고, 당신의 반응으로 제일 먼저 마음에 떠오르는 것을 적어 넣는다. 다음에 당신 자신에게 물어본다. "당신이 느끼는 최선의 일이 여기서 어떤 일로 일어날 수 있었는가?" 이러한 공상 또한 라켓 체계의 일부이므로 똑같은 방법으로 적어 넣는다.

마지막으로, 강화하는 기억들의 칸으로 이동한다. 당신의 기억을 자유롭게 두면서, 당신이 분석하고 있는 장면과 유사한 과거의 상황들에 관한 기억들을 적어 넣는다. 이러한 기억들은 오랜 과거에서 최근의 과거까지가 될 것이다. 그 모든 것들에서 당신은 동일한 라켓 감정과 위에서 '라켓 표현들'이라는 표제하에 언급한 것과 동일한 신체적 불쾌감 또는 긴장 등의 경험을 회상할 것이다.

당신의 라켓 체계의 세부 항목들을 초기의 연습에서 자신에 대해 만든 각본 모형과 대조해 보면, 흥미롭다는 것을 알게 될 것이다. 그것들은 얼마나 많은 공통점을 가지는가? 당신은 다른 부분을 새롭게 하거나 수정하기 위해 그것들을 각각 사용할 수 있다.

(8) 라켓 체계를 탈출하기

라켓 체계는 분석을 위한 도구의 의미뿐만 아니라 변화를 위한 수단이기도 하다. 어스킨과 잘크맨은 다음과 같이 말한다. "라켓 체계의 흐름을 방해하는 어떠한 치료상의 개입도, 개인의 라켓 체계의 변화에 효과적인 방법이 될 것이므로, 각본의 변화 또한 그럴 것이다."

다른 말로 하면, 라켓 체계의 어떤 지점에 개입하여 각본에서 벗어나기 시작하는 그 지점에서 변화를 만들 수 있다는 것이다. 당신이 그러한 변화를 가져올 때는, 오래된 피드백 고리를 깨뜨리게 된다. 그래서 변화는 더 쉽게 이루어진다. 그 과정은 여전히 자신을 강화하고 있지만, 당신은 이제 각본 상태에서 고정되어 있는 것이 아니라 각본의 이동을 강화하고 있다.

당신은 개입의 한 지점에서 멈출 필요는 없다. 멈추기를 원한다면 몇몇 다른 지점에서 라켓 체계의 흐름을 깨뜨릴 수 있다. 변화시키는 지점이 많을수록 각본으로부터 벗어나기 쉬워진다.

어스킨과 잘크맨의 논문에서, 그들은 치료자들이 라켓 체계를 방해하기 위해 사용할 수 있는 여러 가지 특별한 개입을 설명하고 있다. 당신은 자기 치료에 이와 유사한 접근법을 사용할 수 있다. 만약 당신이 이런 식으로 라켓 체계를 사용하는 것을 원한다면, 여기에 출발의 틀을 제공해 주는 연습이 하나 있다. 당신이 좋아하는 창조적인 방법들이 있다면, 그것으로 이 틀을 보완할 수도 있고 수정할 수도 있다.

그러면 앞의 틀을 참고로 하여 라켓 체계에서 벗어나는 방법을 연습해 보기로 하자.

라켓 체계를 그렸던 것과 같은 큰 종이를 마련하고, 거기에 라켓 체계처럼 보이는 도해를 그리지만 실제로 그것은 라켓 체계의 긍정적인 대응물이다. 만약 당신이 원한다면, 이 새로운 도해를 '자율 체계(autonomy system)'라고 부를 수 있다.

다시 한번 세 칸을 그린다. 자율 신념과 감정은 왼쪽 칸에 두고, 중간 칸은 자율적인 표현이라는 이름으로 하고, 세 번째 칸은 라켓 체계에서처럼 '강화하는 기억'이라는 똑같은 이름으로 한다.

자율 신념과 감정 아래에는 라켓 체계에서처럼 '자신, 다른 사람들, 그리고 삶의 질에

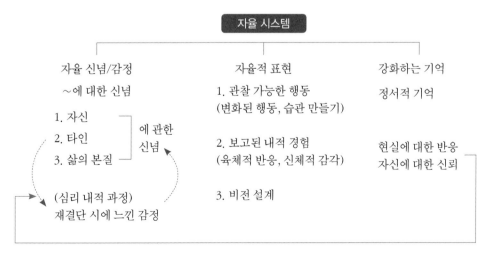

[그림 5-10] 선순환

관한 신념'이라는 하위 표제를 적는다.

라켓 체계를 만들 때 당신이 회상했던 장면으로 한 번 더 돌아가 생각해 보고, '자신에 관한 신념'부터 시작한다. 당신이 지금 새로운 최신 신념으로서 기입할 당신 자신에 대한 긍정적인 현실은 무엇인가?

예를 들어, 민수가 이러한 연습을 했다고 가정해 보자. 그는 이 제목하에 다음과 같이 기록할지도 모른다. "나는 완전히 사랑스러워. 그리고 나는 있는 그대로 모든 면에서 충분히 훌륭해." 여기서는 시종일관 이러한 유형의 긍정적인 어법을 사용하는 것이 중요하다. '아니다, 중지, 상실, 없이'와 같은 부정적인 단어들은 피한다. 당신이 처음 기입한 란에 그러한 부정적인 어떤 단어가 들어가 있다면, 긍정적인 말만으로 그것을 말하도록 문구를 다시 만들 시간을 가진다. 민수의 예에서, 그의 각본신념은 "내게는 뭔가 잘못된 것이 있어."라는 것이었다. 이것을 "내게는 뭔가 잘못된 것은 없어."와 같이 부정적인 말로 바꾸기보다는 "나는 충분히 크고 훌륭해."와 같은 긍정적인 말로 바꾸도록 한다.

계속해서 긍정적인 단어들을 사용하여 똑같은 방식으로 다른 사람들과 삶의 질에 대한 당신의 신념들을 새롭게 한다. 너무 과장된 표현은 여전히 당신의 라켓 체계의 부분이 될 수 있기 때문에 주의를 한다.

당신의 라켓 체계에서 '억제된 감정'이라고 기입해 넣은 왼쪽 칸 아래에는 이제 '표현된 진실한 감정'이라는 표제를 써넣는다. 당신이 라켓 체계에서 기입한 것과 똑같은 진실한 감정들을 써넣는다. 그 장면으로 되돌아가 자신을 상상해 보면서 당신이 어떻게 안전한 방법으로 그 상황이 끝나도록 진실한 감정을 표현할 수 있었는지를 눈앞에 떠올린다.

다음에는 '자율적인 표현'이라는 중간 칸으로 간다. 다시 한번, 비디오에서처럼 당신 자신의 장면을 본다. 그러나 이때에 긍정적이며 각본에서 벗어나는 그리고 라켓보다는 진실한 감정을 느끼는 방식으로 행동하도록 그것을 다시 해 본다. 당신이 이 새로운 란에서 스스로 사용하는 자신에 대해서 보고 듣는 단어, 제스처 등을 '관찰 가능한 행동' 아래에 기입한다.

같은 방식으로, 변형된 장면에 '보고된 내적 경험'을 완성한다. 불쾌감 대신에 어떤 편안함을 느끼는가? 당신이 이전에는 알지 못했던 어떤 긴장들을 알게 되었는가? 그렇다면, 당신은 이러한 긴장들을 풀려고 결심하는가? 그렇게 할 때 무슨 일이 일어나는가?

자율체계에서는 '공상'을 기입하지 않는다. 그보다도 이제는 '계획과 긍정적 시각화'를 여기에 기입한다. 이것은 이 연습의 나머지 부분을 완성하기 위한 표제이다. 그것은 미래의 상황들이 당신이 라켓 체계에서 분석한 라켓의 방법 대신에 지금 세우고 있는 긍정적 방법으로 진행되도록 보장하기 위해 당신이 할 수 있는 A 자아상태의 생활 계획을 말하는 것이다. 환상들 대신에 당신의 인생계획들은 가능하게 하고 진전시키기 위해 창조적인 시각화 기술들을 사용할 수 있다.

마지막으로, 강화하는 기억에 대한 칸을 완성한다. 당신이 지금 만들고 있는 재연 상황과 유사한 인생의 긍정적 상황에서 과거의 몇몇 경우들을 회상할 수 있을 것이라는 점은 거의 확실하다. 아마도 그것에 대해 생각할 때 당신은 많은 것을 회상할 수 있게 될 것이다.

그리고 당신이 실제로 어떤 것도 회상할 수 없다 하더라도 어쩌겠는가? 그냥 몇몇 부분만을 만든다. 만들어 낸 긍정적 상황들을 회상하는 것은 실제의 상황들을 회상하는 것만큼 아주 효과적이다. 이제 당신은 자율 체계의 변환을 시작하게 된다. 라켓 체계에서처럼 당신은 시간이 지남에 따라 그것을 수정하고 새롭게 할 수 있다.

자율 체계의 도해 위에 당신의 라켓 체계에 관한 도해를 비교, 상상해 본다. 앞으로 당신은 라켓 체계의 어떤 지점에 통풍구를 만들 수 있고, 자율 체계와 일치하는 지점에 내리기 위해 그것을 통해 내릴 수 있다. 그 지점에서부터 당신은 과거에 돌아갔던 라켓의 피드백 고리로 돌아가는 대신에 자율 체계의 흐름에 따르게 될 것이다.

아마 당신은 스스로 몇 개의 통풍구를 만들 것이다. 당신이 통풍구를 많이 가질수록 라켓 체계에서 벗어나 자율로 들어가는 것을 발견하기가 보다 쉽다.

제 **6** 장

심리적 승부 방식

1. 심리게임 이해

1) 심리게임의 의미

(1) 심리게임이란

심리게임을 이해하기 위해서는 무의식, 정신의 발달 단계, 불안과 방어, 정신병리의 역동 등에 대해서 기본적인 지식을 익히는 것이 필요하다고 생각된다. 지금부터 심리게임의 의미를 알아보기로 하겠다.

일반적으로 게임이라 하면 대부분이 즐겁고 유쾌한 시간을 보내는 방식을 생각하지만 교류분석에서 말하는 게임은 심리적 게임으로써 자신의 욕구를 채우기 위해 부정직한 방법으로 응수, 승부, 흥정하기 때문에 사람들에게 불쾌한 감정을 주는 것이며, 때로는 그 종말이 사람의 죽음을 초래하는 경우도 있을 수 있다. 이 심리적 의미에서 게임의 특색은 이면 교류를 통해서 이루어진다. 이 같은 이면적 교류를 받는 상대는 그 게임의 결말에서 반드시 불쾌한 라켓 감정을 맛보게 된다.

심리게임이라 함은 명료하고 예측 가능한 결과를 향해 진행해 가는 일련의 상보적 · 이면적 교류를 말한다. 기술적으로 말하면 그것은 숨겨진 동기를 수반하고 자주 반복적이며 표면상으로는 올가미나 속임수를 품은 일련의 흥정이다.

(2) 심리게임을 하는 이유와 공식

인간이 심리게임을 하는 것은 애정이나 스트로크를 얻기 위한 수단이고, 자기 합리화 수단이다. 시간을 구조화하는 방법의 하나이며, 심리게임은 각자의 기본적 라켓 감정을 지키기 위해서 연출한다. 불건강한 공생을 정당화하기 위해 과장된 신념을 유지한다. 라

C	+	G	=	R	→	S	→	X	→	P.O
Con		Gimmick		Response		Switch		Crossed-up		Pay-off
초대자	+	수락자	=	반응	→	전환	→	혼란	→	결말

[그림 6-1] 심리게임 공식

케이터링을 하다 더 이상 스트로크를 받지 못할 경우 심리게임을 하게 된다. 또한 그 사람의 인생태도를 강화하기 때문에 자율성을 발휘할 수 없게 만든다.

에릭 번에 의하면 심리게임은 다음과 같은 일정한 공식에 따라 진행된다고 한다.

① 초대자: 언어적·비언어적으로 상대의 약점을 건드려 자동적 반응을 촉발한다(미끼 던지기, 약점 찌르기).
② 수락자: 약점을 가지고 있는 자, 또는 상대에게 걸려든 자.
③ 반응: 감정적으로 생각 없이 자동적 반응(얼굴 붉히기, 말더듬기, 변명, 분개 등).
④ 전환: 극적 반전, A 자아상태를 통해 의식 시작, 드라마 삼각형에서 역할 교대.
⑤ 혼란: 심리게임 참여자들에게 당혹감, 불편함, 혼란스러운 상태.
⑥ 결말: 보상, 대가로써 패자로 남고 라켓 감정을 갖게 되며, 본질적으로 문제는 미해결 상태로 남는다.

여기에서 유의해야 할 점은 심리게임이 반드시 R → S → X → P · O의 화살표 방향으로만 진행하는 것이 아니고, 실제로는 C + G의 부분도 포함해서 각 단계를 왔다 갔다 하면서 최후의 결말을 맞이하는 경우가 많다는 것이다.

2) 심리게임의 특징

(1) 심리게임은 반복적이다

각자는 계속해서 그들이 좋아하는 심리게임을 한다. 다른 연기자들의 환경은 변할 수 있지만 심리게임의 양상은 비슷하게 남는다.

(2) 심리게임은 A 자아상태의 의식이 없이 연기된다

사람들이 심리게임을 반복해서 진행한다는 사실에도 불구하고 그들이 심리게임을 하고 있다는 것을 의식하지 않고 그들의 심리게임을 재연해 나가는 것이다. 이것은 연기자가 다음과 같이 스스로 자문하게 되는 심리게임의 마지막 단계까지 계속되는 것은 아니다. 즉, '어떻게 그런 일이 다시 일어났지?' 그때까지도, 사람들은 보통 자신들이 심리게임을 하는 것을 조장해 왔다는 사실을 깨닫지 못한다.

(3) 심리게임은 항상 연기자들이 라켓 감정을 경험하면서 끝이 난다

여기서 라켓 감정이란 부적절한 대리 감정을 말한다. 어린 시절에 배웠고 장려받았으며, 많은 스트레스 상황에서 경험했던, 그리고 문제 해결을 위한 어른스러운 수단으로 잘못 적용된 익숙한 감정이다.

(4) 심리게임은 연기자들 사이에서 이면 교류의 교환을 수반한다

모든 심리게임에 심리학적 수준으로 일어날 수 있는 것은 사회적 수준에서 일어날 수 있는 것으로 보이는 것과는 다른 차이점을 가지고 있다. 즉, 사회적 수준의 메시지와 심리적 수준의 메시지가 다르게 교류를 한다. 우리는 사람들이 자신과 결합하여 심리게임을 할 다른 사람을 찾으면서 그들의 심리게임을 계속 반복하는 방식에서 이것을 알 수 있다.

(5) 심리게임은 항상 놀라움과 혼란의 순간을 포함하고 있다

이 경우에 연기자는 예상치 못한 일이 일어났다는 느낌을 가진다. 어쨌든 사람들은 변화된 역할을 담당하는 것처럼 보인다.

(6) 심리게임은 각본신념을 강화시킨다

어린아이들이 초기의 결단을 통해 세상의 극복과 생존을 위한 유일한 방법으로 여긴다는 것을 알고 있다. 그래서 우리가 성인이 되어 인생각본 속에 있을 때, 자신과 다른 사람, 그리고 세상을 진실한 것으로 보는 우리의 각본신념을 확인하기를 원한다는 것은 조금도 놀랄 일이 아니다. 우리는 심리게임을 할 때마다, 그런 각본신념을 강화하기 위한 결말을 사용한다.

(7) 심리게임은 인생태도를 정당화시킨다

사람들이 어린 시절의 공생을 재연하기 위해 심리게임을 사용할 때, 그들은 에누리하고 있는 문제를 정당화하고 유지한다. 이렇게 함으로써, 그들은 자신의 준거 틀을 방어하는 것이다. 그래서 심리게임은 연기자가 이미 느끼고 믿고 있는 것(라켓 감정과 인생태도)을 정당화하기 위해 연기되며, 어떤 사람이나 또 다른 어떤 것에 책임을 전가시키기 위해 연기된다. 이러한 것들을 행할 때마다 그 사람은 자신의 인생각본을 강화하고 인생태도를 정당화시킨다.

⑧ 심리게임은 불건전한 공생을 유지하기 위한 하나의 시도이거나 그러한 공생에 대한 화난 반응이다

심리게임은 각 연기자가 자신과 다른 사람을 모두 에누리하는 불협화음의 공생적 관계에서 비롯된다. 연기자는 '나는 할 수 없어 당신이 도와줘'(C 자아상태), 아니면 '나는 당신만을 위해 무엇이든 할 수 있어'(P 자아상태, A 자아상태)와 같은 상징을 정당화하기 위해 과장된 믿음을 유지한다.

⑨ 심리게임은 세상으로부터 무엇을 얻으려는 C 자아상태의 최선의 전략을 나타낸다

우리가 성인 시절에 심리게임을 연기할 때는 C 자아상태의 욕구를 충족하려는 시도를 하고 있는 것이다. 그것은 진부하고 속임수적인 욕구를 충족시키는 수단 바로 그것이다.

3) 심리게임의 수준

심리게임은 상이한 정도의 강도로 연기될 수 있다. 심리게임의 수준에 따라 3가지 등급으로 나눈다. 다음은 3수준의 심리게임과 심리게임 중에 '유혹 게임'을 사례로 살펴보겠다. 유혹 게임의 목적은 복수하거나 관심 끌기이다.

① 제1급 심리게임(first-degree game)

사회적으로 용인된 심리게임으로 파티나 사회적 모임의 시간 구조화에 아주 큰 비중을 차지한다. 이김질, 응수, 승부, 합리화 등으로 잡담을 하면서 하는 잡담의 중요한 화제가 되는 심리게임이다.

> 예) 여자가 남자의 환심을 사면서 남자를 유혹, 남자를 유인한다. 이때 여자는 희생자 역할을 연기한다. 남자가 말려들면 "왜 이러세요, 이러지 마세요." 하면서 응수한다. 이때 역할 전환이 되면서 여자가 박해자 역할을 하게 되고 남자는 라켓 감정을 느끼며 희생자 위치가 되어 심리게임이 끝난다.

② 제2급 심리게임(second-degree game)

잡담하면서 하기는 부적절한 심리게임으로 다툼, 항의 등으로 수치심, 우월감, 증오, 슬픔, 분노를 일어나게 하는 심리게임이다.

> 예) 여자가 남자의 환심을 사면서 남자를 유혹, 남자를 유인한다. 이때 여자는 희생자 역

할을 연기한다. 남자가 말려들면 "나를 쉬운 여자로 봤어요. 별 이상한 놈이 다 있어." 하면서 싸움이 된다. 이때 역할 전환이 되면서 여자가 박해자 역할을 하게 되고, 남자는 수치심을 느끼며 희생자 위치가 되어 심리게임을 한다.

③ 제3급 심리게임(third-degree game)

법정 싸움, 생사를 가르는 다툼 등 비극적 결말을 가져오게 하는 심리게임으로 구속, 살인, 자살을 가져올 수 있는 심각한 심리게임이다.

예) 여자가 남자의 환심을 사면서 남자를 유혹, 남자를 유인한다. 이때 여자는 희생자 역할을 연기한다. 남자가 말려들면 "성희롱하다니요." 하면서 경찰을 부른다. 이때 역할 전환이 되면서 여자가 박해자 역할을 하게 되며 남자는 희생자 위치가 되면서 법정 다툼을 하는 심리게임이다.

4) 스웨터

심리게임을 하고 있을 때는 이면 교류를 하기 때문에 겉과 속이 다르다. 심리게임은 사회적 수준과 심리적 수준의 메시지가 일치하지 않기 때문에 이면 교류를 하게 된다.

사람들이 자기의 심리게임과 연결하여 심리게임을 연기할 다른 사람을 찾으려고 얼마나 애를 쓰는가 하는 것은 기괴한 일이 아니다. 스웨터(Sweater)는 앞면은 하나의 모토를 가지는데 그것은 의식적으로 세상에 보기를 원하는 것이다. 뒷면은 심리학적인 수준의 '비밀 메시지(secret messages)'이다. 뒷면의 메시지는 실제로 우리가 우리의 관계를 선택하는 사람들을 결정하는 것이다.

심리게임 중에 유혹 게임의 사례를 들어 보도록 하겠다. 우리는 스웨터 앞면에 다음과 같은 모토가 있음을 생각해 볼 수 있을 것이다. "나는 다정하고 참을성을 가질 것이다." 뒷면의 모토는 "그러나 내가 당신을 얻을 때까지만 기다릴 거야!"라는 것을 표시한다.

> **앞면**: 사회적 수준의 모토("나는 다정하고 참을성을 가질 것이다.")
>
> **뒷면**: 심리적 수준의 비밀 메시지("그러나 내가 당신을 얻을 때까지만 기다릴 거야!")

2. 교환권과 심리게임

1) 교환권 수집과 심리게임

부모와 자녀는 가정생활에서 많은 시간을 함께 보내게 된다. 그러다 보니 부모와 자녀는 교류의 홍수 속에 많은 정서적 심리적 교류를 하게 된다. 이 과정 속에 특별한 감정들을 모으게 된다. 이러한 감정들은 부모와 자녀 간의 관계에 중대한 영향을 주게 된다. 부모와 자녀의 심리적 교환을 교류분석의 관점에서 비춰 보고 부모와 자녀 간의 바람직한 교류 방향을 찾아볼 수 있을 것이다.

교류분석에서 C 자아상태가 모으는 특별한 감정을 교환권이라고 부른다. 이 교환권이라는 용어의 의미는 상품을 살 때 덤으로 받는 것으로 후에 현금으로 대체하기 위해 물품과 교환하게 된다. 교류분석에서 교환권(stamp)은 심리적 교환권이다.

심리적 교환권은 결국 가치 있는 현물로 상환된다. 이 수집한 원한은 그것이 점점 커져가서 포화 상태가 되면 자신이 취하는 행동을 정당화하면서 상환하게 된다. 이것을 '교환권의 현물화'라고 한다.

이 같은 교환권에는 기분이 좋고 자신을 중시하는 라켓 감정으로써 금색 교환권, 부적절한 감정 수집 경향으로서 갈색 교환권, 혹은 회색 교환권 또는 우울 감정 수집 경향으로서 청색 교환권, 분노와 적대적 감정으로서 적색 교환권 등이 있다. 이 외에도 결백을 드러내는 감정으로서 백색, 녹색, 황색 교환권도 있다.

사람들은 대화를 통해 인정자아를 교환하면서 그 결과가 좋을 때는 라켓 감정이지만 금색 교환권을 나쁠 때는 회색 교환권을 수집하게 된다. 여기서 금색이나 회색 교환권이나 모두 라켓 감정의 수집이라는 것을 알아야 한다.

그리고 받는 편에는 자기의 '마음의 용지'에 그 교환권을 저축하게 된다. C 자아상태에 의해 이루어지는 이와 같은 감정 교환권의 수집은 그것이 어느 정도 축적되면 사소한 감정의 동요를 계기로 '뭐야! 잠자코 듣고만 있으니 못할 말이 없군.' 하면서 갑자기 교환권 교환을 요구하게 된다. 이것을 교류분석에서는 라켓이라는 말로 표현하고 있다.

돌연 폭발하는 것은 평소 부정적 감정이 축적된 결과 감정 교환권의 청산이라고 생각하면 이해할 수 있을 것이다. '티끌 모아 태산'이라는 말과도 같다.

가정이나 학교에서 폭력 사태가 돌발하는 것도 오랜 시일 부모들의 지나친 과보호

(NP)나 '이렇게 하라', '그렇게 하면 안 돼!' 하는 지나친 통제(CP)의 결과일 수도 있다.

이럴 때 '너를 위해서 한 말인데……'라고 생각해 봤자 그것은 '사후 약방문' 격이 된다.

사소한 일까지 다 해 주는 어머니, 자기 생각을 강요하는 아버지, 그들의 자녀들은 '자기 일은 자기가 하고 싶다. 자기 생각대로 행동하고 싶다.'라고 생각하지만 일체 허용하지 않는다. 분노, 그들의 자율성이 박탈되어 회색 교환권이 쌓일 대로 쌓여 그 후 교환은 사소한 계기가 마련되면 언제라도 폭발의 형태로 교환된다.

불쾌감을 뜻하는 '회색 스탬프'의 수집은 타인으로부터 부정적 인정자아를 받아 그 결과 얻어진 것과 자기 자신이 수집하는 경우가 있다. 타인으로부터의 부정적 인정자아는 어떤 한 사람으로부터 단 한 번의 부정적 인정자아를 받는 것, 같은 사람으로부터 반복해서 몇 번이고 또는 몇 달간에 걸쳐 받는 것, 여러 사람들에게서 받는 것 등 다양한 형태가 있다.

그러나 어떤 것이든 자기가 수집한 부정적인 감정의 응어리를 언제 어떤 형태로 청산할 것인지 하는 것은 그 방아쇠를 당기는 계기가 어떤 것인지 또 어느 정도 수집됐는지에 따라 다를 것이다.

예를 들어, 교환권이 약간 수집된 경우라면 머리가 아프다든지 의자나 책상을 걷어차는 정도지만 이것이 더 많이 수집되었다면 타인의 사소한 실수에도 언성을 높여 꾸중을 할 때도 있을 것이다.

부정적인 인정자아를 단 한 번 받았다 해도 회색 교환권을 많이 수집할 수도 있으며 시간이 경과하면, 구르는 눈덩이가 커지듯이 분노가 증가될 것이다.

이런 상태를 청산하지 않으면 마음의 평온을 가질 수가 없다. 그래서 회색 교환권(불쾌감)은 어떤 방법이든 빨리 교환해서 그와 같은 '부적응 상태'에서 벗어나야 하는 것이 자연의 섭리라고 할 수 있다.

그러나 여기서 문제가 되는 것은 '어떤 방법이라도'라고는 했지만 방아쇠를 당기는 그 시기의 표적이 불건전하고 부도덕한 것에서 청산된다면 그것은 개인적으로나 사회적으로 문제를 야기한다. 참고 또 참았다가 더 이상은 못 참겠다는 단계에서 청산하는 것은 청산 후에도 마음속을 안정시킬 수가 없다. 그래서 어떤 방법이든 축적하지 않고 청산하는 것이 현명한 방법이다.

대상에 대해 혼자서 고함을 친다든지 베개를 주먹으로 두드려 보는 것도 심리적인 라켓, 즉 마음속에 폭력단을 밖으로 몰아내는 방법이다.

회색 교환권을 자기가 수집하는 과정의 예를 들어보자.

어느 날 사원이 10분 정도 늦게 출근하였다. 그리고 그는 인사말도 없이 우물쭈물하면서 자기 자리로 갔다. 이것은 완전한 에누리라고 할 수 있다. 상사는 10분의 지각을 꾸중한다는 것은 상사답지 못하다고 생각해서 침묵으로 대했다. 그러나 자신도 느끼지 못하는 사이에 회색 교환권이 축적되고 있었다. 2~3일 후 같은 사원이 또다시 지각을 했다. 이번에도 또 한 번 불문에 붙였지만 스탬프는 이자가 덧붙여 첨가되었다. 시간의 경과와 더불어 몇십 배로 축적된 어느 날 아침 상사는 집에서 출근 직전에 아내와의 언쟁으로 회색 교환권을 증가시키면서 출근을 했다. 출근한 상사는 아침 인사도 없이 자기 자리로 가서 앉았다. 운 나쁘게도 전에 지각을 했던 사원이 1~2분 늦어서 출근을 했다. 그것이 계기가 되어 방아쇠는 당겨진 것이다.

상사는 벌떡 일어서면서 창백한 얼굴로 "이봐요, 현규 씨! 이리 와 봐요!" 하면서 "당신 말이야! 당신 멋대로 회사를 다니는 거야!" 하는 고함소리와 함께 소동이 일어났다.

'교환권의 교환'이라는 것은 상사 자신도 느끼지 못하며, 사원 측에서 보면 마치 폭력단(라켓)에게 급습을 받은 기분이며 상사가 왜 그런지 이유를 모르는 것도 무리가 아니다. '겨우 1~2분 지각에 그렇게 화를 내지 않아도……' 하고 놀란 것은 그 사원뿐만 아니라 다른 사원들까지도 놀라게 한다. 주위 시선을 느낀 상사는 어색한 표정으로 '아아! 상사가 된 자가 사원들 앞에서 이게 뭐야!' 생각하지만 이미 늦었다.

회색 교환권의 뭉치가 한 번에 폭발함과 동시에 자기 권위도 주저앉고 말았다. 교환권 교환의 실례의 하나이다. 결코 부정적인 교환권은 모으지 말자 '자기의 감정은 자기 책임'이다.

'모였구나'라고 느끼면 빨리 청산하자.

이상은 자기 자신에 대해 나쁜 감정을 의미하는 회색 교환권의 예를 들어 교환권 수집과 결과는 필히 감정과 교환한다는 것을 설명하였다.

교환권의 수집이라는 것을 학습을 하는 것은 대화는 인정자아의 교환이며 받은 인정자아의 종류나 질과 양에 따라 여러 가지 감정을 수집해서 저축한다는 것, 그리고 언젠가는 교환한다는 것이다. 그래서 감정이라는 것은 '자기가 축적한다'는 것이며 '축적하게 했다'라고 생각되는 것은 타벌적·의존적인 것이 된다.

교류분석의 목적 중 하나인 '자율성을 갖는다'라는 것에 비추어 보면 '자기의 감정은 자기의 책임'이라고 할 수 있으며, 따라서 '타인의 감정에는 책임을 질 수 없다'는 것이 되는 것이다.

평소 듣는 말 중에 "저 사람이 내 감정을 상하게 했다", "저 사람 기분을 상하게 한 것이 아닌지 몰라" 등이 있다. 전자는 타벌적이고 주체성이 없으며, 후자는 그 사람의 감정은 그 사람의 책임이지 내가 책임질 수는 없다는 것이다. 만일 기분이 상했다 해도 그것은 '그 사람의 책임'이다. 이런 경우 어른은 아이 스스로 자신의 감정을 다룰 수 있도록 지도가 필요하다. 문제는 자기 감정을 자기가 통제할 수 있어야 한다는 것이다.

2) 감정 추적법과 교환권

래리 마트(Larry Mart)는 감정 추적법에 의한 교환권 버리는 8단계를 다음과 같이 들고 있다.

① 나는 기분이 상한다.
② 어떤 감정인가?
③ 어느 부분이?
④ 누가 그랬어?
⑤ (ⓟⓐⓒ) 중 무엇으로?
⑥ 왜?
⑦ 나는 어떻게 하면 좋을까?
⑧ 이후 내가 어떻게 달라져야 하지?

3. 심리게임 분석법

1) 드라마 삼각형에 의한 분석

우리들은 삶의 현장에서 A 자아상태가 의식하지 못한 채, 타인들과 많은 심리게임을 하게 된다. 드라마 삼각형은 생활에서 심리게임을 하고 있는 자신과 타인 간의 관계 틀을 잘 설명해 주고 있다. 지금부터 드라마 삼각형의 개념과 의미를 알아보겠다.

카프만(S. Karpman, 1968)은 심리적 게임과 연극(drama) 사이에 유사점이 있다는 데 주목하고 게임을 이해하는 근거로 삼았다. 즉, 무대에서 배우의 교체가 있는 것처럼, 게임에 있어서도 연출자 간에 극적인 역할이 교대로 일어난다는 것으로 다음 그림과 같이 도

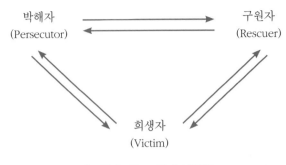

[그림 6-2] 드라마 삼각형

식화하여 '드라마 삼각형'이라 불렀다.

[그림 6-2]에서 볼 수 있듯이 드라마 삼각형은 '박해자', '희생자', '구원자'의 3개 역할로 구성된다.

(1) 박해자

두 사람 혹은 그 이상의 인간관계 속에서 주도권을 쥐고 있는 자로서 지배적인 힘을 발휘하고 상대의 행동을 억압하거나 지시한다. 희생자를 학대하거나 벌하거나 규율을 강조하는 사람이다. 주로 CP 기능을 연출하며, 타인을 에누리하면서 대가나 보상을 얻으려고 한다.

(2) 희생자

대립되는 인간관계에 있어서 자신을 무시하고, 배척받고 하찮은 존재로 취급받아도 마땅한 존재로 생각한다. 주로 AC 기능을 연출하며, 자신을 에누리하면서 대가나 보상을 얻으려고 한다.

(3) 구원자

희생자를 원조하거나 박해자를 지지하거나 하면서 친절한 것처럼 겉치레로 타인을 자신에게 의존하도록 만드는 사람이다. 화해를 시키거나 관대한 태도를 보이며, 때로는 상대편을 자신에게 의존시키려는 과보호적 역할도 연출하며, 호인이 되기도 한다. 주로 NP 기능을 연출하며, 타인을 에누리하면서 대가나 보상을 얻으려고 한다.

심리게임을 할 때마다 사람들은 세 가지 각본의 역할 중 하나에 빠진다. 심리게임을 하고 있는 사람은 하나의 위치에서 다른 위치로 전환한다. 드라마 삼각형에서 어떤 역할이든 에누리가 일어난다. 드라마 삼각형에서 어떤 역할을 맡든 간에 그것은 진정한 역할이 아니다. 지금 여기의 반응이 아니라 과거의 낡은 각본 전략을 따르고 있는 것이다. 심리게임을 하지 않기 위해서는 드라마 삼각형을 돌지 말고 드라마 삼각형 전체에서 벗어나야 한다.

지금까지 드라마 삼각형과 심리게임에 대한 관계와 의미를 알아보았다. 이와 같은 이론을 삶의 현장에도 적용할 수 있을 것이다. 생활에서 사람들은 '박해자', '희생자', '구원자'의 3개 역할을 반복하면서 타인과의 관계를 이어 가는 경우가 많이 있다. 이러한 '박해자', '희생자', '구원자'의 3개 역할을 반복하는 동안 사람들과의 관계에 있어서 교류가 계속될 것이다. 그러나 사람들은 심리게임 속에서 부정적인 교환권을 비축하게 되고 언젠가는 부정적 교환권을 현물로 교환하게 되어 사람들 관계는 신뢰할 수 없는 관계를 형성하게 되면서 라켓 감정을 맛보게 될 것이다. 이러한 관계에서 오래 머물지 말고 벗어나는 것이 타인과의 관계에서 자율적인 자신이 될 수 있고, 타인을 자율적인 사람으로 안내할 수 있는 자신이 될 수 있을 것이다.

2) 교류 도표를 이용한 분석

게임을 분석하는 또 하나의 방법은 교류 도해(transactional diagram)를 사용하는 것이다. 이것은 연기자 사이의 이면 교류를 도출하는 데 특히 유용하다.

밥 골딩(Bob Goulding)과 데이비드 쿠퍼(David Kupfer)는 교류 게임 도해에 관한 또 다른 해석을 발전시켰다. 그들에게 있어서 게임은 5가지 필수적인 특징을 가진다.

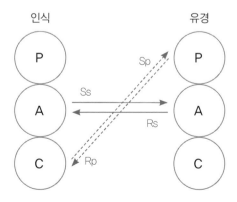

[그림 6-3] 골딩과 쿠퍼의 게임 도해

'인식'(사회적 수준, Ss): "나는 좀 더 잘 당신을 알고 싶어."

'유경'(사회적 수준, Rs): "나도 좀 더 잘 당신을 알고 싶어."

'인식'(심리학적 수준, Sp): "제발 나를 차(학대해) 주세요."

'유경'(심리학적 수준, Rp): "자, 혼내 주겠어, 이 녀석."

Sp와 Rp의 이면적인 '비밀 메시지(secret messages)'는 그것들이 전환의 순간에 드러날 때까지는 각 연기자의 의식 밖에 있다.

① 첫 번째는 게임의 사회적 수준의 '개시자(opener)'(Ss)에서 시작된다. 골딩과 쿠퍼 (Goulding & Kupfer)는 그것을 '표면상 솔직한 자극(ostensible straight stimulus)'이라 고 부른다. 이 경우 '인식'은 "나는 좀 더 잘 당신을 알기를 원한다."라고 말한다.

② 게임의 두 번째 요소는 게임의 도발자인 동시에 일어나는 심리학적 수준의 메시지 (Sp)이다. 그것은 '비밀 메시지(secret messages)'라고 부르며 자신에 대한 각본의 결 말을 포함한다. '인식'의 '비밀 메시지(secret messages)'는 "나는 거절당할 만 해, 그 리고 내가 그것을 증명할 때까지 당신을 시험해 볼 거야. 제발 나를 거절해 주세 요!"이다.

③ 항상 결과는 심리적인 수준에서 결정되는 것이다. '유경'은 '인식'의 '나를 거절해 주 세요(Kick Me)'라는 메시지를 읽고 얼마 동안 함께 있다가 그를 거부함으로써 그 메 시지에 따라 반응한다. 골딩-쿠퍼(Goulding & Kupfer)의 과정에서 이것은 '비밀 메 시지에 대한 반응'이다.

④ 양 연기자는 모두 결국 나쁜 감정 결말인 라켓 감정을 경험하게 된다.

⑤ 이면 교류의 전체 과정은 연기자를 A 자아상태의 의식 밖에 있다.

3) 심리게임 계획 질문법

존 제임스(John James)는 게임의 진행을 이해하는 또 다른 방법을 우리에게 제시하는 일련의 문제들을 발전시켜 왔다. 그는 그것을 심리게임 계획(Game Plan)이라고 부른다 (TAJ, 1973).

아래의 연습은 두 가지 부가적인 '애매한 문제(mystery questions)'를 내포하는 심리게 임 계획의 변형을 사용한다. 이것은 로런스 콜린슨(Laurence Collinson)이 고안한 것이다.

　당신이 이미 지적해 온 개인적인 심리게임의 예를 분석하기 위해서는 심리게임 계획의 문제들을 사용할 수 있다. 또한 만약 당신이 좋아한다면, 당신의 인생에서 인지할 수 있는 상이한 게임의 상황을 검토하기 위해 그것을 사용해도 좋다.

　연필과 종이를 가지고 다음의 물음이 당신이 선택한 예와 맞을 때, 그 대답을 적는다. 심리게임 계획에 대한 질문을 마쳤을 때 당신의 생각과 공유할 수 있는 다른 사람이 있다면 더 좋겠다.

　① 나에게 반복해서 일어나는 일은 무엇인가?

　② 그것은 어떻게 시작 하는가?

　③ 다음에는 무슨 일이 일어날 것인가?

　④ 상대방에게 보내는 비밀 메시지는 무엇인가?(애매한 문제)

　⑤ 그리고 그다음에는?

　⑥ 상대방이 나에게 보내는 비밀 메시지는 무엇인가?(애매한 문제)

　⑦ 그것은 어떻게 끝이 나는가?

　⑧ 나는 어떻게 느끼는가?

　⑧ 상대방의 느낌을 어떻게 생각하는가?

4. 심리게임을 중단하는 방법

1) 심리게임의 현상

　사람들은 생활에서 자신의 A 자아상태가 의식하지 못하는 사이 자신과 타인 사이에 많은 심리게임을 하고 있다. 그러므로 심리게임 분석에 대한 지식과 결합된 기술은 게임을 벗어나기 위한 효과적인 무기를 자신에게 제공할 것이다. 게임 공식의 어떤 단계에서 게임의 흐름을 끊기 위해 선택을 사용할 수 있다. 만약 자신이 게임의 과정에 놓여 있다는 것을 알게 되면, 부정적인 것에서 벗어나 긍정적인 기능 자아상태로 이동하는 선택을 취할 수 있다. 만약 타인이 그들의 게임 속으로 당신을 유인할 때도, 그 게임의 단계에서 당신이 할 것이라고 가정한 것에 관한 타인들의 기대를 포함하는 반응으로부터 되돌아오도록 선택들을 사용해야 할 것이다. 타인들과 함께 드라마 삼각형을 돌며 다니기보다는 삼각형 전체에서 벗어나야 한다는 것이다. 자신은 타인이 게임을 그만두도록 만들 수는 없다. 그리고 타인들이 게임으로 당신을 끌어들이려고 하는 노력을 그만두도록 할 수도 없다. 그러나 선택을 사용하여 당신은 스스로 게임 연기에서 나갈 수 있으며, 또한 당신이 이미 해 봤던 게임을 알게 된다면 그것을 취소할 수 있다. 그리고 이러한 계획이 당신의 일이라면, 타인들도 게임의 바깥으로 벗어나도록 초대하는 기회를 최대로 많이 가질 수 있다.

2) 심리게임 벗어나기

다음은 이러한 심리게임을 중단하는 방법이다. 자신이 생활에서 타인과 교류로부터 발생한 심리게임을 벗어나는 매우 유용한 지침이 될 것이다.

(1) 심리게임의 시작에 주의하고 그것을 피할 것

심리게임은 공식에 따라 진행되는데, 많은 심리게임은 상대를 에누리(discount)하는 데서부터 시작하므로 타인의 인격 무시, 경시, 고민이나 문제의 부정, 기만 등을 중지하도록 한다. 또한 타인으로부터 오는 에누리를 받아들인다면 게임으로 들어갈 수 있으므로 타인의 에누리에 직면할 필요가 있다. 심리게임으로 이동하기 전 순간적으로 연기자는 드라이버 행동을 나타낼 것이다. 이때 게임에서 나가기 위해서는 자신의 드라이버로 타인의 드라이버 행동에 반응하는 것을 거부하고, 대신 스스로에게 허용법을 제공하여야 한다. 자신은 도발자의 형태를 띠는 이면의 메시지를 찾아내어 사회적 수준에서 반응하기보다는 초월해 버릴 필요가 있다. 이때 자신은 온전한 A 자아상태에서 교차 교류를 사용할 수 있을 것이다. 심리적 수준에서 시작하는 도발자를 가로지르는 반응은 다음과 같은 메시지를 전달하고 있다. '나는 너의 심리게임을 통찰하고 있어, 그러니 대신 좀 진실되게 하자.'

(2) 라켓 감정과 행동과의 관계를 객관적으로 관찰할 것

생활에서 자신이 가끔 체험하는 라켓 감정, 예컨대 분노, 죄악감, 성급함, 후회 등에 초점을 맞추어 그것과 행동과의 관계를 A 자아상태를 가지고 객관적으로 관찰하도록 한다.

(3) '드라마 삼각형'의 세 가지 역할을 연출하지 않도록 할 것

'드라마 삼각형'에서는 '박해자', '희생자', '구원자'의 3가지 역할이 있는데 상대편이 어떤 실수를 했더라도 이것을 언제까지나 책망하는 '박해자' 역할을 연출하지 않는다. 다음은 드라마 삼각형에서 벗어난 방법을 정리한 것이다.

① 희생자에게 건강하게 반응하는 법
- 지금 여기에서는 아무도 희생자가 아니라는 사실을 의식하라.
- 상대의 불행한 사연과 넋두리를 끝까지 듣고 있지 말라.
- 현재의 문제에 집중하도록 유도하라.
- 부득이 도움을 요청하는 경우 다음을 유의하라.
  • 도와 달라는 요청이 없으면 먼저 대응에 나서지 말라.
  • 도움의 내용과 기한을 분명히 정해 두라.
  • 적절한 보상을 받으면서 도와주라.
  • 문제의 절반 이상을 도와주지 말라.
  • 자율성 회복을 목표로 삼아 도와주라.

② 희생자 역할에서 벗어나는 법
- 수동적 태도를 버리고 스스로 행동에 나서야 한다.
- 넋두리를 구체적 요구로 대체하는 법을 배워라.
- 내 문제는 내가 풀어야 한다는 점을 명심하라.
- 희생자가 없으면 박해자나 구원자도 없다.

③ 박해자에게 건강하게 반응하는 법
- 내가 상처받기를 원치 않는다면 표현하라.
- 박해자가 비난할 때 나도 비난하겠다는 생각은 버리라.
- 차분하게 내가 할 말을 하라.
- 사실에만 근거해서 요구하는 바를 명확하게 말하라.

④ 박해자 역할에서 벗어나는 법
- 충족되지 못한 나의 욕구를 분명히 파악하라.

－먼저 내 스스로에게 너그럽게 허용해 보라.

－나의 상처를 보살펴라.

⑤ **구원자에게 건강하게 반응하는 법**

－내 쪽에서 희생자 역할을 거부하라.

－어린애 취급하게 내버려두지 말라.

－상대가 제공하는 도움을 정중하게 거절하라.

－상대가 잘해 준 일에 대해 반드시 고마움을 표현하라.

⑥ **구원자 역할에서 벗어나는 법**

－남을 돕는 것도 좋지만 먼저 나 자신의 구원자가 되라.

－남을 돕는 것 외에도 관심과 만족감을 느낄 수 있는 수단을 찾아보라.

－다른 사람이 조금 더 자율적으로 살 수 있는 여지를 주라.

－건강한 조력 관계를 실천에 옮겨라.

(4) 기존 교류패턴을 바꾸어 볼 것

심리게임은 언제나 비생산적인 교류패턴을 계속하고 있기 때문에 연출된다. ⓅⒶⒸ 자아상태 모두를 써서 자기 행동의 발신원을 추적하여 그것을 바꾸어 본다. 많은 경우 자신이 말하는 것보다 타인의 말을 보다 많이 듣는 태도로 바꾸면 게임은 중단된다.

(5) 결말을 생각하고 그것을 철저히 회피하는 수단을 구체적으로 강구할 것

자신이 게임으로 들어가 전환점에서 게임을 의식하게 되었다면 어쩌겠는가? 아직 모든 것을 잃지는 않았다. 나쁜 감정의 결말을 거부할 수 있다. 당신은 아직 좋은 감정의 결말을 스스로에게 줄 수 있다. 자신은 A 자아상태의 의식을 가지고 다른 과정을 택할 수 있다. 라켓 감정으로 이동하기보다는 자신의 진실한 감정과 욕구에 대하여 타인에게 공개할 수 있다. 그래서 당신은 부정적인 결말 대신에 긍정적인 결말인 친밀을 끌어들일 수 있다.

(6) 비생산적인 시간을 오래 보내지 말 것

‘5분간 할 말이 있다’고 시작해서 1시간 동안 주의를 주는 것이 게임이다. 부정적 인정 자극의 교환을 빨리 단절하는 것이 좋다.

(7) 긍정적 스트로크를 교환하고 서로 유쾌한 시간을 갖도록 할 것

심리게임 연기는 C 자아상태에서 스트로크를 얻는 믿을 만한 방법으로 여겨진다. 아마 자신은 똑같이 낡은 심리게임들을 연기하는 다른 방법으로 행동할 것이다. 그 행동들의 동기는 스트로크의 공급을 계속 유지하는 것이며, 그래서 생존을 보장하는 것이다. 이런 이유로, 그저 심리게임 연기를 중단하려고 하지 않을 것이다. 스트로크 기아에 있는 C 자아상태는 질보다는 양에 더 많은 관심을 기울인다. 그러므로 심리게임의 바깥으로 이동했을 때 잃어버릴, 심리게임을 일으키는 스트로크들을 대체하기 위한 스트로크를 얻을 방법을 결정하여야 한다. 즉, 대항적인 긍정적 스트로크의 공급원을 찾아야 한다. 예를 들면, 타인이 게임을 연출하기 쉬운 관계라 하더라도 그와는 달리 함께 즐길 수 있는 방법을 연구한다. 타인의 관심사에 귀를 기울이고 타인이 좋아하는 일을 중심으로 대화하는 것 등을 해 본다.

3) 심리게임 유형에 따른 중단 방법

표 6–1 심리게임 유형에 따른 중단 방법

게임의 유형	중단 방법
1. 나를 거절해 주세요. (Kick Me)	① 치료자가 불안을 수반하지 않는 냉정한 태도로 일관하여 상대의 기분을 탐구할 것. ② 이를 위해 자신의 마음이 움직임을 응시하는 훈련이 필요하다. ③ 자신의 내부 세계의 감지를 통해 상대와 주고받는 것을 인식하는 방법 사용. ④ 일상 감독자(supervisor).
2. 자! 혼내주겠어. 이 녀석! (Now, I've Got You, You S.O.B)	① 먼저 치료자 측이 바른 행동을 신중히 행한다. ② 일을 시작하기 전에 구체적으로 잘 대화해서 약속(계약)을 할 것, 문제가 발생하면 즉시 계약에 의해 해결할 것. ③ 상대의 도발 행위에 대한 안티체제(중단 방법)는 '참을성의 한계점' 여러 가지 분노의 적립예금을 하지 않도록 한다. ④ 분노에 의한 공격성을 되풀이해서 자극하는 경우는 부정적 인정자아를 구한다고 이해하여 개인적 카운슬링을 해 볼 것.

3. 당신의 탓으로 이렇게 되었어. **(책임 전가: See What You Me Do)**	① 밀접한 인간관계가 염려되어 타인 격퇴법의 하나로서 책임전가 케이스: 모자 관계 밀착의 경우 본인을 혼자 있게 해주는 것이 좋다. ② 주도권 행사에 자신이 없는 사람에 의한 책임전가 케이스: 남편과 아내의 가정교육 주도권의 책임전가에서 아내는 교육권을 남편에게 넘기고 결정을 청하도록 한다. ③ 상대편의 죄의식을 자극하여 자신의 죄의식을 전화(轉化)하는 케이스: 중증 가정 내 폭력의 모자 관계인 경우 원칙적으로 전문가에게 맡겨서 진찰받게 하고 그 지시를 받도록 한다.
4. 궁지로 몰아넣기 **(Corner)**	① 상대가 이면적 교류를 통해 뭔가 호소하고 있는 것이므로 그것을 부정직하게 거절하지 말 것. 등교 거부의 경우 등교 독촉을 그만두고 잠시 동면하고 싶은 아이에게 그것을 허용하고, 놀이가 부족한 아이에게는 놀이 부족을 보충할 때까지 충분히 놀게 해 준다. ② 심정이나 동기를 알려고 하는 자세로 아이에게 접근한다.
5. 법정 **(Courtroom)**	① 합동 면접 도중에 다음 대화의 룰(rule)을, 제안하고 그것을 전원에게 납득시키도록 한다. 룰(rule)의 예: "앞으로 서로 3인칭을 사용하는 호칭은 사용하지 않는다. 할 말이 있으면 상대편에게 직접 말한다." 치료자에게 "선생님, 딸자식에 관해서 잠깐 말씀드리겠습니다."라고 말하면 치료자는 "아니요, 따님에게 직접 말하세요."라고 한다. 또 "누구든 그것에는 반대라고 생각합니다."라고 발언이 있다면 치료자는 "일반 사람들의 의견으로서가 아니라 '나는 반대다'라고 말해 주세요."라고 정정한다(직접적 '나-전달법'). ② 죄의식의 투영이 명확할 경우: 먼저 당신 쪽이 기분이 좋아져서 자랑스러워하는 것처럼 보이면 "옳다고 말한 것을 듣고 어떤 기분인가?"라고 묻는다. 만일 상대가 기분 좋아지면 이번에는 치료자가 "잘 생각해 보니 당신이 나쁘다고 생각한다."라고 역전시킨다. 많은 경우 플레이어는 자신의 결점이나 회피적인 태도를 인정하게 된다.
6. 경관과 도둑 **(Cops & Robbers)**	① 안티테제 실행에는 주위의 오해나 반발을 각오할 필요가 있다. 왜냐하면 아이의 비행을 부모에게 즉시 보고하지 않고 비밀을 지키고 본인의 내면성 획득의 기회로서 활용하기 때문이다. ② 비행이 노출되어 다시 이전보다 강한 부모의 지배하에 들어가는 것은 자아의 패배를 의미하고 반복성의 비행, 불순이 성교제 등의 게임적 교류로 다시 몰아넣는 결과가 되는 경우가 적지 않다는 점을 유의할 것. ③ 안티테제는 비행을 용인하는 것이 아니고 자아 반발을 플러스 방향으로 지도하는 것으로 의도해야 한다. ④ 교사, 카운슬러는 이 부분의 심리에 이해를 갖는 전문의의 충고와 함께 신중히 사건을 진행해야 한다.

7. 당신을 도우려고 노력할 뿐이야. (I'm Only Trying to Help You)	① 심리치료의 원칙을 지켜서 상대와의 사이에 거리를 두도록 한다. 상대편을 동정해서는 안 된다. 그러나 상대편에게 항상 냉정하게 대해야 한다는 의미는 아니다. 오히려 원조자와 피원조자(교사와 학생, 상담자와 내담자)와의 역할을 명확히 구별할 필요가 있다는 의미이다. ② 구체적으로 먼저 학생과 대화하는 시간을 교사 쪽에서 명확히 정하고 학생이 그 정한 시간 내에서 자유로이 말을 할 수 있도록 지도한다. 면접 시간은 길어지지 않게 한다(1회 1시간 정도). 당시 자기 수준에서 처리할 수 없는 곳까지 깊숙이 들어가지 말고 일단 중단하여 상황을 보는 것이 바람직하다. 접촉을 계속하도록 하는 것이 학생에게는 안정 자아가 된다.
8. 궁핍 (암묵의 이해: Indigence)	① 환자가 구하고 있는 이익을 주지 않은 채 두도록 한다. 이는 개인 차원에서 실천하기는 곤란하지만 매스컴이나 정부 기관(예: 세무서, 경찰관)의 압력에 의해 문제로 취급하고 일반 대중의 불만을 자극하는 형태를 취함으로써 다소 개선할 수가 있다. ② 벨린트(Balint, 1959)의 이른바 '책임의 희석(稀釋)'이라는 형태로 이 게임이 계속되는 경우가 많다. 적발이 되어도 관계자 누구도 책임을 지지 않는 것이다. 아이들 교육에 대한 책임전가와 암묵의 이해가 그 예이다.
9. 이것이 최후	① 안티테제는 돈을 주지 않도록 한다. 이 경우 거절한 후 맛보는 죄의식과 줄 때마다 느끼는 분노(라켓)를 처리할 필요가 있다. 자신은 상대편 인생 책임까지 짊어지지 않으면 안 된다고 납득되면 그 이상 좋은 것은 없다. 죄의식이나 분노를 달래기가 어려운 경우에는 자기통제(self-control) 훈련을 하는 것이 좋다. ② 다른 안티테제는 자발적으로 돈을 주어 버려서 즐기는 방법이다. 이 게임을 심하게 연출하는 사람은 원조를 주거나 거절해도 결과적으로 불쾌해지므로 일생을 통해 기뻐하며 주는 편이 좋기 때문이다. ③ 보다 깊은 수준의 안티테제는 자신이 아이들을 통해서 유아 시절부터의 미완성의 소원을 달성하려는 대신적인 삶(정신분석에서 말하는 투사성 동일시)을 그만두는 일이다.

5. 심리게임의 전개와 종류

1) 심리게임의 전개

사람들은 왜 심리게임을 하는가? 교류분석 저술가들의 일치된 대답은, 그것은 심리게임을 하는 데 있어서 우리가 낡은 전략을 따르고 있다는 것이다. 심리게임을 한다는 것은, 어릴 때 우리가 세상으로부터 원하는 것을 얻기 위해 적응했던 장치 중 하나라는 것이다. 그러나 성인의 삶에서 우리는 좀 더 효과적인 다른 방법을 가지고 있다. 그런데도 낡은 전략인 심리게임을 계속해서 반복하고 있는 것이다.

여기서 "자, 혼내주겠어, 이 녀석(너 딱 걸렸어)" 사례를 들어 보자.

다섯 살 난 철수는 엄마가 주방에서 친구들과 커피를 마시는 동안 장난감을 가지고 이 방 저 방 뛰어다니며 놀다가 유리 꽃병을 깼다. 우당탕 깨지는 소리에 급히 거실로 나온 엄마는 꽃병이 바닥에 떨어져 산산조각이 난 광경을 보았다.

"누가 이랬어?" 엄마가 물었다.

"멍멍이가!" 철수가 대답했다.

멍멍이는 5분 전에 밖으로 내보냈었다. 화가 난 엄마는 철수를 때리며 말했다.

"거짓말 하면 엄마 아들 아니랬지!"

누가 꽃병을 깼는지 분명하다. 따라서 누가 꽃병을 깼냐는 철수 엄마의 질문은 A 자아상태 질문이지만 심리적 수준에서 보면 사실은 철수가 거짓말하도록 유인한 것이며 철수는 그대로 했다. 엄마가 화가 난 것은 엄마가 A 자아상태에서 P 자아상태로 바꾸고 있음을 보여 준다. 엄마가 얻은 보상은 정당한 분노라는 갑작스런 놀라운 느낌이었다. 일부러 A 자아상태가 의식적으로 아들을 걸려들게 만들어 때리는 것이 아니라는 데 주목해야 한다. 오히려 정반대로 철수 엄마는 그렇게 된 결과에 몹시 혼란스러워했다. 철수가 "제가 그랬어요."라고 한마디만 했다면 심리게임은 애초에 시작되지 않았을 것이다.

엄마와 철수의 사례를 가지고 게임을 분석하면 다음과 같다.

엄마의 "누가 이랬어?"는 표면적 교류(사회적 수준)로 사실을 묻는 단순한 질문이나, 숨은 교류(심리적 수준)는 거짓말을 유인하는 질문이다. 즉, 이면 교류가 이루어진 것이다.

철수는 "멍멍이가!"라고 대답하며 엄마의 숨은 교류에 반응했다. "제가 그랬어요." 하면 심리게임이 안 되는데 "멍멍이가!" 하면서 심리게임에 걸려든 것이다.

엄마 자아상태가 A 자아상태에서 P 자아상태로 바뀌면서 예상치 못하게 기분이 나빠져 라켓 감정을 경험한 것이다.

2) 심리게임의 종류

심리게임은 반드시 전환 과정이 있어야 하며 그렇지 않은 것은 잡담이나 라켓 티어링이다. 심리게임은 A 자아가 의식하지 못하는 상태에서 행해진다. 흔하게 사용하는 기본적인 심리게임은 몇 가지 유형으로 나타나고 다른 심리게임들은 이 형태들의 변형으로 볼 수 있다.

심리게임의 이름은 대개 초대자의 감정이나 그가 만들어 내는 결말에서 따온다. 심리게임은 G공식으로 분석할 수 있다.

우리들은 삶을 살아가는 인간이다. 우리들의 삶 속에서 어릴 적에 해 왔던 삶의 방식을, 지금도 생활에서 그대로 의식하지 않고 쓰고 있는 경우가 많을 것이다. 우리는 이러한 낡은 전략을 지금 여기에 효과적인 다른 방법으로 전환했을 때 우리는 자율적인 사람으로 거듭 태어날 수 있다는 것이다. 다음은 교류분석에서 제시한 게임의 대표적인 유형과 전개 과정을 나타낸 것이다. 이러한 사례를 통해 삶의 현장에서 자주 쓰고 있는 자신의 심리게임의 유형을 알아보고 자신을 통찰하는 데 도움이 되었으면 한다.

(1) 나를 거절해 주세요

목적	상대편을 도발하여 징벌, 거절시킨다.
초대자	분노의 도발(요구의 강요성, 규칙 위반 등).
수락자	구원자, 관용적인 사람, 자존심이 강한 사람.
반응	당사자를 구제, 지도해 주려고 노력하는 동안 인내 유지.
전환	구원자의 참을성 한계 도달. 박해자 → 희생자
혼란	구제 중지 위협, 행동화의 빈발, 구원자의 자신 상실.
결말	거절당함. 어째서 항상 나는 이런 봉변을 당하는 것일까?(희생자)

(2) 자, 혼내주겠어, 이 녀석

목적	상대의 실수를 방패삼아 철저히 규탄하고 굴복시키는 것.
초대자	함정을 감춘 규칙이나 약속을 제시.
수락자	신중성이 결여된 자, 과오를 범하기 쉬운 사람.
반응	상대편이 실수를 범하기를 가만히 기다리는 동안.
전환	상대에게 어떤 잘못이 발견될 때. 희생자 → 박해자
혼란	철저한 규탄, 몰아치기.
결말	분노의 정당화.

(3) 당신 탓으로 이렇게 되었어(책임전가)

목적	상대에게 책임을 전가하고 자기를 변호한 것.
초대자	돌보고 싶어 하는 자기반성을 하기 쉬운 자.
수락자	상대에게 결정을 맡긴 자.
반응	상대편의 원조가 주효하고 있는 동안.
전환	자신이 잘못을 범한 경우, 의존하고 있는 상대에게서 실수가 발견된 경우. 희생자 → 박해자
혼란	자기변호가 상대에게 인지되지 않는 데 대한 분노.
결말	원한, 무력감, 고립.

(4) 궁지로 몰아넣기

목적	상대의 내심의 소원을 거부하고 표면적인 호소를 새삼 심각하게 다루어 친밀한 관계를 파괴하는 것.
초대자	표면에 나타난 문제를 그대로 받아들이는 자, 간섭하고자 하는 자.
수락자	행동이나 증상에서 자신의 욕구나 고민을 간접적으로 호소한 자.
반응	문제를 둘러싸고 대화가 계속되는 동안.
전환	상대편이 욕구불만에 빠져서 비뚤어지거나 한을 갖거나 할 때. 구원자 → 박해자
혼란	격렬한 토론, 폭력.
결말	친밀한 교류의 회피, 증상 행동의 증오.

(5) 법정

목적	내심으로 자신이 나쁘다고 느끼면서 제3자를 개입시켜서 자신의 무죄를 쟁취하려고 시도한 자.
초대자	열심인 치료자, 재판관의 역할을 연출한 자.
수락자	자신을 포함한 양자의 트러블에 대해서 구원자(재판관)에게 상담을 제기한 자(원고).
반응	재판관이 피고 또는 원고의 호소를 중립적 입장에서 듣고 있는 동안.
전환	서로 옳다고 재판적 결정을 강요할 때, 재판관이 어느 쪽인가에 결단을 할 때. 구원자 → 희생자
혼란	판결에 대한 불만, 반발, 큰 소동.
결말	싸우고 헤어짐, 원한, 아이들 싸움에 부모가 가담한 것 후회.

(6) 경관과 도둑

목적	붙잡아서 자기 부정의 태도를 확인하는 것.
초대자	경찰, 학교의 학생부, 교장 등 감시하는 입장에 있는 자.
수락자	규칙 위반, 도둑질 등 증거를 남기는 자.
반응	들키기 전 부모의 말대로 하고 있는 동안.
전환	비행이 발각되었을 때, 범죄자의 분노의 폭발. 박해자 → 희생자
혼란	왜 일부러 붙잡히는 짓을 하는 것일까?
결말	자기처벌에 의한 죄악감의 일시적 해방.

(7) 당신을 도우려고 노력할 뿐이야

목적	죄악감의 경감을 위해서 약자를 헌신적으로 도우려는 것.
초대자	구원자, 약자가 있는 것은 자신의 책임이라고 느끼고 있는 자.
수락자	희생자, 원조받는 것을 당연하다고 생각하는 욕구불만이 강한 자.
반응	상대편을 구제하려고 노력하고 있는 기간.
전환	상대편이 원조가 부적절하다고 항의할 때. 구원자 → 희생자
혼란	상대의 감사 결여에 당혹함.
결말	구원자의 발병, 패배감, 죄악감의 재확인.

(8) 궁핍(암묵의 이해)

목적	상호 문제의 핵심을 건드리는 것을 피함으로써 표면적으로 안정된 현재의 관계를 유지하려고 하는 것.
초대자	무사안일주의의 구제자.
수락자	귀찮은 사람으로 간주된 자가 원조를 자청.
반응	서로 문제에는 깊이 들어가지 않는다는 룰을 지키고 원하는 것을 얻는 동안.
전환	원조자가 접촉의 잘못을 지적하고 진심으로 사태를 개선하려고 할 때. 구원자 → 희생자.
혼란	주위 관계자의 동요.
결말	개선의 사실 부인, 비난받음.

(9) 이것이 최후

목적	최후의 통고를 스스로 파괴함으로써 상대와의 관계를 유지하는 것.
초대자	상대편에게 뒤가 켕기는 감정을 갖고 있는 사람.
수락자	원조를 요청하는 것은 이번이 마지막입니다.
반응	마지막이란 말이 수용되었을 때.
전환	최후 통고를 한 사람이 상대편에게 원조하기 꺼리고 화낼 때. 구원자 → 희생자
혼란	약속 위반에 대한 비난, 지원 계속의 재확인.
결말	또 비용을 내게 되었구나, 자기변명.

(10) 유혹(Rapo)

목적	상대방을 유인하여 관심 끌거나 또는 복수하는 것.
초대자	상대방에게 관심과 유혹적인 태도를 보이면서 유인한 사람.
수락자	유혹에 약한 사람.
반응	유인하는 동안.
전환	상대방이 접근하여 올 때, 비난 다툼, 희생자 → 박해자
혼란	배신감, 나는 잘못이 없다.
결말	증오, 굴복, 복수.

(11) 당신이 아니었다면……

목적	상대방을 압박하여 이득을 얻어 내려다 실패한 경우 합리화.
초대자	상대방 때문에 원하는 일을 못했다고 불평한 사람.
수락자	두려운 상황으로 들어가는 것을 막아 줄 지배적인 성향의 사람.
반응	상대방을 압박해서 이득을 얻어 내는 동안.
전환	수락자로부터 자신이 원하는 것을 얻지 못할 때, 박해자 → 희생자
혼란	불만, 섭섭함, 실망, 낙담 등.
결말	상대에게 죄책감을 갖게 함, 자존심 지키기, 자기 합리화.

(12) 바보

목적	어떤 일을 더 하는 것을 회피한 것.
초대자	"나는 아무것도 할 수 없다"라는 바보 자세를 취한 사람.
수락자	바보가 아니라고 도움을 주고자 한 사람.
반응	서로 공방이 오고 가는 동안.
전환	무엇이든 조치를 취해 보라는 요구를 받게 되면, 박해자 → 희생자
혼란	도움을 청한 내가 어리석지!
결말	무력감, 분노, 역시 나는 바보야!

(13) 네가 할 수 있다면 나를 잡아 봐!(누가 이기는가 보자!)

목적	상대방을 우둔하게 만들거나 항상 우위를 점하기 위해 속임수를 씀.
초대자	상대보다 우위를 점하고자 한 사람.
수락자	경쟁의 위치에 있는 사람.
반응	상대방과 경쟁하고 있는 동안.
전환	속임수를 써서 우위를 점하고자 할 때, 희생자 → 박해자
혼란	정정당당하지 못한 태도, 비겁한 생각.
결말	부적절한 우월감, 복수감, 만족감

(14) 나에게 뭔가를 하라(당신 탓으로 이렇게 되었어)

목적	자신을 위해 생각하거나, 뭔가 해 달라고 암암리에 상대방을 조종.
초대자	누군가가 뭔가를 해주기를 기다리는 사람.
수락자	도움을 주는 사람.
반응	도움을 받거나 도움을 받기 전까지.
전환	상대방으로부터 원하는 것을 얻지 못할 때, 희생자 → 박해자
혼란	사람들은 왜 제대로 못하냐!
결말	불평불만, 책임전가.

(15) 내가 얼마나 노력했는지 봐라

목적	상대에게 강한 죄의식을 갖게 해서 뭔가를 보상받음.
초대자	가족이나 주위의 동정이나 협력이 없을 때, 비판의 기분으로 호소.
수락자	저항하는 사람.
반응	구원자의 말을 잘 따르는 동안.
전환	수락자가 저항하려고 할 때 구원자 → 박해자
혼란	좋다, 한번 당해 봐라! 이제 손을 뗄 테니!
결말	공격에 대한 죄책감에서 해방, 책임 회피.

(16) 예, 그러나

목적	해결책을 내놓을 수 있다면 어디 한번 해 봐라.
초대자	무기력한 사람.
수락자	도움을 주고자 하는 사람.
반응	도움과 배려를 받은 동안.
전환	더 이상 도움을 받을 수 없는 처지에 놓일 때, 희생자 → 박해자
혼란	도움이 되리라 기대하지는 않았지만, 정말 소용이 없어.
결말	복종 회피, 나는 지배당하지 않을 거다. 구원자에 대한 비난.

(17) 병 주고 약 주고

목적	강압적으로 벌 준 다음 보상을 주어 길들이고 질서 잡기 위함.
초대자	우위에 있는 강압적인 사람.
수락자	따르는 사람.
반응	아래 사람이 위 사람의 지시를 잘 따르는 동안.
전환	잘 따르지 않을 때 혼낸 뒤 달램, 박해자 → 구원자
혼란	다 우리를 위해서 하는 행동이다. 강압적 분위기.
결말	길들임, 복종하게 함.

제**7**장

삶과 시간의 활용

1. 시간의 구조화 이해

아침에 눈을 뜨면 제일 먼저 무엇을 하는가? 하루를 어떻게 보낼 것인가 시간을 구조화한다. 인간은 동물이 갖고 있지 않는 시간을 느끼며 살아간다. 인간은 시간에 대한 텅 빈 느낌을 두려워한다. 그 이유는 인간의 정신적 영양물인 인정자극(stroke)을 못 얻을까 하는 정서적 유대감 상실에 대한 두려움 때문이다.

에릭 번은 시간의 구조화를 "사회적 상호작용의 하나인 인사 후 무엇을 해야 할 것인가에 관한 실존적 문제를 위한 목적적 용어이다."라고 정의하고 있다(Berne, 1964).

인간이 사회생활을 영위하는 최대 동기는 행복 추구이다. '우리 모두의 좋은 기분 좋은 느낌인 행복'을 추구하기 위해, 삶 속에서 사람들은 시간을 구조화한다. 어떻게 시간의 구조화를 하면서 인정자극을 주고받을 수 있는지, 교류분석 이론의 관점에서 고찰해 보도록 하겠다.

교류분석 이론의 입장에서 볼 때, 인간이 삶을 영위하는 최대의 동기는 타인들과의 교류에서 될 수 있는 한 많은 만족이나 또는 자기실현에 있어서 효용성을 얻으려고 하는 데 있다. 심신 의학적 견지에서 보면 이것은 가장 바람직한 심신의 조화에 깊이 관계되어 있다. 인간이 삶 속에서 시간 구조화를 통해서 얻은 이점은 긴장의 해소, 스트레스로 되는 상황의 회피, 인정자극의 획득, 획득된 항상성의 유지관계 등의 요인으로 이루어져 있다.

시간을 유효하게 활용한다는 것은 자기의 인생을 보람 있고 값지게 하는 것과 깊이 관련되어 있다. 시간을 구조화하는 것은 자신의 인정자극을 충족시키는 데 중요한 역할을 한다.

교류분석에서는 두 사람 이상이 만났을 때, 시간을 구조화하는 여섯 가지 구체적 수단을 쓰는데, 이것은 체계화 욕구를 만족시켜 주는 방법들이다. 인간이 시간을 보내는 것을 다음과 같이 여섯 개의 범주로 분류하여 인간 스스로가 시간을 어떻게 사용하는지를 알아서, 이를 의식화함으로써 보다 바람직하게 시간을 재구성하는 것을 하나의 목표로 삼고 있다.

[그림 7-1]은 시간 구조화에 의한 인정자극(stroke) 교환밀도를 나타낸다. 아래쪽으로

[그림 7-1] 시간 구조화와 인정자극 교환밀도

내려갈수록 인정자극 교환밀도가 증가한다.

2. 시간 구조화 탐색

1) 폐쇄

이것은 신체적 혹은 심리적으로 자신을 타인으로부터 거리를 두고 혼자만의 시간을 가짐으로써 인정자극을 얻는 방법이다. 몸은 함께 있어도 주위 사람들과 전혀 교류를 하지 않는 상태나, 또는 혼자서 시간을 보내는 것이다. 이러한 태도는 크게 두 가지 이유에서 볼 수 있다. 하나는 의도적 계획에 입각해서 행해지는 것이거나, 또 하나는 지난 과거의 적응 패턴을 반복하는 것이다.

심리적인 폐쇄의 대표적인 것은 휴식, 회피, 공상에 잠기는 것 등이 있다. 폐쇄하는 동안 받거나 줄 수 있는 유일한 스트로크는 자기 스트로크이다. 타인들과 관계하지 않기 때문에 C 자아상태에서 인지할지도 모르는 불편한 심리학적 위험을 피하게 된다. 이는 자신을 타인으로부터 거리를 둠으로써 자신에게 인정자극을 주려고 하는 자기애적인 모습도 있다.

2) 의식

생활에서 만들어진 전통이나 관습에 의해 프로그램화된 단순한 정서적 교류로 일상의 사회적 상호작용이다. 모든 사람들은 자기들의 문화에서 적절한 의식을 배운다. 일상의 인사, 조회, 예배, 제사, 결혼식, 시무식, 취임식 등이 대표적인 사례이다. 의식은 친숙한 관계가 아니어도 상호의 존재를 인정하고 정형화된 시간을 보낼 수 있기 때문에 그것을 지키기만 하면 타인과 깊이 관계하지 않고도 안전하게 시간을 보낼 수가 있다.

구조적으로 의식의 프로그램은 P 자아상태에 속한다. 의식을 수행하는 가운데 우리는 P 자아상태의 지시를 C 자아상태에서 듣고 있다. 기능적으로 의식은 보통 순응한 어린이 자아상태(AC)에서 수행한다. 대개 의식은 예상된 규범들을 따른다는 점에서 편안한 결과를 가져오고, 따라서 긍정적으로 순응한 어린이 자아상태(AC)의 행동으로 분류할 수 있을 것이다. 정형화된 언어, 어조 그리고 신체적 신호가 의식에 사용되기 때문에 이 것을 행동적 단서로 확신하기란 쉽지 않은 일이다.

3) 활동

활동은 일상적으로 생활 속에서 일어나는 대부분의 일들, 연주연습, 체육 활동, 축제, 시험공부, 판매 활동 등 어떤 목적을 달성하기 위해 하는 일이다. 활동할 때는 주로 A 자아상태에 놓여 있고 또한 적절한 규칙을 따라야 할 때가 있다. 이것은 활동들이 지금 여기의 목표를 성취하는 데에 관심을 기울이고 있다는 사실에서 나오는 것이다. 그러한 점에서 활동과 잡담의 차이가 있다. 활동에는 생산적이고 창조적인 면이 있으며, 이것을 행하는 사람에게 커다란 만족을 가져다준다. 직장 활동 등으로 완전하게 시간을 메우고 살아온 대부분의 사람들은 정년퇴직 후 시간을 잘 구조화시켜 삶을 영유한 사람들도 있지만, 무료함에 고통 받고 급격히 건강이 악화된 사람도 있다. 활동은 시간의 구조화 중 핵심적인 것이다.

4) 잡담

가벼운 피상적인 대화와 같은 것이 전형적으로 나타나는 의례적이며 비교적 간단한 상보 교류로서 목욕탕, 노인정, 시장, 쉬는 시간, 실내, 실외 등에서 시간을 보내는 방법으로 잡담을 활용한다. 잡담은 대부분 지금 여기의 것이 아니라 지나간 과거의 것에 대해 이야기한다. 잡담은 서로 상대를 잘 모르는 상태에서 직장생활, 자신의 일, 장래 직업, 교육, 스포츠, 여행 등을 이야기하며 시간을 보낸다. 그러는 사이 무의식중에 앞으로도 관계를 유지하고 싶은 상대를 고르며, 두 번 다시 이야기 하고 싶지 않은 상대를 제외해 가며, 서로 속을 떠보려고 하는 방식을 취하면서 심리게임을 준비하기도 한다.

잡담의 내용은 의식만큼 그렇게 엄격하게 프로그램화되어 있지 않다. 잡담하는 사람들은 자신들의 이야기를 재미있게 더 윤색하는 경향이 있다.

잡담의 이점은 인정자극의 교환에 의해 상호 만족이 얻어지고 이에 참가함으로써 존재가 인정되고, 역할이 명확해져서 안정감을 얻게 된다.

5) 심리게임

심리게임은 어떤 이유에서든지 솔직하게 인정자극을 얻을 수 없고 비뚤어진 형태로 그것을 얻으려는 사람들에게 보여지는 교류 양식이다. 심리게임은 부적절한 방법으로 인정자극을 얻고 자신의 각본을 합리화시키려고 한다. 심리게임은 A 자아상태가 의식하지 못한 채 성인으로는 적절하지 못한 과거 낡은 전략을 재연하는 속임수가 깔린 교류로 문제 해결에 도움이 안 된다. 보통 심리게임은 디스카운트와 이면 교류로 시작하고 극적 전환 단계를 거치면서 A 자아상태가 의식을 하게 된다. 이와 같이 심리게임은 일련의 주고받는 대화 후에 승부가 나서 결과적으로 불쾌한 감정을 맛보는 것이 특징이고, 어린 시절에 뿌리를 두고 있는 낡은 전략을 재연하여 반복적인 경우가 많다.

심리게임을 하지 않기 위해서는 심리게임의 함정인 드라마 삼각형을 돌며 다니지 말고 드라마 삼각형 전체에서 벗어나야 한다. 드라마 삼각형에서 어떤 역할이든 디스카운트가 일어나 심리게임을 하게 된다. 박해자와 구원자는 상대를 디스카운트하고 희생자는 자신을 디스카운트 한다.

6) 친밀(친교)

친밀이라는 시간의 구조화에서는 속에 깔린 비밀 메시지가 없다. 사회적 수준의 메시지와 심리적 수준의 메시지가 일치를 이룬다. 이것이 친밀과 심리게임의 중요한 차이다. 이는 사람들이 서로 신뢰하고 상대에 대하여 서로 순수한 배려를 행하는 관계이다. 이

관계가 성립되기 위해서는 사람들 모두 '나도 OK이고, 너도 OK(I'm OK, You're OK)'라는 기본적 태도를 갖는 것이 필요하다. 여기에서 행해지는 주고받기는 사람들이 기쁨의 자발적 표현이며, 사회적인 압력에 의해서 프로그램화된 '의식'에 대한 반응은 아니다.

친교는 인격 대 인격의 교류이다. 여기에서 P 자아상태의 요구는 존중되며 동시에 자유스런 어린이 자아상태(FC)가 출현하여 활발하게 활동하는 것도 허용된다. 이 자유스런 어린이 자아상태(FC)는 창조적이고 자발적이며 호기심이 풍부하다. 지금 여기라는 입장에서 자발적으로 직접적인 인정자극의 교환이 이루어진다.

3. 행복한 시간으로 구조화

인간이 생활에서 행복해지기 위해서는 시간의 구조화를 잘 해야 될 것 같다. 시간의 구조화를 잘한다는 것은 자신의 욕구를 충족하기 위한 긍정적인 스트로크를 많이 받기 위한 것이다. 여섯 가지의 시간의 구조화를 어떻게 잘할 수 있냐에 따라 우리는 만족할 만한 행복한 사람으로서 생활을 영유할 수가 있을 것이다.

이러한 시간의 구조화를 잘 하기 위해 여섯 가지의 구조화 방법들을 잘 활용할 수 있다. 예를 들면, 적당한 폐쇄를 통해 정신적 신체적 안정을 취하고, 자기성장을 위한 성찰의 시간을 가질 수 있을 것이다. 폐쇄라고 해서 무조건 부정적인 것은 아니다. 그러나 폐쇄에 너무 오래 머물게 되면 스트로크의 고갈이 생겨 스트로크의 기아상태에 직면하게 될 수 있다.

의식의 구조화에서 의식은 마치 이전에 프로그램된 것처럼 진행되는 일상의 사회적 상호작용이기 때문에 구조화되어 있는 의식의 틀 속에서 쉽게 긍정적인 스트로크를 사람들과 나눌 수가 있을 것이다. 이러한 의식을 적절하게 활용한다면 기본적으로 사람들과의 안정적 관계를 평범하게 유지는 할 수 있을 것이다.

활동은 시간의 구조화 중 핵심적인 것이다. 이 시간의 구조화는 많은 사람들이 사용하고 있는 무리 없는 방법으로 편리하고 실용적이다. 이러한 활동에 있어서 시간의 구조화를 잘 한다면, 사람들은 안정적이고 효율적으로 삶의 목적을 달성할 수 있을 것이다. 또한 사람들은 생활에서 효과적으로 자신의 시간을 활용할 수 있을 것이다.

잡담은 가벼운 피상적인 대화와 같은 것이 전형적으로 나타나는 의례적이며 비교적 간단한 상보 교류로써 기분 전환이라고 할 수 있다. 잡담과 활동의 차이점은 잡담은 목적의 성취를 향하고 있지 않기 때문에 부담 없이 친숙한 형태로 진행된다. 인정자극의 교환에 의해 상호 만족이 얻어지고 이에 참가함으로써 존재가 인정되고, 역할이 명확해져서 안정감을 얻게 된다. 따라서 적당히 이러한 잡담의 시간을 가짐으로써 스트레스를 해소 할 수 있고, 타인들과 인간적인 교류를 할 수 있을 것이다.

사람들은 생활을 하면서 알게 모르게 많은 심리게임을 하고 있을 것이다. 이러한 심리게임은 결과적으로 사람들에게 신뢰할 수 없는 결과를 가져올 것이다. 그러므로 인간관계에서 심리게임에 들어가지 않도록 항상 교류에 각별한 주의를 가져야 한다. 또한 심리게임에 들어갔더라도 알아차림을 통해 빨리 벗어나고, 승화와 초월할 수 있도록 깊은 통찰이 필요할 것이다. 그 외에 앞 장에서 배운, 심리게임에서 벗어나는 방법을 다시 한번 상기하기 바란다.

친밀은 "진정한 요구나 감정의 교환"이라고 정의할 수 있다. 즉, 사람들이 친밀할 때, 사람들은 서로 에누리 없이 의사소통을 잘 하고 있다는 것을 의미한다. 친밀 상태에서는 비밀 메시지가 없다. 사회적 수준과 심리학적 수준은 일치한다. 이것이 친밀과 게임의 중요한 차이점이다. 친밀은 미리 프로그램된 것이 아니기 때문에 또한 가장 예측할 수 없는 시간의 구조화의 한 방법이다. 그래서 C 자아상태에서, 인간관계하는 방법 중 가장 위험한 방법으로 친밀을 받아들일지도 모른다. 역설적이게도 그것은 실제로 가장 덜 위험하다. 그러므로 친밀의 결과는 항상 관련된 타인에게 반드시 건설적일 것이다. 사람들은 이러한 친교의 시간을 구조화했을 때 가장 행복함과 평화를 느낄 것이다.

제**8**장

인생과 생활태도

1. 인생태도 이해

1) 인생태도의 의미

인생에 대한 기본적인 자세는 유아기에 그 기초가 형성되어 그 후 수정되지 않는 한, 자기와 타인에 대해 일생 동안 일관되게 취하는 자세이다. 유아기 때 기초의 형성이란 부모나 양육자로부터 받은 인정자극(stroke)의 질과 양에 따라 의식하지 못한 채 굳어진다.

어떤 사람이 자기 자신과 타인에 대해서 어떻게 느끼고 어떻게 결론을 내리고 있는가를 그 사람의 기본적 태도라고 한다. 이 경우 그 성질을 긍정적인 것과 부정적인 것의 두 개로 크게 나누어 이들을 각각 간단히 긍정(OK), 부정(NOT-OK)으로 나타낸다. 자신에 대해서 OK인지 NOT-OK인지, 타인에 대해서 OK인지 NOT-OK인가를 결합하여 자타긍정(++), 자기긍정·타인부정(+-), 자기부정·타인긍정(-+), 자타부정(--)의 4가지 유형으로 나눈다.

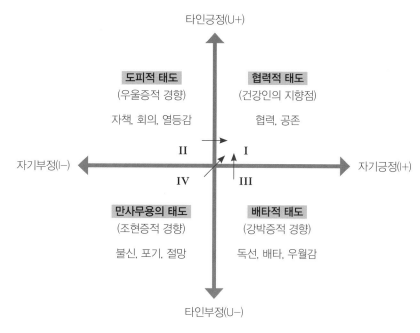

[그림 8-1] OK 목장(Corralogram)

[그림 8-1]은 이고 · 오케이 그램에 나타난 자아상태의 그림이다. 어떤 사람의 자아상태의 이고 · 오케이 그램이 U+가 U−보다 높게 나오면 타인 긍정이 더 높게 나오고, I+가 I−보다 높게 나오면 자기 긍정이 더 높게 나오게 되는 것이다. 또한 각각 반대로 나오면 타인부정, 자기부정이 더 높은 것이다.

2) 인생태도의 형성

인생 초기 경험을 통해 정착된 관념은 성장 후 성격의 일부가 되어 특수한 방법으로 행동이나 반응할 것을 결심하게 된다.

인생의 매우 빠른 시기에 이루어진 자기와 타인에 대한 결단은 그것이 전혀 비현실적인 것이라 해도 그와 같은 결단을 할 시기의 아이에게는 이론적이며 의미가 있는 것으로 생각되는 것이다.

예를 든다면 만일 어떤 아이가 반복적으로 놀림을 받는다든지 바보 취급을 당한다면 그 아이는 자기는 바보이며 타인을 모두 자기보다 우월하다는 생각을 하게 될 것이다. 따라서 그 아이는 '나는 OK가 아니다' 그러나 '다른 사람은 OK이다'라는 인생태도로 자기의 각본을 구성하게 되며 직장에 들어가서도 실패만 해서 자기는 능력이 없다고 생각하게 된다.

직장인이 되어 일을 할 때나 또는 사생활에 있어서도 자기의 인생태도를 행동으로 표시함으로써 자기가 정한 방향을 실현하게 된다.

자주 과오를 범해서 지적을 받고 그것이 반복되면서 자신은 무엇인가 모자라는 인간이라고 느끼게 되며 그것이 정착되면서 자기에게 특유한 인생태도를 형성하게 된다.

어떤 사람이든 자기 인생각본에는 다음 두 가지의 기본적인 질문과 관계가 있다. 나라는 사람은 도대체 이 세상에서 어떤 존재인가? 다른 사람들은 나에게 있어서 도대체 어떤 존재인가?

OK인가? NOT−OK인가? 등의 결단은 인생태도의 기초가 되는 것이다. 그리고 그와 같은 인생태도는 긍정적인 것이든 부정적인 것이든 관계없이 의식하지 못한 채 각본의 역할('희생자', '박해자', '구원자')로 굳어져 간다.

특히, 유아기 때 부모나 부모를 대신하는 양육자로부터 받은 스트로크의 '질과 양'에 따라, 결국 네 가지의 인생태도 유형 중에 어떤 것을 형성하게 된다.

2. 인생태도의 영역

1) 인생태도 영역의 특징

(1) 자기부정 · 타인긍정(I'm NOT OK-You're OK)

아이들은 성장 초기에 이 태도를 취하게 된다. 그리고 아이는 자기 자신에 대해 실망하고 있다. 왜냐하면 부모나 부모를 대신하는 사람들과 같은, 자기에게 소중한 다른 사람들의 기대에 맞게 살아가지 않으면 곤란하다는 것을 알고 있기 때문이다.

뿐만 아니라 실패를 반복하게 되면 아이는 다른 사람과의 관계에서 자기는 항상 열등하다는 생각을 가지게 되며, 또 다른 측면에서는 어른들은 자유롭고 자기 생각을 그대로 행동할 수 있는 존재로 느끼게 되어 그 결과 '나는 OK가 아니고 타인은 OK'라는 인생태도를 취하게 된다. 그리고 성장해서 성인이 된 후에도 항상 자기는 부족하고, 무가치하고, 무력하다는 감정태도를 강화시킨다.

(2) 자타부정(I'm NOT OK-You're NOT OK)

양친에 의한 육아의 기간이 끝날 무렵에는 아이는 혼자서 걸을 수 있게 되어 안아 주고 업어 주고 만져 주는 것이 줄어들면서 엎어지고 떨어지는 위험에 처하게 된다. 그뿐만 아니라 호기심에서 위험한 짓이나 위험한 것에 접근하려고 한다. 이럴 때 갑자기 어머니로부터 주의를 받는 경험을 반복하게 된다. 즉, 태어나서 지나간 1년과는 전혀 다른 체험을 한다. 그리고 그 정도가 강하면 강할수록, 그 차이가 크면 클수록 자기는 무능하다고 생각하는 것이 계속되며 자기 주위의 사람들도 자기를 버렸다는 실감이 체험을 통해 남게 되어 결국에는 '나도 OK가 아니지만, 타인도 OK가 아니다'라는 가장 나쁜 태도를 체득하게 된다.

이와 같은 태도로 성장하면 자신의 태도를 변화시키지 않는 한 사회생활뿐만 아니라 가정생활을 하면서도 인간관계가 원만하게 지속할 수가 없다.

태어나면서 긍정적 스트로크(인정자극)를 받지 못한 채 엄격한 규제에 의해 양육된다든지 부모가 다 같이 계속해서 편향된 스트로크를 주어서 이와 같은 인생태도를 형성하는 경우가 가장 많다. 이 인생태도를 가진 사람은 '박해자'를 기다리는 '희생자'의 역할을 하게 된다.

(3) 자기긍정 · 타인부정(I'm OK-You're NOT OK)

인생 초기에는 OK라고 느낄 수 있었던 부모로부터 때로는 매우 지독한 처벌을 받는 일이 생긴다든지 그와 같은 일이 장기간 계속해서 경험하게 되면 유아기는 의존할 곳이 없어져 자기 스스로를 위안하고 자기를 도와주는 사람은 아무도 없다는 생각을 굳혀 간다.

그래서 '자기만이 OK이며, 타인은 모두 OK가 아니다'라는 것을 마음속에 새기게 된다. 이렇게 사는 방법을 체득하면 '나는 OK, 당신은 OK가 아니다'라는 입장을 가지고 스스로의 생명을 지키기 위한 인생태도를 정착시키게 된다.

이 태도를 취하는 사람은 잘못이 언제나 타인에게 있다고 느끼며, 그와 같은 언동을 시종일관하고 있다. 뿐만 아니라 자신에게 과오가 있다고 해도 그것을 바르게 보려고 하지 않고 타인에게 원인이 있다고 결정하고 타인을 몰아 부친다든지 책임을 전가한다.

이와 같은 사람은 언제나 강한 자기애로 자기를 치켜세워 줄 사람을 주위에서 찾고 있지만 대개 그런 사람들을 '희생자'로 만들어서 결국에는 자기로부터 떠나게 한다.

이 태도를 지닌 사람은 언제나 '박해자'나 '구원자'의 역할을 하며 '희생자'의 역할을 하는 경우는 거의 없다는 것도 특징의 하나이다.

(4) 자타긍정(I'm OK-You're OK)

자기의 가치와 타인의 가치를 모두 인정하는 건설적인 태도이다. 자타긍정의 태도는 자기도 OK이며 타인도 그렇지 않다는 것이 증명될 때까지 OK로 가정한다. 이것은 스스로 감사하는 마음에서의 친근과 신뢰의 감정을 결합한 행복하고도 건전한 인생태도이다.

유아기에 부모나 양육자들로부터 따뜻한 마음으로 기분 좋은 스트로크를 받으며 양육되면 언어가 없을 때부터 자기와 타인(주로 어머니)과의 사이에 싹튼 OK의 감정은 오랜 기억으로 자기 속에 남는다. 그리고 그 같은 체험이 성장하면서도 자주 반복되면 더욱 강화되어 '나도 OK, 당신도 OK'라는 가장 좋은 인생태도를 형성하게 된다.

이 태도를 취하는 사람은 심리적 게임을 하지 않는다는 특징이 있다. 이와 같은 자타긍정의 태도는 교류분석이 바라는 목적 중에 하나이기도 하다.

그러나 이와 같은 'OK-OK의 감정'은 매우 얻기 어렵다는 것이 상식이며 아들러는 인간고민의 근본은 '성'이 아니고 열등감('OK가 아니다'의 감정)이라고 말하고 있다. 예로, 어린이는 몸이 작고 허약하여 주위의 어른들에 비하면 열세하다. 뿐만 아니라 그것을 보충할 만한 충분한 스트로크가 주어지지 않으면 '자기는 OK가 아니며, 타인은 OK'(자기부정 · 타인긍정)라는 태도를 몸에 익히게 될 것이다.

2) 인생태도 유형

(1) 자기부정 · 타인긍정(I'm not OK, You're OK)

자신을 믿지 못하고 인정하지 않으며, 상대방만 믿고 의지하려는 인생태도이다.

예) 나는 어떤 일도 할 수 없는 놈이야, 최 과장은 항상 당당하고 활기에 넘친데 난 늘 왜 이렇게 소심하고 내성적인지 모르겠어?

(2) 자기긍정 · 타인부정(I'm OK, You're not OK)

자신을 과신하고 있으나 타인의 존재나 능력을 인정하지 못하는 인생태도이다.

예) 너는 왜 언제나 그러냐? 너 때문에 우리 부서 실적이 늘 형편없잖아.

(3) 자기부정 · 타인부정(I'm not OK, You're not OK)

인생을 살만한 가치가 없다고 절망하거나 타인이 주고자 하는 긍정적 스트로크를 부정하고, 자기 자신에게도 긍정적 스트로크를 주지도 못하는 인생태도이다.

예) 회사에 가면 어리석고 한심한 놈들뿐, 답답한 것들…… 다들 타성에 젖어서 말이야, 아! 또 초라한 내 꼬락서니 하고는……. 이 짓도 싫다 싫어. 확 그만두어야지 말이야…….

(4) 자기긍정 · 타인긍정(I'm OK, You're OK)

C 자아상태나 P 자아상태 속에 기록된 개인적인 체험뿐만 아니라, A 자아상태가 수집한 사실이나 현실에 관한 풍부한 정보나 철학 및 종교로부터 비판적으로 취득한 사상이나 신념에 근거를 두고 형성된 인생태도이다.

예) 아, 오늘 김 과장이 잘못한 것도 아니었는데 너무 크게 꾸중을 했구나. 참 많이 속상해 했겠다. 더 상처 받기 전에 출근하면 잘 위로해 주어야겠다.

3. 인생태도 개선

일반적으로는 'OK-OK'나 'NOT OK-NOT OK'의 태도를 가진 사람보다는 'OK-NOT OK'거나 'NOT OK-OK'의 인생태도를 가지고 상호 간의 심리적 게임으로 소일하는 사람이 많다고 할 수 있다.

인간의 생육사는 특별한 경우를 제외하고 일반적으로 애정을 부모로부터 몸과 마음에 가득히 받으면서 성장한다.

그래서 많은 사람들에게는 이 네 가지 인생태도 중에 지나치게 강한 것이 없어 그것으로 인해 정신이상이나 자살 또는 살인 등을 하지는 않는다. 대개의 경우 'OK-NOT OK'나 'NOT OK-OK'의 기본적 인생태도를 가진 사람들은 그때 그 장면의 환경이나 상태에 의해 다른 태도로 수시로 이동하게 된다. 그러나 기본 인격 형성 과정에서 C 자아상태가 받은 감정의 기억, 사실의 기억은 지워 버릴 수는 없다. 즉, 어떤 인생태도를 정하는 데 영향을 미친 경험 그 자체를 지워 버릴 수는 없다. 그러나 한번 결정한 인생태도는 그것이 왜곡된 태도이고 자신과 타인에게 행복을 가져다주는 것이 아니라는 것을 알게 되면 새로운 다른 인생태도로 바꿀 수 있다.

교류분석을 학습하므로 자신의 생활태도가 어느 것인지를 알고 스스로의 약점을 감지한다면 그 태도에서 벗어나 밝은 인생, 서로 신뢰할 수 있고 인간관계를 창출할 수 있는 '나도 OK, 너도 OK'로 이행할 결심을 하고 그것을 실행하게 될 것이다.

그러나 교류분석은 아는 것만으로는 충분하지 않다. 적극적인 실천을 반복하여야 비로소 '느낌'에 연결되는 것이다.

교류분석을 염두에 둔 행동은 일의 대소나 질의 고저에 관계없이 모두가 실천 행동을 해야 한다는 생각을 가져야 하며 교류분석을 생활화할 수 있는 적극성이 있어야 한다. 실천이 수반되지 않은 학습은 '그림의 떡'과 같은 것이다.

① 바꾸는 방법의 하나로 제1의 태도(OK-OK의 관계)를 가질 수 있는 사람은 어떤 사람들인지 또는 어떤 상황이면 'OK-OK'의 관계로 교류할 수 있는지 그 상황을 생각해 보면서 그와 같은 시간을 될 수 있으면 많이 가져본다(모델링).

② 자타부정은 누구와 어떤 상황에서 'NOT OK-NOT OK'가 되는지 잘 생각해서 그 사람과 그 상황이 되는 것을 피하도록 노력해야 한다. 그래야만 불유쾌한 기분을 갖지 않게 된다.

③ 자기부정·타인긍정 태도나 자기긍정·타인부정 태도는 심리적 게임을 하고 있을 가능성이 있다. 이것은 어느 곳으로 이동시켜 봐도 '희생자'와 '박해자'의 입장만 바뀌는 것으로 개선되지는 않는다.

④ TV에서 방영되는 대담 방송에서 대화 내용을 중심으로 인생태도를 본다든지 극 중 인생태도를 분석해 보는 것은 객관적인 분석이 가능하므로 'OK-OK'의 감정을 이

해하고 체득하는 데 가장 효과적인 방법의 하나이다.

이상과 같은 과정을 밟으면서 스스로의 인생태도를 감지하고 매일의 생활을 'OK-OK'의 자세로 바꾸어 그 행동을 유지함으로써 밝고 보람된 인생을 살아가도록 한다.

제 **9** 장

자율적인 삶

1. 성장을 위한 변혁

1) 자율성의 의미

자율성은 인간 본래의 생명력을 회복하고 발휘하는 것이다. 자율적 인간은 자각성, 자발성, 친밀성인 세 가지 능력을 회복하고 발휘하는 인간으로 인생각본으로부터 자유로운 인간이다. 이러한 자율성을 발휘하기 위한 조건을 든다면, 자극과 반응 사이 잠시 멈춰 본 것, 혼자만의 시간을 가져본 것, 내면의 소리를 듣는 것 등을 들 수 있다.

교류분석의 목적은 자율적인 인간이 되는 것이다. 자신 역시 삶의 현장에서 자율적인 사람이 되는 것이다. 에릭 번은 자각성, 자발성 그리고 친밀성의 세 가지 능력을 회복하는 것으로 자율성을 설명하였다. 다음은 자각성과 자발성 그리고 친밀성에 대해서 살펴보겠다.

(1) 자각성

스스로 알아차림으로 만남의 장에서 현재 일어나는 자신의 신체감각, 욕구, 감정, 환경, 내적인 힘, 자신의 행위 방법 등 내적·외적 현상들을 방어하거나 피하지 않고 있는 그대로 체험하는 행위를 말한다.

자각성은 순수하게 감각적인 느낌으로써 새로 태어난 유아가 하는 방식으로 보고, 듣고, 느끼고, 맛보고 그리고 냄새 맡는 능력이다. 자각 있는 사람은 세상에 대한 자신의 경험을 P 자아상태적인 정의에 맞추려고 해석하지도 않으며 걸러내지도 않는다. 그는 외부적인 자극뿐만 아니라 신체의 감각과도 접촉하고 있다.

성인이 되었을 때, 우리들 중 대부분은 우리의 자각이 무감각하게 되도록 체계적으로 훈련받아 왔다. 우리는 그보다도 사람이나 사물들에게 이름을 붙이고, 자신의 일이나 다른 사람들의 일을 비판하는 데 에너지를 바치도록 배운다. 이러한 상태에서 자각성이란 있는 그대로 체험하고 스스로 알아차리는 것이다.

(2) 자발성

자발성은 스스로 사고 감정 행동을 선택하고, 표현하는 자유로써 억압받지 않는 상태를 의미한다. 자각 있는 사람이 세상을 경험하는 것처럼, 자발적인 사람도 그렇게 세상에 대해 반응한다. 즉, 직접적이며, 현실에 대한 선택을 없애지 않고 P 자아상태적인 규정에 맞추기 위해 세상을 재해석하지 않는다.

자발성은 그 사람이 자기의 세 가지 자아상태 중 어느 것으로도 자유롭게 반응할 수 있다는 뜻을 갖고 있다. 사람은 성인의 자아로서 A 자아상태를 사용하여 생각하고 느끼고 행동할 수 있다. 만약 원한다면 C 자아상태로 들어가서 어린 시절에 가졌던 창조성, 직관력 그리고 강렬한 감정을 느끼면서 돌아가 볼 수도 있다. 또는 자신의 부모나 부모와 같은 사람들에게서 배운 사고와 감정, 행동을 재연하면서 P 자아상태에서 반응할 수도 있다. 사용하는 자아상태가 무엇이든 간에, 사람은 오래된 P 자아상태적 명령을 따르지 않고 현재의 상황에 적절하도록 행동, 사고, 감정을 자유롭게 반응을 선택할 수 있다.

(3) 친밀성

친밀성이란 먼저 자신을 개방과 수용으로 타인과 진솔하게 교류하고 교감하는 것이다. 친밀성을 삶의 현장에 적용한다면, 자신과 타인 사이에 감정과 욕구를 공개하여 공유한다는 것을 의미한다. 그 표현된 감정들은 진정한 것이며 그래서 친밀성은 라케티어링(racketeering)이나 심리게임 연기의 가능성을 배제한다.

2) 각본에서 자유

자율적인 사람은 수동성을 갖는 대신에 문제 해결에 착수한다고 말할 수 있다. 여기에서 '문제 해결'이란 그 문제를 해결해 내기 위하여 단지 생각한다는 것을 의미하지는 않는다. 그것은 또한 문제에 대하여 해결을 가져올 효과적인 행동을 취한다는 것을 의미한다. 진실한 감정의 표현은 문제 해결의 기능에도 이바지한다. 어떤 사람이 문제를 해결하고 있을 때, 그는 현실을 정확하게 인식하고 반응하고 있다. 그래서 그는 에누리하지도 않으며 재정의 하지도 않는다. 그리고 다음 순서로 이것은 그 사람이 각본에서 자유롭다는 것을 의미한다.

자율성은 각본으로부터의 자유와 같은 것이라는 뜻을 함축하고 있다. 에릭 번 이래의 대부분의 교류분석 저술가들은 두 가지 사고를 동일하게 보았다. 그래서 우리는 자율성을 "각본신념에 대한 반응이라기보다는 지금 여기의 현실에 대한 반응인 행동이나 사고 또는 감정"이라는 정의를 제시할 수 있다.

그렇다면 이러한 질문을 던질 수 있을 것이다. '자율적인 상태라는 것은 줄곧 A 자아상태에 있는 것을 의미하는가?'라고 물을 것이다.

그 대답은 '아니다'이다. 우리는 자발적인 사람이 때때로 어떻게 C 자아상태나 P 자아상태로 움직이면서 지금 여기에 반응하기를 선택할 수 있는가를 이미 보았다. 자율성에 있어, 이러한 선택은 현재의 상황에 대한 반응에서 그 자체로 자유롭게 이루어진다. 반면에 각본 상태에 있는 사람은 세상에 대한 자기 한계적인 어린 시절의 결정들에 반응하면서 자아상태를 이동할 것이다.

자율성이 계속적으로 A 자아상태에 있는 것을 의미하지 않지만, 그것은 A 자아상태를 통하여 세상에 대한 모든 자료가 유입되고 그 후에 반응할 자아상태를 선택할 때 A 자아상태의 자각을 유지하는 과정을 의미하고 있다. 어떤 다른 새로운 기술처럼 이것은 처음에는 어색하게 느껴질 수도 있다. 자율성은 항상 각본보다 더 많은 선택을 제공한다. 친밀성은 별로 예측할 수 없기 때문에 맨 처음에는 심리게임 연기나 라케티어링 (racketeering)보다 덜 편안하게 보일 것이다. 그러나 자율적인 자아상태의 선택은 실천하기가 더 쉽다.

2. 재결단

1) 재결단의 의미

자율성을 발휘하려면 자극과 반응 사이에서 멈추어야 한다. 멈추는 곳에서 재결단 (redecision)이 이루어진다. 삶 속에서 우리는 지금, 과거에 내린 결단의 결과물 위에 서 있고, 미래는 지금 내릴 결단에 달렸다.

과거에 만든 자신의 결단에 입각해서 구성된 인생 패턴의 구속에서 탈출하여 보다 자유롭고 창조적인 삶의 방식을 하기 위해 C 자아상태로 되돌아가서 결단을 다시 내려 인생각본을 바꾸어 써 가는 것으로, 심리치료로써 매우 중요한 과정이다.

A 자아상태를 교육해서 오염된 P 자아상태를 대치하고 C 자아상태를 혼란에서 해제하여 분명하게 한다. 그러면 자각 현상이 일어나서 창조적이고, 직관적이고, 자발적이

고, 친밀한 사람으로 변한다. 그 결과 서로 일치 관계를 맺고 억압받지 않는 사람이 되어서 환상이 아니라 지금 여기에서 이 순간의 현실을 살릴 줄 아는 변화된 실존적 사람으로 거듭 태어난다.

골딩(R. Goulding & M. Goulding) 부부는 재결단의 의미와 내용을 결합해 다음과 같이 제시하였다.

(ⓟ의 대치)	R – eplace the P-arent
(ⓐ의 교육)	E – ducate the A-dult
(ⓒ의 혼란 해제)	D – econfuse the C-hild and become more
(자각·의식 현상)	awar – E
(창조적)	C – reative
(직관적)	I – ntuitive
(자발적)	S – pontaneous
(친밀한 인간)	I – ntimate and
(자율적 인간)	aut – O -nomous
(지금, 여기에서)	N – ow

2) 조기 결단과 재결단

살아가면서 우리는 매번 선택의 갈림길에서 좀처럼 결단(결정)을 내리지 못하는 경우가 많다. 그러면 삶 속에서 현명하게 결단하여 자율성을 발휘한다는 것은 무엇을 의미할까?

삶 속에서 우리는 지금, 과거에 내린 조기 결단의 결과물 위에 서 있고, 미래는 지금 내릴 결단에 달렸다. 과거의 역기능적인 패자각본의 관성에서 벗어나지 못하고 되풀이하는 삶에서 벗어나기 위해서는 현명한 결단이 필요하다. 이것이 자율성의 회복이고 발휘이다. 자율성을 발휘하려면 자극과 반응 사이에서 멈추어야 한다. 멈추는 곳에서 선택하고 재결단이 이루어진다.

결정(결단) 장애라는 말이 있듯이, 결정은 쉽지 않은 일이다. 식사 메뉴를 정하는 사소한 것에서부터 진로, 결혼, 사업 등 인생의 중요한 결정을 하는 것까지 쉽지 않다. 우리의 삶은 결정의 연속이라고 할 수 있는데, 건강하고 현명한 삶의 선택은 지금 여기에서 자율성을 발휘한 결정 능력이라고 할 수 있다. 즉, 자극과 반응의 관성적인 편리함이나 각본의 재규정의 합리화가 아니라 진정한 자기의 실현이어야 된다는 것이다.

'사람들은 결단을 힘들어하고, 어떻게 현명하게 결단할 수 있을까?'에 대한 두려움이 있다. 인생은 맨 처음 조기 결단을 시작으로 계속된 재결단의 연속이라고 할 수 있다. 이것은 곧 자신의 삶의 질을 결정하기 때문이다.

(1) 결단의 두려움

사람들은 왜 결단을 어려워할까? '결단'은 문자 그대로 '잘라낸다'는 뜻이다. 즉, 다른 선택과 기회를 잘라낸다는 것이다. 다른 선택과 기회를 잘라낸다는 것은 두려움이 따르는 것이다. 결정(결단)의 두려움이 여기에 있다. 따라서 사람들은 이제까지 익숙한 방식으로 돌아가려고 한다. 이것을 각본의 유혹이라고 한다. 다음은 결단의 일곱 가지 두려움이다.

① 더 나은 선택을 하지 못할 것 같은 두려움
② 잘못된 선택을 할 것 같은 두려움
③ 실패할 것 같은 두려움
④ 높은 곳에서 떨어질 것 같은 두려움
⑤ 동일시될 것 같은 두려움
⑥ 인정받지 못할 것 같은 두려움
⑦ 이기적으로 보일 것 같은 두려움

(2) 자율성을 발휘한 결단

서로 충돌하는 두 가지 욕구 때문에 결정을 미루면 어떤 것도 포기하지 않았기에 마치 다 가능한 것 같은 기만적인 안락에 머물게 되는 것이다.

오늘 결정할 일을 미루면 지금보다 더 많은 정보를 확보할 수 있는지, 결정을 바꿀 만한 핵심 정보가 무엇인지 따져보아야 한다. '오늘의 나보다 며칠 더 산다고 더 나은 결정에 필요한 지식을 얻을 수 있는가?'를 물어보아야 한다. 그럴 가능성은 적다는 것이다. 인간은 계속해서 각본의 유혹을 받는다. 이러한 각본의 유혹으로부터 진정한 자기 자신이 되고자 할 때 최고의 결정을 할 수 있다고 본다. 결정이나 결과로 자신이 타인에게 어떻게 보일까를 걱정한다면 진정 원하는 것이 아닌 그릇된 선택을 하기 쉽다는 것이다.

다음은 편견과 망상의 각본으로부터 벗어나기 위한 일곱 가지 결단을 위한 법칙이다.

① 결정의 본질을 꿰뚫어라(본질탐구)

② 최적의 조언자를 구하라(정보수집)

③ 나와 관점이 다른 사람을 찾아라(관점확장)

④ 나의 사고를 검증하라(사고검증)

⑤ 일단 하룻밤 자고 결정하라(휴식)

⑥ 나의 결정이 5년 안에 가져올 결과를 예상하라(불안해체)

⑦ 이제, 결정하라(결단)

(3) 자율성 발휘의 조건

결정(결단) 과정을 피라미드에 비유하며 창의–선택–선별–행동–결의–완성의 프로세스라고 한다. 보통 결정은 옵션을 저울질하는 데서 시작한다고 생각하기 쉽지만, 먼저 아이 같은 호기심과 직관을 써서 창의성을 발휘해야 옵션이 더 많아진다고 본다. 그다음 옵션을 비교하여 선택하는데, 이때는 분별력이 중요하다. 특히 자신의 욕구와 우선순위를 명료하게 해야 후회 없는 결정을 할 수 있다. 그다음 행동에 옮기고, 마음을 다하는 것이 결의이다. 완성은 일이 끝났을 때 이를 인식하고 다른 일을 시작할 수 있는 상태를 말한다. 그게 없으면 미련을 가지고 이미 다 그린 작품에 덧칠을 하는 셈이라는 것이다.

결단은 직관 활용을 강조하고 있다. 직관은 본능이나 이성적 사고보다 더 깊은 통찰력이다. 즉, 자율성(자각성, 자발성, 친밀성)을 발휘하라는 의미이다. 자율성은 직관, 통찰력을 포함한 의미를 가지고 있다. 무언가가 옳게 혹은 그렇지 않게 느껴지는 것이다. 예를 들어, 연설을 유쾌하게 하려고 가벼운 농담을 섞어서 연설문을 준비했는데, 연설장에 들어서자 뭔가 농담할 분위기가 아니라는 걸 알아차릴 때, 청중의 기분에 맞게 수정하는 게 자율성을 발휘하는 것이다. 자율성의 발휘는 자신의 삶을 영위한 것으로 자신의 선택에 자신감을 갖게 한다.

다음은 자율성을 발휘하기 위한 조건이다.

① 자극과 반응 사이 멈추어라.

② 조용한 장소를 찾으라.

③ 충분한 수면 후 내면의 목소리를 들으라.

효율적인 결정(결단) 프로세스를 '감정–느낌–생각–말–행동'으로 제시하는데, 말로 우리의 생각과 욕망을 명확히 표현하고 확인하는 것이 결정에서 중요한 돌파구가 된다. 복잡한 감정과 가정, 모호함이라는 혼합물을 걸러내는 방법은 요약문을 작성하듯 언어로 자기 생각을 정확하게 표현하는 것이다. 정확한 문구 하나가 결정에 유용한 나침판이 될 때가 많다.

대안을 객관적으로 검토하기 위해서는 거리 두기를 하는 것처럼 멀리서 봐야 한다. 만약 내가 아니라 낯선 사람이 그런 상황이라면 어떤 충고를 하겠는지 생각해 보는 것이다. 특히 문제가 복잡하거나 고통스러울 때 거리 두기를 통해 냉철하게 문제를 바라볼 수 있게 된다.

다음은 결단을 위한 10-10-10 방식(결단을 내리고 난 후 느낌)이다.

① 10분 뒤에 나는 어떤 느낌일까?(바로 지금)
② 10개월 뒤에는 어떤 느낌일까?(예측 가능한 미래)
③ 10년 뒤에는 어떤 느낌일까?(아주 먼 미래)

(4) 실존적인 삶

건강하고 현명한 결단은 지금 여기의 경험에서 나온다고 강조한다. 정신적인 탯줄을 끊지 못한 상태로 인생각본의 수동적인 삶이 아니라, 지금 여기의 경험은 우리가 세상을 향해 여는 창이고, 그 창을 통해 우연이란 불씨가 들어오고, 거기서 질서를 구분해 내는 자율성을 발휘하는 능동적인 삶을 말한다. 경험을 통해 의미를 찾고, 자유로워져서 세상에 '존재'하게 된다는 것을 알 수 있다. 경험의 반대를 '정체', '활동 없음', '노력 안 함'이라고 규정한다.

재결단에 의한 인간 본연의 자율성을 발휘하는 진정한 자기다운 실존적 삶을 느끼며 살아가야 한다.

제 **10** 장

교류분석 상담과 심리치료

Contemporary Transactional Analysis and Counseling

1. 교류분석 상담과 심리치료 개관

1) 교류분석 상담과 심리치료

교류분석은 인지, 정서, 행동 이론을 바탕으로 현재에 기반을 두고 과거의 기억을 지금 여기에 재 경험하게 하는 방법인 현상학적인 방법을 적용한다. 또한, 여러 가지 환경의 영향으로 잃어버린 자율성을 회복하고 발휘할 수 있도록 하는 내담자 중심 상담과 심리치료법이다. 단순한 증상 상담과 심리치료를 넘어 각본 형성 과정과 뿌리를 다루는 상담과 심리치료법이다. 교류분석의 적용은 인지, 정서, 행동의 통합과 마음과 몸 그리고 영적인 영역까지 통합을 위한 상담과 심리치료의 적용이 가능하다.

2) 교류분석 상담 원리

교류분석 상담과 심리치료의 기본 원리는 다음의 세 가지 실천 원리를 바탕으로 실시한다. 이와 같은 세 가지 실천 원리는 교류분석의 인간관에서 인간은 긍정적·합리적이며 변화 가능한 존재로 가정하고 있기 때문에 인간의 뇌에 손상이 없는 한 교류분석의 인간관에 의해 내담자 중심의 상담과 심리치료를 실천할 수 있다는 것이다.

(1) 결단 모델(decision model)

유아기 어떠한 결단이 현재의 행동에 불쾌한 결과를 가져왔다면 그 결단을 추적해 새롭고 보다 적절한 결단으로 바꿈으로써 삶을 변화시킬 수 있다는 원리이다.

(2) 계약적 방법(contractual method)

상담자나 내담자가 공동 책임을 갖기 위해 계약을 함으로써 상담의 목적을 명확히 하고, 치료동맹 관계를 분명히 하여 연대 책임을 갖게 하고, 수동적·의존적 자세를 탈피하게 하기 위한 원리이다. 교류분석 상담은 계약으로 시작해서 계약으로 끝난다고 해도 틀린 말이 아니다. 그만큼 교류분석에서 상담 계약은 중요한 의미를 가지고 있다.

(3) 공개적 의사소통(open communication)

상담자와 내담자는 변화 도모를 위한 작업에 있어서 정보를 개방해야 한다는 원리이다.

3) 교류분석 상담과 심리치료 과정

교류분석 상담과 심리치료는 맨 먼저 계약으로부터 시작한다. 계약이 없다면 교류분석 상담이 아니다. 상담 계약을 에릭 번(Eric Berne)은 "무엇을 할 것인가에 대한 잘 정의된 두 사람의 공약"이라고 했다. 교류분석 상담의 계약에는 크게 두 가지로 되어 있다. 하나는 상담업무 계약이고 하나는 상담치료 계약이다. 상담업무 계약은 제공된 서비스의 조건과 기간을 명시한다. 기본 요소는 시간, 기간, 비용, 약속을 어겼을 때 방침, 업무시간 외 접촉, 윤리강령 등이고, 상담치료 계약은 효과적 상담과 심리치료를 위한 계약으로 다시 성과계약(목표 계약)과 행동 계약으로 나눈다. 모든 계약은 명확하고 융통성 있는 계약이 되어야 하고, 계약은 감각에 기초한다는 것을 명심해야 한다. 즉, 계약이 우리의 오감을 사용해 성과를 점검해 볼 수 있는 방법으로 진술되어야 한다는 뜻이다. 정서적으로 느끼다가 아니라 신체적으로 느낀다는 것을 강조한 것이다.

자아상태 구조, 기능분석에서는 인간의 성격은 어떻게 구성되어 있고 기능하는지 분석하고 자신의 성격을 이해한다.

교류패턴 분석과 인정자극, 개인분석에서는 대인관계 존재 방식을 분석 이해한다. 교류패턴 분석에서는 사람들은 인간관계를 할 때 어떤 방식으로 교류하는지 분석하고, 인정자극에서는 인간을 지탱하게 해 주는 몸과 마음의 영양물이 무엇인가를 다룬다. 심리게임 분석에서는 대인관계 중에 되풀이되는 힘들고 편치 않은 인간관계는 왜 그런지에 대해 분석한다.

인생태도에서는 사람이 살면서 갖는 삶에 대한 태도는 어떤 것인가를 자기와 타인에 대한 마음가짐을 분석하고 이해한다.

시간의 구조화에서는 인생이란 시간을 어떻게 각자 꾸려나가는지 시간의 사용을 분석하고 이해한다.

각본분석에서는 인생을 하나의 드라마로 보고 자신이 현재 연기하고 있는 각본을 분석하고 무의식적 인생계획을 이해한다.

이러한 분석을 통해 참자기를 발견하고 재결단을 통해 자율성을 회복하여 실존적 인간이 되도록 한다.

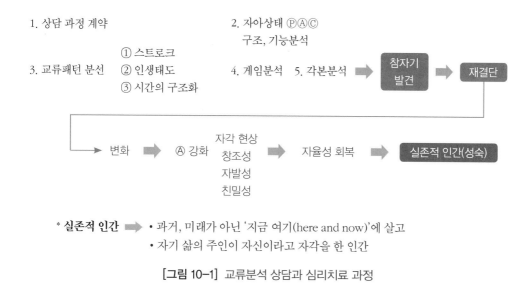

[그림 10-1] 교류분석 상담과 심리치료 과정

　실존적 인간이란 시키는 대로 임무만 수행하는 도구적 인간이나, 이상이나 동경을 따르는 이상적 인간이 아니라 실제 존재하는 인간으로 과거, 미래가 아닌 지금 여기에 살고 자기 삶의 주인이 자기란 것을 자각하는 것이다.

4) 교류분석 상담의 특징

　교류분석 상담을 정신분석 상담과 비교해 보면 세 가지 특징을 가지고 있다. 첫째는 평이성으로 정신의학에서 사용하지 않는 일반인도 알기 쉬운 용어를 사용함으로써 내담자와 상담자가 효과적으로 의사소통이 가능하다는 것이다. 둘째는 자기분석적이다. 정신분석은 타인분석적 경향이 강점인 반면, 교류분석 상담은 자기분석적 경향이 강하다. 이유는 정신분석은 인간 자체를 비관적으로 보기 때문에 자가가 자기분석에 어려움이 있다는 것이다. 반면, 교류분석은 인간을 긍정적, 합리적, 변화 가능한 존재로 보고 있기 때문에 자기분석이 용이하다는 것이다. 셋째는 교류분석 이론이 심오하지만 단순하고 명쾌하여 단시간에 효과적으로 활용할 수 있다는 것이다(Stewart, & Joines, 1987).

5) 교류분석의 활동 영역

　교류분석의 3대 활동 영역은 임상, 교육, 조직(경영 및 행정)이다. 임상은 생활문제에서

부터 심각한 정신장애까지 상담과 심리치료 영역으로 상담센터나 병원에서 개인, 집단, 가족, 아동, 청소년, 노인에게 교류분석 이론을 활용할 수 있다. 교육은 교육 현장에서 교육적이고 예방적인 역할을 하는 독특한 치료 개념으로 교류분석 이론을 활용하고 있다. 조직은 직원의 스트레스를 줄이고 창조성을 최대화하며 효과적인 작업환경을 만들기 위해 회사, 사회복지시설, 경찰, 보호관찰소, 종교단체 등에서 상담, 코칭, 컨설팅에 교류분석 이론을 활용하고 있다.

2. 교류분석 상담 진행 과정

교류분석 상담은 어떻게 이루어지는가? 상담의 진행 과정 초기 단계에서는 상담관계 형성, 심리적 문제 파악, 상담목표와 전략 수립, 상담 구조화를 한다. 중기 단계에서는 내담자 문제 해결을 위한 구체적인 시도, 내담자의 저항 해결, 내담자의 변화 등 상담 과정 평가를 한다. 종결 단계에서는 합의한 목표 달성, 상담 종결 문제 다루기, 이별 감정 다루기 과정으로 진행한다.

상담이 이루어지는 방법은 대면을 통해 상담하는 방법에서부터 전화, 컴퓨터, 편지 등 다양한 방법을 통해 상담은 이루어질 수 있다.

[그림 10-2]는 '교류분석 상담과 심리치료 순서의 플로 차트(flow chart)'로 교류분석 상담과 심리치료의 흐름도이다.

1) 접수면접(내담자 정보 파악하기)

(1) 최초의 접촉

최초의 접촉은 전화나 직접 대면한 경우이다. 최초의 접촉은 무료이고 20분을 경과하지 않도록 한다. 최초의 접촉 목적은 앞으로 상담을 진행할지에 대한 필요한 정보를 교환하는 것이다.

(2) 접수면접과 최초의 진단

① 수리 면접 들어가기 직전에 내담자와 비밀유지에 대한 합의를 한다.

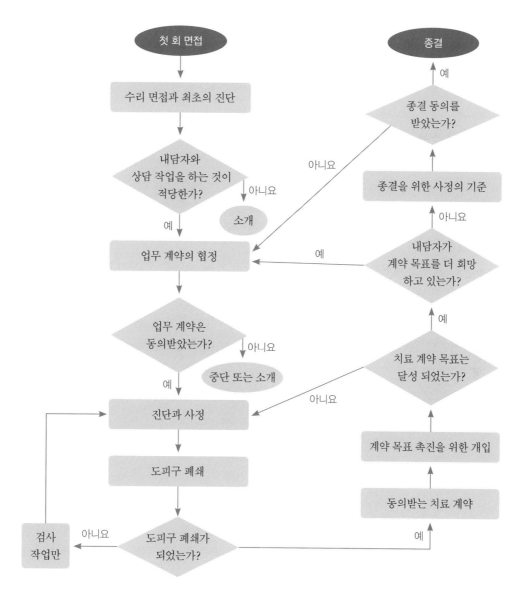

[그림 10-2] 교류분석 상담과 심리치료 순서의 플로 차트

- 상담관계 속에 일어난 합의한 것은 비밀을 유지한다.
- 슈퍼바이저에게 슈퍼비전을 받는 경우 가명을 사용하여 상담 정보를 나눌 수 있다.
- 자타의 생명이나 건강을 위협한 경우 예외이다.

② 수리 면접 시 중요한 세 가지 목적
- 내담자를 아는 것

- 제시되어 있는 문제를 더욱 상세히 아는 것
- 다른 기관에 소개할 필요가 있는지 검토하는 것
- 상담신청서 서식을 활용하여 위 내용들을 효과적으로 파악할 수 있다.

③ 상담 수용 기준

내담자 상담을 수용할 것인가 아니면 다른 기관을 소개할 것인가는 3P가 그 기준이다. 3P는 상담자가 효과적인 치료를 위해 활용할, 즉 충분하게 허가(Permission), 보호(Protection), 잠재 능력(Potency)을 제공할 수 있는지이다.

- 보호: 보호는 내담자가 위험이나 곤란 등이 미치지 않도록 잘 지키고 보살피는 것으로 내담자의 어린이 자아를 지지하고 보호한다. 세 가지 중에서 가장 중요한 부분이다. 내담자를 충분히 보호하고 감당할 수 있는지를 판단해야 한다. 자타에게 해를 입히거나 긴급한 질환이 발생한 경우 상담자가 내담자를 보호할 수 있는 준비가 되어 있는지, 또는 명확히 다른 전문가에게 소개하는 것이 좋다고 생각하는 상황과 다른 기관과 함께 협력해야 할 상황이 있는지이다. 예를 들자면, 신체적 장애, 정신의학적 질환, 약물중독, 이해의 충돌 같은 경우 등이다.
- 허가: 상담자가 어른 자아 입장에서 어떤 행동이나 일을 할 수 있게 허용하고 인정해 주는 것으로 과거 금지령이나 대항지령, 인생각본으로부터 해방시키는 해독제 역할을 한다.
- 잠재 능력: 상담자가 내담자에게 상담과 심리치료를 할 수 있는 충분한 잠재 능력과 창의력을 발휘할 수 있는지이다. 잠재 능력 중에는 특수한 내담자와의 작업에 필요한 전문적 기술도 포함되어 있다. 상담자가 특수 훈련을 받지 않는 경우에는 다른 기관에 소개해야 한다.

2) 상담 초기(상담 기틀 잡기)

(1) 상담 계약의 협정

상담 계약의 협정은 무엇을 할 것인가에 대한 잘 정의된 두 사람의 공약이다. 계약이 없다면 교류분석 상담이 아니다. 계약은 명확하고 융통성이 있으며 감각에 기초를 두고 상담이 종결될 수 있으면서도 매 순간의 변화에도 열려 있는 계약이어야 한다. 감각에

2. 교류분석 상담 진행 과정

기초한다는 것은 계약이 분명하고 관찰할 수 있으며 행동적이어야 한다. 계약이 우리의 오감을 사용해서 성과를 점검해 볼 수 있는 방법으로 진술되어야 한다는 뜻이다. 다시 말해서 정서적으로 느끼는 것이 아니라 신체적으로 느끼는 것을 강조한 것이다. 왜 감각에 기초를 둔 계약이 중요한가는, 첫째, 상담자와 내담자가 서로 이해하고 명백한 치료 방법과 목표에 동의하게 하고, 둘째, 계약문이 감각에 기초를 둔다면 목표 달성 여부를 확실히 알 수 있다. 그래서 내담자가 종결할 수 없는 계약을 제시한다면 내담자로 하여금 종결할 수 있는 문장으로 바꾸게 할 수 있다. 결론적으로 계약은 감각에 기초하고 종료할 수 있는 것이어야 한다.

계약의 종류는 다음 두 가지로 크게 나눈다.

① 상담업무 계약: 업무 계약의 기분 요소는 회기 시간, 기간, 비용, 규칙 어겼을 때 방침, 업무 시간 외 접촉, 대리상담, 윤리강령, 기관 참여 등이다. 상담업무 계약은 구두가 아닌 문서로 하는 것이 원칙이다.

② 상담치료 계약: 효과적인 상담치료를 위한 계약으로 성과 계약(목표 계약)과 행동계약으로 나눌 수 있다. 성과 계약은 상담목표 계약으로 최소한 한 가지 이상의 행동 계약의 지지를 받아야 한다. 행동 계약은 상담 회기 중 계약과 상담 회기 밖 계약으로 나누는데, 상담 회기 중 계약은 상담 회기 중에 이행할 행동들이고, 상담 회기 밖 계약은 과제물이나 생활 속에서 실천 사항들이 되겠다. 상담치료 계약은 언제든지 상담자와 내담자가 합의에 의해서 변경할 수 있다. 매 회기 중에서 그리고 매 순간마다 상담자와 내담자는 모든 계약들이 현재 전체 계약에 도움이 될 수 있는 상담 계약들을 제공함에 있어 무한한 여지를 가져야 한다. 그러나 내담자가 계약을 변경하려고 할 때 유의할 점은 변경이 각본적인가 자율적인가를 판단해야 하고, 내담자가 에누리나 재정의, 드라이버 행동에 의한 것인가를 판단해야 한다. 또 기존의 각본을 따르려는 욕구나 생존을 지키기 위한 의도가 있는가를 파악하고 상담자는 계약에 임해야 한다.

상담치료 계약 시 유의점은 다음과 같다.

• 계약 당사자는 누구인가?
• 함께 해 나갈 일은 무엇인가?

- 시간은 얼마나 걸리겠는가?
- 이러한 과정의 목표 또는 결과는 무엇인가?
- 성과는 어떻게 알 수 있는가?
- 내담자에게 얼마나 유익하고 또 도움이 되겠는가?

(2) 진단과 사정

① 진단과 사정의 방법

내담자와 내담자 외부 요인 그리고 내담자와 외부 요인의 상호작용 등을 파악하기 위해 자료를 수집하고 분석하고 종합하여 내담자에 대한 개입을 계획하는 일련의 과정이다.

내담자 진단과 사정에는 양적인 방법과 질적인 방법으로 구분할 수 있다. 내담자 진단과 사정을 위한 양적인 방법으로는 표준화 척도와 체크리스트 혹은 목록을 사용한다. 질적인 방법으로는 인터뷰나 내담자를 관찰하는 방법 등이 있다.

교류분석에서 내담자 진단과 사정을 위한 양적인 방법으로는 CKEO그램, 라켓 시스템, 에누리 모형, 드라마 삼각형, 스트로킹 프로파일, 드라이버 검사 등이 있다.

② 상담 사례 개념화

내담자의 문제 및 증상, 원인 또는 관련 요인, 상담 개입 방향과 방법을 이론적으로 설명하는 과정(진단-평가-상담 가설)이다.

상담 사례 개념화는 보통 상담 초기에 실시하지만 상담의 역동적 특성 때문에 상담의 전 과정에서 지속적인 개념화, 재개념화가 요구된다.

- 상담자가 파악한 내담자 문제의 성격은 무엇인가(문제 및 증상)?
- 문제가 생기게 된 경로나 원인은 무엇인가(촉발 요인)?
- 문제를 지속시키는 내적 · 외적 역동은 무엇인가(유지 요인)?
- 문제의 해결을 위하여 내담자에게 필요한 것은 무엇인가(상담 개입 방향, 상담목표)?
- 그래서 상담자인 나는 상담 장면에서 무엇을 할 것인가(상담 방법)?

(3) 도피구 폐쇄

계약이 끝나면 내담자가 어른 자아상태의 결단을 통해서 자기나 타인에게 해를 끼치거나 미쳐 버리게 하는 어떤 어린이 자아상태 충동이나 어버이 자아상태의 내부 명령을 따르지 않게 한다. 내담자는 도피구를 폐쇄함으로써 변화하기 위한 확실한 기초를 받아들인 것이다.

(4) 변화를 위한 치료 계약

초기에 상담업무 계약이 끝나면 상담자와 내담자는 치료 계약을 체결하는데 치료 계약을 할 때 상담자는 내담자가 만들고자 하는 변화에 대한 분명한 진술에 동의한다. 또한 상담자와 내담자가 그 변화를 성취하기 위해 어떤 기여를 할 것인가를 명기하는 것이다. 효과적인 치료 계약을 위해 계약 체결의 의미와 목적 치료 방침에 대해 보면 다음과 같다.

① 계약 방법 의미

교류분석 상담과 심리치료에 계약 방법의 의미는 다음과 같다. 상담자와 내담자는 내담자가 이루려고 하는 개인적인 변화에 동의하고, 내담자가 변화를 이루고 상담자가 그 변화를 돕고자 하는 것을 명시적으로 합의했는가이다.

이 두 가지 질문에 상담자와 내담자가 합의를 했다면 상담자와 내담자는 변화를 위한 계약을 한 것이다. 또한 치료 과정 중에 재협상을 해야 할 시기가 있을 수 있다. 이런 경우는 동의한 계약목표를 성취했거나 새로운 목표가 생기는 경우이다. 다시 분명한 합의를 해야 하고 그 합의된 근거에 의해서 회기를 진행해야 한다.

계약 맺기는 내담자의 변화를 위해 확실하게 충족되는 것을 돕는 기본적인 틀이다. 상담 실제의 중요한 임무는 내담자가 원하는 변화에 대해 분명하게 합의된 규정에 도달하는 것이다.

② 계약 맺기의 목적

교류분석가들이 계약 맺기의 중요성을 크게 강조한 것은 '인간은 OK다'라고 견지하는 철학적 입장에 있다. 즉, 개개인은 자신의 결정과 행동에 책임을 진다는 입장이다. 상담자와 내담자는 변화의 과정에 대해 연대 책임을 진다는 것을 의미한다. 계약 사용이 상담과 심리치료 과정에 실제적으로 몇 가지 이익을 가져다준 것을 정리해 보면 다음과 같다.

- 내담자는 상담 과정에 적극적으로 몰두한다.

내담자는 수동적이 아니라 즉시 변화하겠다는 자신만의 동기 유발을 한다. 계약이 없다면 상담자는 이중 부담감을 갖게 된다. 즉, 내담자의 변화를 위해 어떻게 도와주어야 하는지와 내담자가 무엇을 변화시켜야 하는지도 결정해야 하는 책임을 지어야 한다. 이러한 점에서 계약상의 작업이 상담자에게는 큰 혜택 중의 하나이다.

- 계약은 변화에 대해 마음의 준비 상태를 만든다.

상담자와 내담자는 변화의 목적에 합의하면서 그 목표와 심적 이미지를 만들어 내지 않으면 안 된다.

- 상담자와 내담자는 자신들의 공동 작업이 언제 완료될지 분명히 안다.

상담관계가 명확한 종료 시점이 없이 끝 가능성을 방지한다.

- 계약 맺기는 상담자가 자신의 목표를 내담자에게 강요하는 것을 방지한다.

계약이 없다면 상담자는 은연중에 내담자가 원하는 변화가 아니라 상담자가 생각하는 변화를 위해 내담자에게 영향을 주려고 시도할 가능성이 항상 존재한다.

- 계약은 숨겨져 있는 곳에서의 추구를 중지하게 한다.

상담자와 내담자가 서로 전하고 있는 비밀(숨겨진) 메시지를 나타내지 않으면 양자는 숨겨진 목적의 취급에 서로 에너지를 기울이게 되는 경향이 있다. 계약 맺기의 효용의 하나는 그 비밀 메시지를 분명히 하고 만다는 것이다. 따라서 상담자와 내담자는 상담 과정 사이에 주기적으로 계약 내용을 재검토하는 것이 필요하다.

③ 효과적인 계약 맺기

효과적인 계약 맺기 위해서는 다음 여섯 가지 질문을 검토해 보는 것이 좋다.

- 계약 목표는 실현 가능한가?

이 세상에서 누군가 최소한 한 사람이라도 그것을 달성했다면 잠재적인 실현 가능성이 있는 것으로 판단된다. 또한 어떤 계약이 실현 가능성이 되기 위해서는 내담자가 스스로 원하는 변화에 대해 언급해야 한다.

- 그것은 안전한가?

신체적으로나 법적으로 안전한가를 의미하며, 사회적인 타당성에 대한 의문을 제기하는 것일 수도 있다.

- 긍정적인 말로 표현되어 있는가?

효과적인 치료 계약을 위해서 부정적인 목표들은 긍정적인 표현으로 재진술되어야 한다. 부정적인 계약은 내담자에게 내적으로 '어버이'와 '어린이'의 자아상태 간에 싸움을 일으키는 것을 의미하고 있다. 부정적인 말을 사용한 계약은 내담자가 무엇을 하면 좋은가에 대해서 명확한 방침을 주지 않는다. 긍정적인 말에 의한 계약을 체결하기 위한 의논은 그것 자체가 치료적이다.

예) 나는 지금의 파트너와 헤어질 것이다.

→ 나는 새로운 파트너와 함께 생활할 것이다.

나는 살을 뺄 것이다.

→ 나는 나의 체지방 비율을 20%로 바꿀 것이다.

－관찰할 수 있는가?

효과적인 치료 계약은 '관찰 가능한' 방식으로 계약 목표를 구체화해야 한다. '관찰할 수 있는' 것이란 오감을 이용하여 계약상의 성취를 검토할 수 있는 방식으로 계약이 진술되어야 한다는 것을 말한다. 왜 관찰 가능성을 강조하는가? 이유는 이런 종류의 계약에 의해서만 진술한 목표에 도달했는지를 당신이 평가할 수 있기 때문이다. 만약 내가 어떤 목표를 달성하기 위해 나 자신에 대한 계획을 세운다면 나는 '음향과 영상(신체적 감각, 냄새, 맛)'을 총동원해서 내가 바라는 결말(목표, 성과)을 성취하는 나 자신을 가장 강력하게 상상하는 계획을 짤 것이다. 상담자와 내담자는 이 과정을 이행해야 하는 것이다.

효과적인 치료 계약을 위한 상담 목표 가정은 관찰 가능한 것이 되는 것이며 또한 계약의 진술은 행동 가능한 것이어야 한다는 것이다. 그래서 그 진술은 그 사람이 그 결말을 성취하기 위해 무엇을 하려고 하는가? 결말은 일의 상태를 묘사(결말 계약)하고 반면에 실행은 행동을 묘사(행동 계약)한다. 만일 어떤 계약이 결과를 위한 것이라면 그것은 최소한 실행을 위한 하나의 계약이 뒷받침되어야 한다. 왜 그래야 하는가? 내담자는 무엇인가를 함으로써만 세계와 상호작용할 수 있기 때문이다.

예) －결말(목표, 성과) 계약－

→ 나는 적어도 1년에 최소한 월 200~300만 원 받는 새 직장을 얻을 것이다.

－행동 계약－

→ 지역신문을 사서 구인광고란 읽기

이력서를 작성하여 대행사가 인쇄하도록 하기

구직 인터뷰에 관한 책 읽기

–분명한 내용인가?

효과적인 계약을 맺기 위해 계약의 내용을 고려할 때 다음 세 가지 질문에 대한 협의를 해야 한다.

–어디에서 그 계약이 수행되는가?(장소)

–언제?(시간상 범위)

–어떤 한정된 조건하에서?(누구에게 어떤 상황에서)

예) 내주에 나는 이전에 말을 걸지 않았던 세 사람에게 인사를 할 것이다.

→ 내주에 나는 학교에서 말을 걸지 않았던 김 선생, 박 선생, 최 선생에게 마주치면 먼저 인사를 할 것이다.

또한 비가시적인 상담목표 내용 진술에 주의해야 한다. 내담자가 자신만의 내면적 경험만을 언급할 뿐 외적으로 관찰 가능한 것들은 언급하지 않는 내용적 상황을 진술할 때, 예를 들자면 '나는 보여 주는 것이 적절할 때 나의 감정을 보여 줄 것이다.'이다. 이런 경우 비가시적 내용을 골라내는 유용한 점검 질문을 해야 한다. 예를 들자면, '적절한 때가 왔다는 것을 내가 어떻게 알 수 있을까요.'이다. 계약목표가 세부적으로 이미지화될수록 그 계약은 보다 효과적이다. 즉, 내담자는 자신의 오감을 총동원하여 이미지화함으로써 내담자는 그것이 될 수 있도록 최선을 다할 것이다.

예) 나는 보여 주는 것이 적절할 때 나의 감정을 보여 줄 것이다.

→ 나는 학교에서 민수와 말할 때 나의 감정을 무조건 억압하지 않고 그때그때 솔직하게 보여 줄 것이다.

–각본에서 벗어난 내담자의 움직임과 내담자의 자율성을 명시하고 있는가?

교류분석에서 계약이 구체적인 새로운 결말들이나 행동에 전형적으로 초점을 맞추긴 하지만 그러한 변화의 목표가 유일한 목적인 경우는 드물다. 새로운 결말들이나 행동은 자주 그것이 내담자로서 각본으로부터 이탈을 나타내기 때문에 선택하고 있는 것이다. 이것이 왜 계약 맺기가 내담자의 각본신념이나 라켓 시스템의 다른 특징의 지식에 의해서 유도될 필요가 있는가 하는 이유이다.

예를 들자면, 어떤 내담자가 다른 사람과 친하게 되는 것이 지금까지 어려웠다 하면, 이것은 내담자의 라켓 시스템의 집적으로부터 발견해 온 것을 반영하고 있다. 즉, '친숙해서는 안 돼'라는 것이 내담자의 각본신념의 하나였던 것이다.

그런데 이 내담자가 '여자친구가 말을 할 때 귀를 기울여 듣고 내가 그녀의 말을 느낀 다음에 나의 얘기를 여자 친구에게 할 것이다.'라고 행동 계약을 했다면, 내담자의 문제는 사소한 것처럼 생각할지 모른다. 그러나 내담자가 말한 문제는 그가 여자친구의 이야기를 듣고 기분을 되돌려 전하는 시간을 가질지 어떨지 하는 문제가 아니고 다른 사람과 친해져 가는 것이 어떤가 하는 문제이다. 그것은 내담자가 어린 시절 그의 살아남기 위해 필수적인 것으로 보아 왔던 행동패턴을 파괴하는 것을 의미하고 있는 것이다. 따라서 이것은 내담자로서 각본으로부터 이탈을 나타내기 때문에 선택한 것이다. 다시 정리하자면 내담자와 계약적으로 합의된 행동이 각본 변화를 위한 이정표와 같은 역할을 한다고 볼 수 있다.

④ 계약 맺기와 치료 방침

치료의 삼각도는 계약, 진단, 치료 방침 세 가지 방향의 상호작용이 어떠한 것인지를 나타내고 있다. 이것은 내담자의 각본에 대한 지식과 변화의 큰 목표에 비추어 보아 어떤 계약을 하면 상담자가 내담자를 각본으로부터 탈각하도록 유도할 것인가, 어떤 순서로 내담자가 어떤 계약으로 행하도록 유도하면 좋은가, 이들 의문에 대답하는 것이 상담자가 효과적으로 치료 방침을 정하는 데 도움이 될 것이다. 계약 맺기를 효과적으로 하면 상담은 성공적이다.

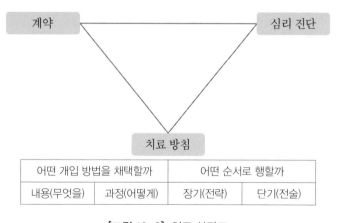

[그림 10-3] 치료 삼각도

−목표 계약(전반적인 계약)과 회기(단기) 계약

내담자가 진술한 계약목표가 달성되기 위해서는 얼마간의 시간이 필요하다. 그렇기 때문에 목표를 달성하려는 그의 작업은 다수의 상담 회기에 걸쳐 광범위하게 이루어진다.

전반적인 계약은 흔히 결말에 대한 것이고, 반면에 회기 계약은 그 결과를 보조해 주는 실행에 대한 것이다. 회기(단기) 계약은 전반적인 계약을 촉진해야 한다. 회기에서 수행하는 목표에 대해 내담자가 말하는 것이 일단 확실하게 기술되면 그 회기 계약은 현재의 전체적인 계약의 전진에 어떻게 도움이 되는가를 내담자와 더불어 명확히 하지 않으면 안 된다.

– 행동적 과제(행동 계약)

하나의 회기와 다음 회기 사이에 내담자가 어느 특정한 행동을 수행하도록 제안하면 좋을 것이다. 선택된 행동이 현재의 전체적 계약을 진전시키는 것으로 되는 것이다. 이것은 수행한다는 내담자의 확실한 '어른'으로서의 합의를 얻는 것이 필요하다.

– 계약 관리(계약의 진로 유지)

명확한 치료 방침을 유지하는 데에는 내담자의 계약 진행을 계속 놓치지 않고 따라가는 것이 필요하다. 매 회의 상담을 시작하는 데 있어서는 내담자와 잘 공유하고 있는 전체적인 계약을 의식할 필요가 있기 때문이다. 모든 기재 사항에 날짜를 붙이면 각각의 목표가 언제 최후로 동의되며 언제 완성되었는가, 언제 다시 취급되며 혹은 언제 버렸는가를 발견할 수가 있는 것이다.

계약 관리를 돕는 조력자로서 상담자는 계약에 대한 기록 관리를 계속해야 한다. 관리 기록을 하기 위한 유용한 방법으로 치료 계약 목록을 활용할 수 있다. 다음은 치료 계약 목록을 기록한 서식(최영일, 2018)이다. 상담자는 언제 각 목표가 처음으로 합의되었고 그것들이 완료되었는지, 재협상되었는지, 포기되었는지를 보여 주는 모든 기재 사항들에 날짜를 적어 넣을 기록한다.

표 10–1 **치료 계약 목록**

치료 계약 목록			
내담자: 성별: 연령: 상담 시작 일시:			
전반적 계약	회기 계약	행동 계약(과제)	기타

⑤ 계약 방해 다루기

내담자는 어릴 적 각본 결단이 자신의 욕구를 채우며 그러면서도 살아나는 데 절대로 필요한 것이라고 받아들이는 것을 생각해 내고 싶다. 이러한 준거 틀로부터 보면 각본으로부터 탈출하는 어떤 움직임도 위협으로 보일 것이다. 이러한 이유에서 내담자는 계약 만드는 과정을 방해하는 여러 가지 방법을 발견해 내려고 하는 경향이 있다. 방해라는 것은 내담자의 의식에는 없는 것이다. 따라서 상담자는 내담자의 각본을 비밀리에 촉진하는 계약을 상담자와 내담자가 하지 않도록 고정할 필요가 있다. 내담자 중에는 그들의 각본을 위협하는 계약을 질질 끌고 도피하기 때문에 몰래 하는 방법의 발견을 매우 고집하는 사람도 있다. 이런 경우 상담은 언제나 실패의 결과로 끝난다.

－각본신념을 강화하려는 계약

상담자는 계약 내용에 내담자의 각본에 특유한 신념의 하나를 강화하는 실마리가 없는지 경청해야 한다. 예를 들자면, 내담자가 '나의 감정을 통제할 수 있도록 원조해 주세요.'라고 말했다고 하자 그런데 내담자의 라켓 시스템의 상세한 내용을 정리했을 때 예를 들면 '나는 느껴서는 안 돼'라는 것이 각본신념의 하나라고 밝혀졌다고 가정해 보자. 만약 상담자가 내담자가 말하는 이 계약을 받아들인다면 내담자의 각본을 강화하고 마는 것이 분명할 것이다. 또는 상담자와 내담자는 각본에 없는 방식으로 내담자가 욕구를 채우려고 하는 별도의 각본을 만들어 낼 수가 있는 것이다. 그래서 이러한 각본신념을 강화하려는 계약에서 벗어나려면 계약의 내용에 내담자의 각본에 특유한 신념의 하나를 강화하는 실마리가 없는가 하고 잘 경청해야 한다는 것이다.

앞의 예와 같은 경우는 계약을 할 때 지금까지 억압되어 온 감정을 내담자가 경험하는 것을 듣고 나아가 안전하고도 적절하게 그러한 감정을 표현할 수 있도록 하는 것이다.

－계약을 방해하는 말투

어떤 계약에 숨겨진 방해를 하는 몇 가지의 말의 표현 방법이 있다. 이러한 말투를 들으면 당장 직면하는 것이 얼마만큼 중요한가 하는 것을 강조하고 있다. 만약 상담자가 그런 말투를 무시하고 사회적 수준의 문맥에 입각해서 앞서 나아간다면 내담자는 이것을 자신의 각본을 강화하기 위해 사용하고 말 것이다. 가장 흔한 말투를 보면 다음과 같다.

－'연구하고 싶다.'

   예) '권위 있는 인물을 두려워하는 나의 감정에 대해서 연구하고 싶다.'

   내담자의 숨겨진 의도는 상담 회기의 어떤 것을 바꾸기보다도 오히려 문제에 끝없이 '연구하는' 것으로 사용하려고 하는 것이다.

－미결의 비교급 표현

   예) '나는 더욱 자신감을 얻는 데 도움을 받고 싶다.'

   상담자는 그것과 대결하기 위해 내담자가 '완전히 자신감이 있는 행동'을 확실히 지각하여 묘사하도록 유도하는 것이 중요하다.

－'시도해 본다.'

이 말투는 언제나 계약 교섭이 끝날 때 나타나게 된다. 내담자는 그가 동의하고 있는 것처럼 보이는 행동을 하지만 내담자는 그것을 하지 않을 것이다. 만약 내담자가 이미 한 것이라면 그는 더욱 그것을 하려고 시도할 필요가 없는 것이다. '하고 싶다', '할 수 있다', '하려고 생각한다' 등 이들 모두는 '시도해 본다'라는 것과 같은 효과가 있다. 이것은 내담자가 스스로의 각본신념에 대한 위협을 방어하고 있다는 것을 나타낸다. 내담자가 만약 '네 합니다.'라고 대답했다면 표정이나 동작에 말과 불일치하는 것이 없는가를 주의 깊게 관찰하면 좋다.

3) 상담 중기(문제 해결하기)

(1) 계약 목표 촉진을 위한 개입

교류분석 상담에서 계약 목표 촉진을 위한 개입으로 활용할 수 있는 도구들은, CKEO 그램, 과녁 맞히기 교류, 심적 에너지 전환, 교류패턴 응용, 스트로크 경제의 법칙 타파하기, 스트로킹 프로파일, 시간 구조화, 각본 모형, 축소각본, 과정각본, 병리적 인생태도, 임패스, 에누리 모형, 공생, 라켓 시스템, 교환권, 심리게임, CKDP 심리검사, CKFR 심리검사, 재결단 등이 있다.

(2) 재결단

각본을 따를 때 자신이 아동기의 특정한 시간에 했던 것처럼 행동하고, 사고하고, 정서적으로 느끼는 것이다. 즉, 지금 C 자아상태에 놓여 있는 것이다. 성인으로서 이러한 초기의 결정들을 변화시키고자 한다면, C 자아상태에서 새로운 결단을 하는 것이 가장 효과적일 것이다. 골딩(Goulding)은 재결단을 "내담자가 실제 어린 시절에 한 결정들을 C 자아상태에서 다시 내린 결정"이라고 정의한다. 재결단이란 단순히 A 자아상태를 통해 각본에 의한 행동 유형을 통제하는 것이 아니라, C 자아상태에서 유아 시절에 사용했던 전략들을 포기하도록 변화시키는 것이다.

① 재결단을 위한 기초 작업

상담자는 내담자와 재결단 작업을 시작하기 전에 재결단 작업의 필수적 전제 조건이 완료된 상태에서 시작한다. 이러한 견실한 기초 작업은 또한 내담자가 자발적으로 재결 단으로 이동하게 하는 강력한 권유가 된다. 다음은 재결단을 위한 기초 작업의 내용이다.

- 비상구 닫기 완료

  자타에게 해를 끼치지 않는다.

  미치지 않는다.

  계약은 반드시 지킨다.

- 변화를 위한 분명한 계약 협상

  전반적인 치료 계약을 완료한다.

- 안전한 환경 제공

  편하게 말할 수 있는 환경을 제공한다.

  회기 내에서 충분한 시간 고려한다.

② 재결단 작업의 전형적인 순서

상담자는 내담자가 비상구를 모두 닫았고 전반적인 치료 계약을 협상했다는 전제로부터 시작한다. 그 순서에 따른 단계들은 다음과 같다.

- 1단계: 회기 계약 수립하기

  이 단계에서 상담자는 내담자에게 분명한 회기 계약을 권유해야 한다. 이 단계를 효과적으로 하려면 "당신은 이 회기가 끝날 때쯤 무엇을 성취하기를 원합니까?" 라고 질문을 할 수 있다. 이렇게 하여 회기 계약을 할 때 계약의 표현은 긍정적이고 관찰 가능하도록 해야 한다. 핵심 질문은 "상담자와 내담자는 내담자가 그 회기 동안 자신의 목표를 성취했다는 것을 보고 듣는 것이 어떻게 가능합니까?"이다. 상담자와 내담자가 이 질문에 대한 답을 알 때까지는 이 첫 시작 단계에 머물러야 한다.

• **2단계: 최근 장면을 재경험**

당신의 내담자가 상담을 하러 가지고 온 문제에 좋은 예가 되는 '최근 장면을 재경험'하도록 권유하라. 그가 그 장면을 기술할 때 그가 경험하고 있는 '라켓 감정'을 적어두라. '각본신념'을 동반하는 그의 표현에 귀를 기울여라.

예) "자, 실례지만 그 장면에 그대로 있으세요. 그리고 마치 그 장면이 지금 일어나고 있는 것처럼 현재형으로 그 장면을 말해 주실래요?"

"그래서 결국 어떻게 느낍니까? 당신의 머릿속에서는 당신 자신에 대해 무어라고 말합니까? 다른 사람에 대해서는요? 전반적으로 인생에 관해서는요?"

상담자는 내담자가 최근 장면 그 자체에서 그랬던 것처럼 동일한 라켓 감정을 표현하고 동일한 각본신념을 외치는 걸 내담자에게서 들을 수 있을 것이다.

1단계와 2단계의 순서를 바꾸는 것이 유용할 때도 있을 수 있다.

• **3단계: 관련된 초기 장면 재경험**

다음으로 내담자에게 방금 기술하고 있던 최근 장면과 관련된 '자신의 아동기에서의 한 장면을 재경험'하도록 요청하라. 내담자가 최근 장면에서 보였던 것과 같은 라켓 감정을 보고하고 있는지를 점검하라. 최근 장면과 초기 장면 사이를 연결하고 있는 것이 바로 이 라켓 감정이다. 내담자가 회상된 초기 장면에서 강력하게 말로 표명하는 '각본 결정'들에 귀를 기울여라. 이 각본 결정들은 현재의 각본신념들에 대응하는 아동기의 대체물이다.

상담자가 할 수 있는 것은 과거 장면에 대한 내담자의 현재 기억을 경험하도록 돕는 것이다. 과거 장면 그 자체는 더 이상 바뀔 수가 없다. 그러나 내담자는 과거 장면에다 성인으로서 이용할 수 있는 자원과 선택들을 도입함으로써 그 장면에 대한 현재 경험을 바꿀 수 있다. 이것은 다음에 내담자가 과거의 장면과 유사한 일이 현재에서 실제로 일어날 때 그에 대한 반응을 바꾸도록 도와준다.

• **4단계: 현재의 자원 가져오기**

내담자가 '계속 어린이 자아상태에 있을 동안에' 자신의 욕구를 충족하고 생존하기 위해 '현재에' 이용할 수 있는 성숙한 자원이 충분하다는 것을 알아차리도록 내담자를 북돋아 주어라. 내담자는 스스로 자신만의 현재 자원을 가져와야 하고, 이때 내담자는 어린이 자아상태에 머물면서 동시에 어른 자아상태 자각을 가지고 있어야 한다. 상담자는 내담자를 이끌기보다는 내담자 뒤에서 순간순간 주시하며 내담자 자신의 고착을 충분히 알아차리고 내담자 자신이 가진 현재의 자원을 알아차리도록 권유해야 한다.

• 5단계: 재결단 진술하기

내담자가 어린이 자아상태에 있는 동안 자신의 현재 자원의 이점을 충분히 이용할수 있는 '새로운 결정을 내리도록' 분명히 하라고 권유해야 한다. '라켓 감정'에서 빠져나와 '진정한 감정' 혹은 적합하게 전달되는 새로운 결정의 언어적 확정으로의 이행을 주시하고 귀를 기울여라. 당신은 또한 재결정에 흔히 동반되는 신체적 변화, 즉얼굴과 몸의 윤곽이 전형적으로 '부드러워지는' 것을 볼 수 있을 것이다.

• 6단계: 재결단 정착하기

내담자에게 어른 자아상태로 돌아가도록 요청해서 즉시 지금 여기에서 그가 만든 재결정을 '정착'시킬 것을 권유하라. 이것은 재결정에 대한 자신의 경험을 다시 활성화시키기 위한 동인으로서 차후 필요한 때에 사용할 수 있도록 그에게 몇몇 행동들에참여하도록, 혹은 몇몇 지각적인 충동을 알도록 요청하는 것을 의미한다.

• 7단계: 어른 자아상태의 보고 청취

'어른 자아가 한 일에 대한보고 청취'를 수행하라. 여기서 당신은 내담자와 함께 그가방금 만든 새로운 결정에 관한 어른 자아적인 이해에 대해 논의하는 것이다. 이 단계에서는 원래의 회기 계약을 재언급하고 내담자가 그 계약을 얼마나 성취했는가를 점검해 보는 것이 유용하다.

• 8단계: 새로운 행동을 위한 계약

최종적으로 내담자가 재결정을 지속적으로 '실행'하는 데 사용하게 될 자신의 새로운 행동들에 대해 분명한 계약을 협상하라.

새로운 결단은 새로운 선택이고 새로운 출발이기 때문에 새로운 행동이 필요하다.내담자는 얼마간 자신의 새로운 행동패턴을 몸에 익히기 위해서 굳은 결심을 하고열심히 노력해야 한다. 실행을 계속하면 더 쉬워질 것이다. 언행일치가 없다면 내담자는 자신의 오래된 각본적 전략으로 은근슬쩍 돌아가게 될 가망성이 상당히 많기때문이다. 재결단 작업이 아무리 강력하다 해도 내담자와 관계가 있는 다른 사람들이 내담자와 함께 변화하지 않는 경우에 이런 일이 일어난다. 그러므로 재결단 순서에서의 최종 단계는 내담자가 재결단을 실행하기 위해 사용하려고 하는 행동상의 변화에 대해 확고한 계약을 하는 것이다. 이렇게 함으로써 내담자가 재결단을 자신의삶 속으로 충분히 통합하고자 하는 것이다.

그리하여 어떤 시기가 되면 상담자와 내담자는 서로 간에 언제 상담을 종료해야 할지를 고려하게 될 것이다.

4) 상담 종결(성과 다지기)

상담자는 서로 끝내는 시간과 방식을 결정하는 협상을 하는 것이다. 만약 상담자와 내담자가 상호 동의에 도달했다면 그리고 양자가 A 자아상태에 근거한 자발성임을 표명한다면 그제야 비로소 종결을 위한 계약을 하게 되는 것이다.

(1) 종결의 단서들
① 합의한 상담 목표를 달성했을 때
② 내담자의 증상이 감소하거나 보이지 않을 때
③ 상담 원인이 되었던 스트레스 유발 감정이 제거되었을 때
④ 갈등 상황에 적절하게 반응할 수 있을 때
⑤ 내담자가 지속적으로 감정이 좋아졌다고 할 때
⑥ 내담자의 주변 사람들이 내담자가 변화하였다고 할 때

(2) 내담자와 종결을 준비하기
① 상담의 모든 단계에 대해 검토하고 반추하기
② 내담자와 관계 속에 느꼈던 것들을 돌아보기
③ 더 이상 관여를 하지 않겠다는 마음을 준비하기

(3) 종결(계약 완료) 확인
① 내담자가 자신의 변화에 만족하는가?
② 내담자 자신이 변했다고 주변에서 듣는가?
③ 내담자의 사고, 감정, 행동이 성공적인 계약 조건에 일치하는가?
④ 자율 생활 양식으로 충족되게 느끼는가?
⑤ 옛날을 넘어서서 새로운 자율적인 즐거움으로 바뀌었는가?
⑥ 상담자와 내담자는 달성한 결과에 동의하는가?

3. 교류분석 상담사 역할

1) 교류분석 상담사의 자질

상담자의 기본적 자질은 지식(상담이론), 기술(상담기법), 태도(상담의 인성적 자질)가 요구된다.

(1) 인성적 자질
① 진실성
② 인간에 대한 깊은 관심
③ 정서적 성숙
④ 심리적 안정감
⑤ 민감성
⑥ 유머 감각

(2) 전문적 자질
① 개인, 집단, 가족 상담에 관련된 각종 기법 활용 능력
② 개인 및 사회·문화에 대한 이해
③ 상담자 교육 및 훈련에 대한 지식 및 이해

2) 교류분석 상담사의 윤리

교류분석 상담사는 상담의 전문가로서 다음과 같은 윤리의식을 갖추어야 한다.

① 교류분석 상담사는 가장 큰 윤리 문제인 비밀보장을 통해 내담자를 보호해야 한다.
② 교류분석 상담사는 전문적인 자격을 넘어서는 행위를 해서는 안 된다.
③ 교류분석 상담사는 내담자의 복지와 이익 증진을 우선시한다.
④ 교류분석 상담사는 내담자의 인종, 성별, 종교, 나이, 문화 등에 따른 차별을 하지 않는다.

⑤ 교류분석 상담사는 내담자의 선택의 권리와 자유를 존중해야 한다.

3) 교류분석 상담의 기본 원리

① 사람은 개성과 개인차가 있으므로 교류분석 상담사는 내담자에 대한 편견이나 선입견을 갖지 않는다.
② 내담자의 솔직한 감정 표현을, 모든 노력을 기울여 경청, 격려해야 한다.
③ 내담자가 표현한 감정에 민감하고 의도적이고 적절하게 반응해야 한다.
④ 내담자를 인격체로 존중하고 수용하는 자세를 갖는다.
⑤ 내담자의 행위에 대해 판단이나 비판을 하지 않는다.
⑥ 내담자 스스로 선택하고 결정 하도록 돕는다.
⑦ 상담 과정에 내담자의 개인정보를 보호해야 한다.

4) 교류분석 상담의 주요 기법

(1) 경청
① 내담자의 말과 행동에 상담자가 선택적으로 주목한다.
② 내담자가 생각이나 감정을 자유롭게 표현하고, 자신의 방식을 탐색하며, 상담에 책임감을 느끼게 한다.
③ 상담자는 내담자의 말을 주목하여 듣고 있음을 전달해 줄 필요가 있다.

(2) 반영
① 내담자의 말과 행동에서 표현된 기본적인 감정, 생각 및 태도를 상담자가 다른 참신한 말로 부언해 준다.
② 내담자의 자기 이해를 돕고, 이해받고 있다는 인식을 갖게 한다.
③ 가능한 한 다른 말을 사용하여 관심, 이해의 태도를 보인다.
④ 내담자의 내면적 감정을 정확히 파악하여 전달해 주어야 한다.
   - 반영해 주어야 할 주요 감정: 정적인 감정/부적인 감정/양가적 감정이 있다.
   - 행동 및 태도의 반영: 자세, 몸짓, 억양, 눈빛 등으로 표현하는 것도 반영한다.
   - 반영의 문제점: 내담자가 말로 표현한 수준 이상으로 들어가지 않아야 하며, 반

영의 시기에 유의해야 한다.

(3) 명료화

① 내담자의 말 속에 내포되어 있는 뜻을 내담자에게 요약하고 명확하게 말해 준다.

② 내담자의 반응을 이해할 수 없을 때는 분명하게 다시 말할 것을 요청한다.

③ 명료화의 자료는 내담자의 표현 속에 포함되었다고 상담자가 판단해야 한다.

④ 명료화의 일반적 지침

　－내담자의 말이 모호하거나 잘 이해되지 않았음을 밝힌다.

　－내담자가 자기 말을 재음미하거나, 구체적인 예를 들어 명확히 해 줄 것을 요청한다.

　－내담자 진술에 대한 상담자의 반응을 나타냄으로써 내담자의 반응을 분명하게 한다.

　－직면 반응과 같이 직접적이고 강렬하지 않도록 해야 한다.

(4) 직면

① 내담자가 모르고 있거나 인정하기를 거부하는 생각과 느낌에 대해서 주의를 집중시켜 맞닥뜨리게 한다.

② 시의성(내담자가 받아들일 준비가 되어 있는지)을 고려해야 한다.

③ 직면시킬 상황

　－내담자가 깨닫지 못하거나, 말이나 행동에 불일치가 발견될 때

　－내담자가 자신의 욕구에 의해서만이 아니라 상황을 있는 그대로 볼 수 있도록 할 때

　－어떤 화제를 피하거나 타인의 의견, 생각, 느낌 등을 받아들이려 하지 않을 때

④ 직면은 부정적 측면뿐 아니라, 미처 인식하지 못한 능력이나 자원을 지적하여, 주목하게 하는 것도 포함한다.

(5) 해석

① 내담자가 자기 문제를 새로운 각도에서 이해하도록 그의 생활 경험과 행동의 의미를 설명해 주는 것이다.

② 해석의 반응 내용과 깊이에는 차이가 있으므로 항상 해석에 대한 내담자의 생각과

감정을 확인해야 한다.

③ 내담자의 준비도에 따라 해석의 깊이를 결정한다.

④ 해석의 대상: 상담에 대한 잘못된 기대와 미온적 태도, 내담자의 방어기제, 문제에
　대한 생각, 느낌, 행동 양식 등.

⑤ 해석의 시기: 내담자가 받아들일 준비가 되었을 때, 내담자가 거의 깨닫고 있지만
　개념화하지 못했을 때가 가장 효과적이다.

⑥ 내담자의 내면세계에 접근하는 깊이에 따라 '반영 → 명료화 → 직면 → 해석' 순이다.

5) 상담 사례 지도받기

상담 사례 지도받기에서 배워야 할 점은 다음과 같다. 사례 지도 방식은 개인지도 방
식과 집단 지도 방식이 있다.

① 상담의 동기 파악-상담을 받으러 온 이유는 무엇인가?

② 주 호소문제의 이해-주 호소문제는 무엇인가?

③ 문제 발생 과정의 이해-주 호소문제가 나타나게 된 과정은 무엇인가?

④ 내담자의 주 정서 파악-주 호소문제와 관련하여 반복적으로 나타나는 정서는 무
　엇인가?

⑤ 반복되는 문제 형태의 파악-유사한 문제가 이전에도 나타났는가?

⑥ 대처 양식(인생각본)의 이해-내담자는 어떻게 대처해 왔는가?

⑦ 장단점의 파악-내담자의 장점과 단점은 무엇인가?

⑧ 공감 수준의 이해-내담자의 주요 정서에 상담자가 공감적 반응을 보이고 있는가?

⑨ 상담자의 조화 수준-내담자의 반응에 상담자가 잘 따라가고 있는가?

⑩ 개입 시기의 적절성-적절한 시기에 상담자가 개입을 하고 있는가?

⑪ 기법 적용의 능력-적절한 시기에 적절한 기법을 사용하고 있는가?

⑫ 이론의 적용-상담자가 사용하고자 하는 상담이론의 과정을 내담자가 충실히 따르
　고 있는가?

⑬ 구조화 수준-상담의 구조화를 적절히 하였는가?

⑭ 상담 방해 반응-상담 진행에 방해가 되는 상담자의 반응 또는 행동은 무엇인가?

부록

1. CKEO 심리검사

1) CKEO 검사지 및 해설지

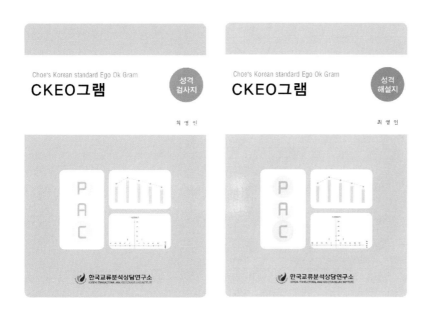

2) CKEO 심리검사 사례분석 교재

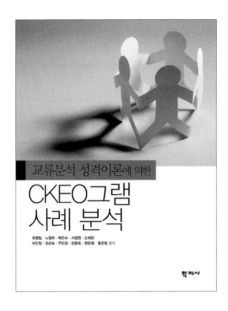

3) CKEO 검사지 엠블럼

4) CKEO 심리검사 해설 방법

◈ CKEO 심리검사 결과

(1) CK-EGO그램

기능 ＼ 상태	CP	NP	A	FC	AC	
자아상태 기능점수						구조 편향:
자아상태 규준 등급						기능 주도:
자아상태 구조점수						심적 에너지 총량:

(2) CK-OK그램

기능 ＼ 상태	U-	U+	I+	I-
인생태도 점수				
한국규준 등급				
심적 에너지의 편향				
기본적 인생태도				
인생태도 영역 순	> > >			
자타존중감				

(3) CK-EGO/OK그램 체크리스트

CK-EGO	CK-OK

① 사회적 수준(CK-EGO그램 자아상태 기능) 해석:

② 심리적 수준(CK-OK그램 인생태도) 해석:

◈ CK-EGO그램 해석

(1) 구조 편향형과 기능 주도형
① 구조 편향형:
② 기능 주도형:

(2) 심적 에너지 총량:

(3) 한국 연령·성별 CK-EGO그램 규준 등급:

(4) 역기능적 자아상태 구조:

(5) 역기능적 자아상태 기능:

◈ CK-OK그램 해석

(1) CK-OK그램의 순기능과 역기능:

(2) U와 I의 심적 에너지 편향성:

(3) 한국 연령·성별 CK-OK그램 규준 등급:

(4) 자아존중감과 타인존중감 해석:

(5) CK-OK그램(커렐로그램) 영역 해석:

◈ CK-EGO그램과 CK-OK그램 상관관계 해석

(1) CK-EGO그램과 CK-OK그램 상관관계(3점 차 이상의 경우):

◈ CKEO그램 검사 결과에 따른 성장 방안

(1) 자아상태 기능 활성화 방안

기능　상태 촉진 방안	현재 상태	활성화 방안

(2) 기본적인 인생태도 개선 방안

영역　태도	현재 삶의 태도	개선 방안(I 영역으로)
II 영역		
III 영역		
IV 영역		

◈ 총평

2. CKDP 심리검사

1) CKDP 검사지 및 해설지

2) CKDP 심리검사 사례분석 교재

3) CKDP 검사지 엠블럼

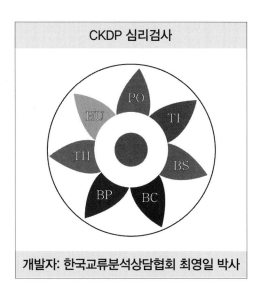

4) CKDP 심리검사 해설 방법

◆ CKDP 심리검사 결과

Dr ＼ 구분	PO	TI	BS	BC	BP	TH	HU
점수							
순위							
등급							

체크리스트	해석

◈ 드라이버에 따른 성격의 특성 및 기능

(1) 드라이버에 따른 성격의 특성

Dr / 특성	성격 기술
1	
2	
7	

(2) 1번과 2번 드라이버의 순기능과 역기능

Dr / 특성	기능
1	
2	

◈ 1번과 2번 드라이버에 따른 성격특성과 해석

(1) 드라이버에 따른 조기 결단과 부정적 인생태도와 경계

Dr / 특성	조기 결단	인생태도	경계	
			자기감	인간관계
1				
2				

• 나의 해석

① 조기 결단:

② 인생태도:

③ 자기감 경계:

④ 인간관계 경계:

(2) 드라이버에 따른 성격적응 유형과 반응

특성 Dr	성격적응 유형	양면성		타인에 대한 반응	문제 해결에 대한 반응
		긍정성	부정성		
1					
2					

- 나의 해석

　① 성격적응 유형:

　② 양면성:

　③ 타인에 대한 반응:

　④ 문제 해결에 대한 반응:

(3) 드라이버에 따른 선호하는 의사소통 방식

특성 Dr	Ware의 의사소통 방식			Kahler의 의사소통 채널	
	개방문	표적문	함정문	채널	자아상태 기능
1					
2					

- 나의 해석

　① Ware의 의사소통 방식:

　② Kahler의 의사소통 방식:

(4) 드라이버와 선호하는 적응 방식

특성 Dr	타인과 관계 맺는 방식	위협에 대한 반응	만족을 주는 시간구조화	실행적 · 생존적 적응
1				
2				

- 나의 해석

　① 타인과 관계 맺는 방식:

　② 위협에 대한 반응:

　③ 시간 구조화의 선호:

　④ 실행적/생존적 적응:

(5) 불건강할 때 전형적인 심리게임과 금지령 그리고 라켓

Dr＼특성	심리게임	금지령	라켓
1			
2			

- 나의 해석
  ① 심리게임:
  ② 금지령:
  ③ 라켓:

(6) 드라이버에 따른 과정각본과 축소각본 그리고 허용

Dr＼특성	과정각본	축소각본	허용
1			
2			

- 나의 해석
  ① 과정각본:
  ② 축소각본:
  ③ 허용:

(7) 드라이버에 따른 디스카운트와 상담의 쟁점

Dr＼특성	전형적인 디스카운트	상담의 쟁점
1		
2		

- 나의 해석
  ① 전형적인 디스카운트:
  ② 상담의 쟁점:

(8) 드라이버와 양육 방식에 따른 오염과 치료의 핵심

Dr ＼ 특성	양육 방식	불건강할 때		문제점	치료의 핵심
		태도	자아상태		
1					
2					

- 나의 해석:

  ① 양육 방식:

  ② 불건강할 때:

  ③ 문제점:

  ④ 치료의 핵심

◆ 총평

  ① 현재 상태:

  ② 개선 방안:

3. CKFR 심리검사

1) CKFR 검사지 및 해설지

2) CKFR 심리검사 사례분석 교재

3) CKFR 검사지 엠블럼

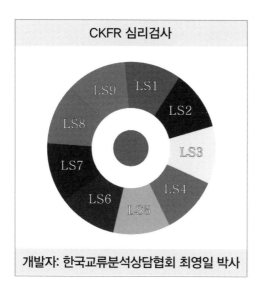

4) CKFR 심리검사 해설 방법

◈ CKFR 심리검사 결과

FR＼구분	LS1	LS2	LS3	LS4	LS5	LS6	LS7	LS8	LS9
점수									
순위									
등급									

체크리스트	해석

◈ 준거 틀에 따른 특성과 해석

(1) 준거 틀의 건강한 정도

FR \ 특성	상	중	하
1			
2			
9			

• 나의 해석

① 건강할 때:

② 불건강할 때:

☞ 개선 방안:

(2) 준거 틀의 성향에 따른 승자각본과 패자각본

FR \ 특성	성향	승자각본	패자각본
1			
2			
9			

• 나의 해석

① 성향:

② 승자각본 쓸 때:

③ 패자각본 쓸 때:

☞ 개선 방안:

(3) 준거 틀의 등급에 따른 기술

FR \ 특성	등급에 따른 기술
1	
2	
9	

- 나의 해석

　① 순기능:

　② 역기능:

　☞ 개선 방안:

(4) 준거 틀에 따른 인간관계 스트로크 성향

FR ＼ 특성	긍정적일 때	부정적일 때
1		
2		

- 나의 해석

　① 긍정적일 때 스트로크 방식:

　② 부정적일 때 스트로크 방식:

　☞ 개선 방안:

(5) 준거 틀의 조기 결단과 집착 그리고 두려움

FR ＼ 특성	조기 결단	집착	두려움
1			
2			

- 나의 해석

　① 조기 결단의 의미:

　② 집착의 성향:

　③ 두려움의 성향:

　☞ 개선 방안:

(6) 준거 틀에 따른 양육 방식과 신념 그리고 방어기제

FR ＼ 특성	양육 방식	각본신념	방어기제
1			
2			

- 나의 해석

① 양육환경:

② 각본신념의 성향:

③ 방어기제의 의미:

☞ 개선 방안:

(7) 준거 틀에 따른 드라이버, 라켓, 디스카운트

FR＼특성	드라이버	라켓	디스카운트
1			
2			

- 나의 해석

① 드라이버의 의미:

② 라켓의 성향:

③ 디스카운트 성향:

☞ 개선 방안:

(8) 준거 틀에 따른 임패스와 병리적 인생각본

FR＼특성	금지령	대항지령	핵심 임패스	병리적 각본
1				
2				

- 나의 해석

① 금지령:

② 대항지령:

③ 임패스 상태:

④ 불건강의 극단:

☞ 개선 방안:

(9) 준거 틀에 따른 효과적 교류패턴

FR \ 특성	효과적 교류패턴
1	
2	

- 나의 해석

  ① 순기능적 교류패턴:

  ② 역기능적 교류패턴:

  ☞ 개선 방안:

(10) 준거 틀의 함정과 3P 활용

FR \ 특성	함정	허용	보호	잠재 능력
1				
2				

- 나의 해석

  ① 함정의 의미:

  ② 허용의 상황:

  ③ 보호의 상황:

  ④ 잠재 능력 발휘:

  ☞ 개선 방안:

(11) 준거 틀과 진로

FR \ 특성	성향	적성	대표적 직업
1			
2			

- 나의 해석

  ① 성향 통찰:

  ② 적성 찾기:

③ 원하는 직업:

☞ 개선 방안:

(12) 자율성 회복과 발휘

FR \ 특성	자율성 회복과 발휘
1	
2	

• 나의 해석

① 자율성의 회복의 의미:

② 어떻게 자율성을 발휘:

☞ 개선 방안:

(13) 전체적인 준거 틀의 개선 방안

패턴 \ 상태	현재	개선점
LS1		
LS2		
LS3		
LS4		
LS5		
LS6		
LS7		
LS8		
LS9		

◆ 총평

① 현재 모습:

② 개선 방안:

4. 심리검사지 구매 자격과 구매 방법

CKEO, CKDP, CKFR 심리검사지 구입은 한국교류분석상담협회 CKEO, CKDP, CKFR 전문분석사 및 교류분석 전문상담사 자격을 소지한 자가 가능하며, 개인 구매와 기관 구매를 할 수 있다. 기관 구매는 기관에 자격증 소지자가 있는 경우에 가능하다. 자세한 내용은 한국교류분석상담협회나 전남심리상담센터(061-276-2233)에 문의 바란다.

5. 자율성 회복 명상(ARM)

1) 자율성 회복 명상이란

교류분석 이론은 인간관계에서 성격이 어떻게 형성되고 마음이 어떻게 조건화되어 인생각본을 형성하는지를 밝혀 준다면 명상은 이런 조건화된 강박으로부터 벗어나는 길을 깨닫게 해 준다.

교류분석 이론은 개인의 심리적인 역동 문제를 중요시한다면 명상은 마음의 통찰을 통한 알아차림으로 조건화된 환상, 즉 각본으로부터 벗어나 자율성을 회복하고 발휘하도록 한다.

이러한 의미에서 자기분석적인 교류분석 이론과 명상은 자기실현에 통합적인 관계라 할 수 있다. 즉, 교류분석 이론을 통해 '마음의 나무'를 탐색, 이해, 수용하고 명상을 통해 '마음의 숲'을 통찰할 수 있다고 볼 수 있다.

자율성 회복 명상(Autonomy Recovery Meditation)은 교류분석 이론과 동양의 지혜인 명상을 통섭한 치유법으로 최영일 박사에 의해 창안되었다. 생각과 감정 그리고 의지의 집착에 빠져 있거나 자신의 행위를 알아차리지 못한 채 자동적으로 각본대로 행동하는 것이 역기능적인 삶이다. 이와 같이 지금 여기의 자율성을 발휘하지 못하고 과거의 번뇌와 미래의 환상에 빠져 편견과 망상에 있는 자신을 알아차리고 자율성을 회복하여 자율적 인간으로서 지금 여기의 삶을 살아갈 수 있는 지혜를 얻을 수 있다.

2) 자율성 회복 치유명상 워크북 표지

참고문헌

김규수, 류태보(2001). 교류분석치료. 서울: 형설출판사.

김종거(1986). 의사거래 분석을 통한 자아개념 및 인간관계 개선에 관한 연구. 원광대학교 대학원 석사학위논문.

김종호(2009). 교류분석이론의 이고그램 척도개발 연구. 대구대학교 대학원 박사학위논문.

박명래(1997). TA Instructor Course를 위한 교류분석 가이드북. 서울: 을지문화사.

박원모(2008). 교류분석 이론에 의한 중고등학생 자아상태 검사 개발 및 타당화. 경성대학교 대학원 박사학위논문.

박의순 외(2008). 기법을 중심으로 한 TA 상담과 심리치료. 서울: 시그마프레스.

박현주(2009). 에릭 번. 서울: 학지사.

오영준(1997). TA 스트로크 상담기법이 아동의 자기 충족감과 인간관계 개선에 미치는 효과. 한국교원대학교 대학원 석사학위논문.

우재현(2006a). 심성개발을 위한 교류분석(TA)프로그램. 경북: 정암서원.

우재현(2006b). 이고그램 243패턴(6판). 경북: 정암서원.

우재현(2007a). 교류분석 개인상담. 경북: 정암서원.

우재현(2007b). 임상 교류분석(TA)프로그램. 경북: 정암서원.

이성태(1992). 이해중심 TA와 재경험 중심 TA 프로그램이 자율성과 생활자세에 미치는 효과. 계명대학교 대학원 박사학위논문.

이정자(1996). TA 생활 각본분석 집단상담이 자기존중감에 미치는 효과. 계명대학교 대학원 석사학위논문.

조은주(2005). 교류분석 프로그램이 중학생의 대인불안과 열등감 감소에 미치는 영향. 충북대학교 교육대학원 석사학위논문.

조혜정(2010). 심리게임. 교양인.

주진익(1999). 의사교류분석 집단상담이 사회성발달에 미치는 영향. 순천향대학교 지역사회개발대학원 석사학위논문.

최영일(2010). 교류분석과 교사의 자율성 증진. 꿈꾸는 씨앗.

최영일(2011a). TA이론의 실제와 자기분석. 꿈꾸는 씨앗.

최영일(2011b). 몸동작 예술치료. 꿈꾸는 씨앗.

최영일(2012). 교류분석 강의지침서 I, II. 꿈꾸는 씨앗.

최영일(2013). CKEO 심리검사. 서울: 한국교류분석상담연구소.

최영일(2015a). CKDP 심리검사. 서울: 한국교류분석상담연구소.

최영일(2015b). 교류분석을 활용한 집단상담 프로그램. 서울: 학지사.

최영일 외(2017). 교류분석 성격이론에 의한 CKEO그램 사례분석. 서울: 학지사.

최영일(2018a). CKFR 심리검사. 서울: 한국교류분석상담연구소.

최영일(2018b). 교류분석 개인상담과 심리치료. 서울: 도서출판 오래.

최영일(2018c). 교류분석 이론에 의한 자기분석. 서울: 도서출판 오래.

최영일(2020a). 교류분석과 CKDP 심리검사 사례분석. 서울: 학지사.

최영일(2020b). 자율성 회복 치유명상 워크북. 서울: 한국교류분석상담연구소.

최영일 외(2024). 교류분석과 CKFR 심리검사를 활용한 준거 틀 사례분석. 서울: 학지사.

Allaway, J. (1983). Transactional Analysis in Britain. *Transaction*, 5-10.

Allen, J., & Allen, B. (1972). 'Scripts: the role of permission'. *Transactional Analysis Journal*, 72-74.

Berne, E. (1961). *Transactional analysis in psychotherapy: A systematic individual and social psychiatry*. Grove Press.

Berne, E. (1964). *Games People Play*. NY: Grove Press.

Berne, E. (1966). *Principles of Group Treatment*. Oxford University Press.

Berne, E. (1968). *A Layman's Guide to Psychiatry and Psychoanalysis*. Penguin.

Berne, E. (1969). Standard Nomenclature. *TAB, 8*(32), 111-112.

Berne, E. (1970). *Sex in Human Loving*. Ssimon and Schuster.

Berne, E. (1972). *What Do You Say After You Say Hello?: The Psychology of Human Destiny*. Grove Press.

Berne, E. (1976). *Transactional analysis in psychotherapy*. NY: Grove Press.

Birnbaum, J. (1987) A Replacement Therapy For The Histrionic Personality Disorder. *Transactional Analysis Journal, 17*, 24-28.

Boyd, H. S., & Cowles-Boyd, I. (1980). Blocking Tragic Scripts. *TAJ, 10*(3), 227-229.

Capers, H., & Goodman, L. (1983). The survival process: clarification of the miniscript. *TAJ, 13*(1), 142-148.

Clarke, J. I. (1981). *Self-Esteem: A Family Affair Learder Guide*. Harper Collins.

Clarke, S. L. (2012). *Clareke's Dictionary of Transactional Analysis*. Peace Imprints.

Clarkson, P. (1987). The Bystander Role, *TAJ*, *17*(3), 82–87.

Corey, G. (2017). *Theory and practice of counseling and psychotherapy* (10th ed.). Cengage Learning.

Crossman, P. (1966). Permission and Protection. *TAJ*, *5*(19), 152–154.

Duncan, B. L., Miller, S. D., & Sparks, J. A. (2004). *The heroic client: A revolutionary way to improve effectiveness through client-directed, outcome-informed therapy.* Jossey-Bass.

Dusay, J. (1972). Egograms and the constancy hypothesis. *TAJ*, *2*(3), 32–42.

Dusay, J. M. (1972). *Egograms.* Harper & Row.

Dusay, J. M. (1977). *EGOGRAMS-How I See You and You See Me.* Harper & Row Publishers.

Emmel, R. J. (1976). *The use of transactional analysis techniques to change the self-concept of students in a selected sixth-grade classroom.* Dissertation, University of Mississippi.

English, F. (1971). Strokes in the credit bank for David Kupfer. *TAJ*, *1*(3), 27–29.

English, F. (1976). Racketeering. *TAJ*, *6*(1), 78–81.

Erickson, E. H. (1950). *Childhood and Society.* W. W. Norton.

Ernst, F. (1971). The OK corral: the grid for get-on-with. *TAJ*, *1*(4), 231–240.

Ernst, F. (1973). Psychological rackets in the OK corral. *TAJ*, *3*(2), 19–23.

Ernst, K. (1972). *Games students play.* Millbrae: Celestial Arts.

Erskine, R. (1973). Six stages of treatment. *TAJ*, *3*(3), 17–18.

Erskine, R. (1997). *Theories and Methods of an Integrative Transactional Analysis: A Volume of Selected Articles.* San Francisco: TA Press.

Goulding, M. M., & Goulding, R, L. (1979). *Changing Lives through Redecision Therapy.* Grove Press.

Goulding, R., & Goulding, M. (1976). Injunctions, decisions and redecisions. *TAJ*, *6*(1), 41–48.

Harris, T. A. (1973). *I'm OK-You're OK.* Avon Books.

Hawkes, I. (2007). The Permission Wheel. *TAJ*, *37*(3), 210–217.

Hay, J. (1992). *Transactional Analysis for Trainers.* McGraw-Hill.

James, J. (1973). The game plan. *TAJ*, *3*(4), 14–17.

James, M. (1974). Self Reparenting Theory and Process. *TAJ*, *4*(3), 32–39.

James, M. (1981). *Breaking free: Self-reparenting for a new self.* Addison Wesley.

James, M., & Jongeward, D. (1971). *Born to Win: Transactional analysis with Gestalt Experiments.* Reading, Massachusetts: Addison-Wesley.

Joines, V. (1982). Similariting and differences in rackets and games. *TAJ*, *12*(4), 280–283.

Kahler, T., & Capers, H. (1974). The miniscript. *TAJ*, *4*(1), 26–42.

Karpman, S. (1968). Fairy Tales and Script Drama Analysis. *Transactional Analysis Bulletin*,

7(26), 39-43.

Karpman, S. (1971). Options. *TAJ, 1*(1). 79-87.

Kouwenhoven, M. (1983). *TA in Nederland.* Tulip.

Kupfer, D. (1962). On Stroking. *TAB, 1*(2), 9.

Lennox, C. (Ed.). (1997). *Redecision Therapy: A brief, action-oriented approach.* Jason Aronson.

Levin, P. (2015). Ego States and Emotional Development in Adolescence. *TAJ,* 228-237.

Levin-Landheer, P. (1982). The Cyde of Development. *TAJ, 12*(2), 129-139.

McKenna, J. (1974). Stroking profile. *TAJ, 4*(4), 20-24.

Mellor, K., & Sigmund, E. (1975). Discounting. TAJ, 5(3), 295-302.

Mihailovic, K. P. Mihailovic, D. (2004). The Social Matrix of Socialization, *Transactionl Analysis Journal, 34*(4), 347-355.

Munro, R. L. (1995). *Schools of Psychoanalytic Thought.* Dryden.

Newton, T. (2006). Script, Psychological Life Plans, and the Learnong Cycle. *TAJ, 36*(3), 186-195.

Schiff, A., & Schiff, J. (1971). Passivity. *TAJ, 1*(1), 71-78.

Schiff, S. (1977). Personality development and symbiosis. *TAJ, 7*(4), 310-316.

Steiner, C. (1966). Script and counterscript. *TAJ, 5*(8), 133-135.

Steiner, C. M. (1974). *Scripts People Live.* Grove Press.

Stewart, I. (2007). *Transactional Analysis counseling in Action* (3rd ed.). Sage Publisher.

Stewart, I., & Joines, V. (1987). *TA today: A New Introduction to Transactional Analysis.* Life Space Publishing.

Tilney, T. (1998). *Dictionary of Transactional Analysis.* Whurr, p. 120.

Trautmann, R., & Erskine, G. (1981). Ego State Analysis: A Comparative View. *TAJ, 11*(2), 178-185.

Tudor, K. (2008). "Take It"-A Sixth Driver. *TAJ, 38*(1), 43-57.

Woollams, S., & Huige, K. (1977). Normal dependency and symbiosis. *TAJ,* 7(3), 217-220.

Zalcman, M. (1987). Game analysis and racket analysis. In *Keynote speeches: Delivered at the EATA Conference, July 1986, Noorddwijkerhout, the Netherlands.* Geneva: EATA, 1987, speech 4.

찾아보기

내용

저자 소개

최영일(Choe Yeong Il)
사단법인 참살이 동행 이사장
한국교류분석상담협회 회장
전남심리상담센터 센터장
한국상담학회 수련감독
한국카운슬러협회 전남지회장

〈저서〉
교류분석과 교사의 자율성 증진(꿈꾸는 씨앗, 2010)
몸동작 예술치료(꿈꾸는 씨앗, 2011)
TA이론의 실제와 자기분석(꿈꾸는 씨앗, 2011)
교류분석 강의지침서 I, II(꿈꾸는 씨앗, 2012)
CKEO 심리검사(한국교류분석상담연구소, 2013)
CKDP 심리검사(한국교류분석상담연구소, 2015)
교류분석을 활용한 집단상담 프로그램(학지사, 2015)
교류분석 성격이론에 의한 CKEO그램 사례분석(학지사, 2017)
CKFR 심리검사(한국교류분석상담연구소, 2018)
교류분석 개인상담과 심리치료(도서출판 오래, 2018)
교류분석 이론에 의한 자기분석(도서출판 오래, 2018)
교류분석과 CKDP 심리검사 사례분석(학지사, 2020)
자율성 회복 치유명상 워크북(한국교류분석상담연구소, 2020)
교류분석과 CKFR 심리검사를 활용한 준거 틀 사례분석(학지사, 2024)

현대 교류분석과 상담

Contemporary Transactional Analysis and Counseling

2025년 2월 18일 1판 1쇄 인쇄
2025년 2월 25일 1판 1쇄 발행

지은이 • 최영일
펴낸이 • 김진환
펴낸곳 • ㈜ **학지사**

04031 서울특별시 마포구 양화로 15길 20 마인드월드빌딩
대표전화 • 02-330-5114   팩스 • 02-324-2345
등록번호 • 제313-2006-000265호

홈페이지 • http://www.hakjisa.co.kr
인스타그램 • https://www.instagram.com/hakjisabook

ISBN 978-89-997-3326-0 93180

정가 23,000원

저자와의 협약으로 인지는 생략합니다.
파본은 구입처에서 교환해 드립니다.

이 책을 무단으로 전재하거나 복제할 경우 저작권법에 따라 처벌을 받게 됩니다.

출판미디어기업 **학지사**

간호보건의학출판 **학지사메디컬** www.hakjisamd.co.kr
심리검사연구소 **인싸이트** www.inpsyt.co.kr
학술논문서비스 **뉴논문** www.newnonmun.com
교육연수원 **카운피아** www.counpia.com
대학교재전자책플랫폼 **캠퍼스북** www.campusbook.co.kr